感谢西北政法大学教育发展基金会对本书的部分资助

光明社科文库
GUANGMING DAILY PRESS:
A SOCIAL SCIENCE SERIES

·经济与管理书系·

新时代框架下
国家审计治理的职能研究

张 瑛 | 著

光明日报出版社

图书在版编目（CIP）数据

新时代框架下国家审计治理的职能研究 / 张瑛著.
北京：光明日报出版社，2025.2. -- ISBN 978 - 7 - 5194 -
8527 - 6

Ⅰ. F239.44

中国国家版本馆 CIP 数据核字第 2025R0197U 号

新时代框架下国家审计治理的职能研究
XINSHIDAI KUANGJIAXIA GUOJIA SHENJI ZHILI DE ZHINENG YANJIU

著　　者：张　瑛	
责任编辑：陈永娟	责任校对：许　怡　李海慧
封面设计：中联华文	责任印制：曹　净

出版发行：光明日报出版社
地　　址：北京市西城区永安路 106 号，100050
电　　话：010-63169890（咨询），010-63131930（邮购）
传　　真：010-63131930
网　　址：http://book.gmw.cn
E - mail：gmrbcbs@gmw.cn
法律顾问：北京市兰台律师事务所龚柳方律师
印　　刷：三河市华东印刷有限公司
装　　订：三河市华东印刷有限公司
本书如有破损、缺页、装订错误，请与本社联系调换，电话：010-63131930
开　　本：170mm×240mm
字　　数：277 千字　　　　　　　　印　张：17
版　　次：2025 年 2 月第 1 版　　　　印　次：2025 年 2 月第 1 次印刷
书　　号：ISBN 978 - 7 - 5194 - 8527 - 6
定　　价：95.00 元

版权所有　　翻印必究

序

  中国特色社会主义新时代是中国发展新的历史方位，新的发展形势和时代要求意味着国家审计职能面临着新的机遇和挑战。国家审计是国家治理体系的重要组成部分，国家审计职能的充分发挥可以有效提升国家治理能力，同时，国家治理能力的提升又能够促进国家审计的发展，甚至在一定程度上直接决定了国家审计的发展方向。在新时代背景下，国内外环境都发生了重大变化，国家审计作为国家治理的基石和重要保障，为了更好地适应和服务于国家治理现代化的需要，应审时度势、科学判断审计职能的发展方向，探索审计职能转变与优化的路径和策略。

  本研究在对我国国家审计治理发展历程及其职能定位演进进行详细梳理的基础上，结合当前领域研究现况，从理论基础入手，明晰其职能目标，深入剖析国家审计职能对国家治理的影响效果，基于新时代的要求，构建国家审计职能现代化的总体框架。在明确国家审计相关法律法规条例对国家审计治理的影响的基础上，对国家审计的具体项目开展情况进行分析，通过资料收集选择财政审计、金融审计、国有企业审计、资源环境审计、经济责任审计、国家重大政策措施落实情况跟踪审计、政府投资项目审计、涉外审计这八类国家审计，深度辨析具体国家审计项目的治理效能以及其所面临的现实不足，就如何提升该审计项目的治理效能提出有效可行的对策建议。最后，基于新时代对于审计协同趋势的要求，从国家审计、内部审计、社会审计的协同治理视角，研究了国家审计职能在大格局协同治理中的作用。

目 录
CONTENTS

第一章 国家审计治理职能概述 ··· 1
    第一节 我国国家审计的发展历程 ································· 2
    第二节 国家审计的治理职能定位 ································· 6
    第三节 我国国家审计治理职能的特点 ····························· 16

第二章 国家审计治理的文献研究基础 ······························· 19
    第一节 文献综述 ·· 19
    第二节 理论基础 ·· 25

第三章 新时代背景下国家审计治理职能的现代化构想 ············· 34
    第一节 新时代背景下国家审计治理职能的要求 ····················· 34
    第二节 国家审计治理职能发挥的影响因素 ························· 40
    第三节 新时代背景下国家审计治理职能提升的目标及理论框架构建 ····· 44
    第四节 国家审计治理职能提升对国家治理现代化的影响 ············· 50

第四章 我国国家审计的法律规范对于审计治理职能作用的影响分析 ······· 53
    第一节 我国现有的国家审计法律及规章制度 ······················· 53
    第二节 国家审计的法律及规章制度对审计治理的作用分析 ··········· 60
    第三节 新时代对于我国国家审计法律规范的要求 ··················· 67
    第四节 新时代背景下我国国家审计法律规范仍旧存在的不足 ········· 68

第五节　新时代背景下完善我国国家审计法律规范的对策建议 …………… 70

第五章　财政审计的国家治理效能分析 …………………………………… 73
　　第一节　我国财政审计的发展历程及现状 ………………………………… 73
　　第二节　我国财政审计的主要内容及特点 ………………………………… 80
　　第三节　我国财政审计的国家治理职能及成效 …………………………… 83
　　第四节　新时代背景下我国财政审计存在的不足及原因分析 …………… 87
　　第五节　新时代背景下完善财政审计的对策建议 ………………………… 92

第六章　金融审计的国家治理效能分析 …………………………………… 98
　　第一节　我国金融审计的发展历程及现状 ………………………………… 98
　　第二节　我国金融审计的主要内容及特点 ……………………………… 102
　　第三节　我国金融审计的国家治理职能及成效 ………………………… 104
　　第四节　新时代背景下我国金融审计存在的不足及原因分析 ………… 109
　　第五节　新时代背景下完善金融审计的对策建议 ……………………… 113

第七章　国有企业审计的治理效能分析 …………………………………… 116
　　第一节　我国国有企业审计的发展历程及现状 ………………………… 116
　　第二节　我国国有企业审计的主要内容及特点 ………………………… 121
　　第三节　我国国有企业审计的国家治理职能及成效 …………………… 125
　　第四节　新时代背景下我国国有企业审计存在的不足及原因分析 …… 129
　　第五节　新时代背景下完善国有企业审计的对策建议 ………………… 134

第八章　资源环境审计的治理效能分析 …………………………………… 138
　　第一节　我国资源环境审计的发展历程及现状 ………………………… 138
　　第二节　我国资源环境审计的主要内容及特点 ………………………… 144
　　第三节　我国资源环境审计的国家治理职能及成效 …………………… 151
　　第四节　新时代背景下我国资源环境审计存在的不足及原因分析 …… 158
　　第五节　新时代背景下完善资源环境审计的对策建议 ………………… 163

第九章　经济责任审计的治理效能分析 …… 169
第一节　我国经济责任审计的发展历程及现状 …… 169
第二节　我国经济责任审计的主要内容及特点 …… 174
第三节　我国经济责任审计的国家治理职能及成效 …… 177
第四节　新时代背景下我国经济责任审计存在的不足及原因分析 …… 180
第五节　新时代背景下完善经济责任审计的对策建议 …… 183

第十章　政策落实跟踪审计的治理效能分析 …… 188
第一节　我国政策落实跟踪审计的发展历程和现状 …… 188
第二节　我国政策落实跟踪审计的主要内容及特点 …… 193
第三节　我国政策落实跟踪审计的国家治理职能及成效 …… 196
第四节　新时代背景下我国政策落实跟踪审计存在的不足及原因分析 …… 201
第五节　新时代背景下完善政策落实跟踪审计的对策建议 …… 204

第十一章　政府投资项目审计、涉外审计的治理效能分析 …… 211
第一节　我国政府投资项目审计的治理职能及成效分析 …… 211
第二节　新时代背景下我国政府投资项目审计存在的不足及对策建议 …… 215
第三节　我国涉外审计的治理职能及成效分析 …… 220
第四节　新时代背景下我国涉外审计存在的不足及对策建议 …… 224

第十二章　国家审计、内部审计与社会审计的协同治理 …… 230
第一节　三种审计治理职能的区别与联系 …… 231
第二节　新时代背景下三种审计协同治理的要求及必要性 …… 237
第三节　新时代背景下国家审计主导的协同治理体系优化 …… 242

第十三章　总　结 …… 251

参考文献 …… 254

第一章

国家审计治理职能概述

中国特色社会主义新时代是中国发展新的历史方位。中国特色社会主义进入新时代,根据新的发展形势和时代要求,既明确要全面建成小康社会、实现第一个百年奋斗目标,又提出乘势而上开启全面建设社会主义现代化国家新征程,向第二个百年奋斗目标进军。"以不息为体,以日新为道"这一具有连续性和前瞻性的战略安排深刻把握发展大势,展现了党和国家事业发展的生机活力和光明前景,是引领新时代中国特色社会主义发展的指路明灯,必将汇聚起十四亿多中国人民团结奋斗的磅礴力量。

维持经济社会全面协调可持续发展,维护国家安全,必然要求进一步加强对我国经济运行的监督管理。政府各个职能管理部门在制定政策、执行政策、行使监督权力的过程中都可能受到各种因素和条件的影响而出现政策制定的偏差、失误甚至错误,即使正确可行的政策在执行过程中也可能会出现执行偏差、失误甚至错误,甚至会出现"寻租"和贪污腐败行为,因此,对这些部门和单位的监督就显得非常必要。国家审计的职能是监督,审计机构和审计人员是以第三方的独立地位进行监督,凡是机关、国有企业、事业单位的经营管理活动都在它的监督范围内,是一种综合的、全面的监督。同时,审计监督还有权对其他经济监督的结果进行再监督。因此,国家审计监督较之其他经济监督有更特殊的重要意义。

国家审计是国家治理体系的重要组成部分,中国特色社会主义进入新时代,国家治理体系不断完善,国家治理能力现代化也随之不断深化,国家审计作为监督政府财务收支、保障国有资产安全、促进政府绩效管理等重要职能的机构,也面临着新的机遇和挑战。

在全面深化改革进程中，国家和社会赋予了审计更多的任务，且每项任务都极具挑战性。不管是监督中央政策落实，保证财政资金安全有效使用，还是促进领导干部履职尽责等方面，审计的领域和重点都发生了很大的变化，且审计的责任日益重大。"加强审计工作特别是对重大领域、重大项目、重要资金的审计监督"[①]，习近平总书记对审计工作寄予了厚望。审计部门应紧紧围绕国家中心工作，服务改革发展，服务改善民生，促进社会公正，为建设廉洁政府、俭朴政府、法治政府提供有力支持。

在新时代背景的实践要求下，国家审计需要更加注重创新和发展，不断改革体制机制，创新职能转型，探索新的审计方式，以提高审计的科学性和实效性。因此，研究应对时代变革的国家审计治理职能改革路径和转型策略，以更好地适应和服务于国家治理现代化的需要，是实践发展与理论研究的重要课题。

第一节 我国国家审计的发展历程

西周时代，我国就设置了"宰夫"这一职位，独立于财计部门，主要负责核查财政收支，"宰夫"的出现代表了我国国家审计的产生。汉时期的御史制度，隋唐时期的比部，宋朝时的"审计院"，使得我国古代审计制度建设日臻健全。到了元明清时期，自元朝废除比部后，我国就未再设置单独的审计机构，审计发展停滞不前。

在新中国成立前，中国共产党领导下的革命组织实施了审计制度。党组织设立了审计委员会，对财政财务收支和国家预算执行情况进行审查和监督，旨在解决当时存在的浪费问题。抗日战争期间，革命组织设立的审计委员会也一直在边防机关、组织特区和县区内存在并发挥作用。因此，在新中国成立前，我国国家审计建设并未停止，一直在缓慢发展之中。

新中国成立之初，计划经济体制的特殊性使得我国对国家审计的需求并不高，就没有单独设置审计机构，当时主要由财政和税务等部门对国家财政财务进行审查。直至1978年改革开放，具有中国特色的社会主义审计制度才随着改

---

① 中共中央文献研究室. 十八大以来重要文献选编：上 [M]. 北京：中央文献出版社，2014：771.

革开放诞生和发展，并在发展中不断扩大其对国家治理的重要作用，成为国家治理体系和治理能力现代化过程中的重要保障。

一、1978—1985 年：建立中国特色审计制度

1978 年的中共十一届三中全会在北京举行，开创了一个历史新阶段。这次会议的重点是把党和政府工作的重点放在国家的经济发展上，实行改革开放。此次会议具有重要的意义，是我们党改革和发展的先河，开创了中国特色社会主义新的发展道路。

为解决新问题，并逐步适应日益增强的国家对财政、经济的监管要求，我国于 1982 年 12 月颁布的《中华人民共和国宪法》（简称宪法）中确立了新的审计监管体系。在宪法颁布后的第二年 9 月，我国最高审计机关——审计署正式成立，之后的两年多时间里，全国各地的审计机关也迅速建立起来。到 1985 年年底，全国上下共建成的基层审计机关有 3007 个，同时有 2.79 万审计工作人员投入其中。① 在开始建立基层审计机关时，国务院提出了"边组建，边工作"方法，将经济发展作为核心，将保障政府财政财务收支平衡、开源节流作为审计的任务，首先对违反财经法纪、超额使用预算外资金和国有企业亏损情况等严重问题实施审计工作。此外，在全国范围内开始试点专项资金审计、经济效益审计和财务收支审计等相关工作，我国国家审计自此跨出了审计监督的第一步。从试点工作开始到 1985 年年底，各级国家审计机关共对 8.13 万个单位开展了审计工作，共审查发现 137 亿左右的违反财经法规的款额，以及 34 亿应该上缴国家财政的款额。② 审计监督为提升相关部门管理能力、提高经济效益、严肃财经法纪、提升国家治理水平均做出了积极的贡献。

二、1986—1992 年：积极探索发展审计体制

十三届和十四届全国人民代表大会提出的"一个中心，两个基本点"的基本方针和市场经济制度建设目标，使得我国国家审计工作战略发生了改变，从而对国家审计实践和审计制度发展都产生了重大的影响。审计署 1991 年年末编

---

① 李金华. 中国审计史：第三卷（上）[M]. 北京：中国时代经济出版社，2004：57.
② 贺鹏皓，刘西诺，南永清. 中国共产党领导下的审计百年历史演进 [J]. 审计观察，2021，34（6）：54-59.

制《审计工作发展纲要（1991—1995年）》，给中国特色社会主义审计制度建设提供了方向性指导和理念。

在这一阶段，审计对象扩大，审计内容也延伸到了管理与效益审计，更大发挥了审计监督对国家治理的作用。在经济体制转变中具有中国特色的社会主义审计制度逐渐发展起来，并对保证经济体制改革的顺利进行、推动治理整顿、严肃财经纪律起到了举足轻重的作用。

三、1993—2002年：国家审计法制化发展

1993年的十四届三中全会通过了《中共中央关于建立社会主义市场经济体制若干问题的决定》，确立了我国社会主义市场经济体制的基本架构。党的十五大、十六大系统地提出和讨论了我国社会主义初级阶段的基本纲领，总结了十三届四中全会以后的改革和现代化建设的基本经验，并提出了全面的发展方向。构建社会主义市场经济体制，贯彻依法治国的基本方略，为我国审计制度的发展和完善创造了更为有利的条件。1994年颁布了《中华人民共和国审计法》（简称审计法），标志着我国审计工作步入法制化轨道，审计法律规范体系初步形成。

四、2003—2012年：审计制度体系不断规范

十六届四中全会提出，要强化对权力运行的制约与监督；十七届二中全会明确提出，要加强对行政权力的监督，要充分发挥监察、审计等专门的监督职能。

在此期间，审计署将以往较为松散的业务模式进行了整合，形成了财政、金融、企业、经济责任"3+1"的审计工作模式，编制了《审计署2003至2007年审计工作发展规划》《审计署2008至2012年审计工作发展规划》。在保证审计工作监督真实性的基础上，各级审计机关均成立了经济责任审计专职机构。2005年，我国各级党政领导干部经济责任由县级向市级延伸，强化了对政府权力运行的制约与监督，在维护经济秩序、推进依法行政、促进廉政建设、推进民主法治建设等方面都起到了积极的作用。

五、2013 年以来：总体布局发挥审计保障作用

党的十八大提出，要全面建成小康社会，全面推进改革，全面推进经济、政治、文化、社会、生态文明建设，全面提高党的建设科学化水平。十八届三中、四中全会对审计工作做出了重要部署，国务院等先后印发了《国务院关于加强审计工作的意见》《关于完善审计制度若干重大问题的框架意见》等有关文件。十九届三中全会提出对审计管理制度进行改革，建立审计监督体系，使审计工作步入全面发展的新阶段。党的二十大报告提出，"健全党统一领导、全面覆盖、权威高效的监督体系"①，审计作为党和国家监督体系的重要组成部分，更要不折不扣贯彻落实重要指示批示精神，突出政治强审这一根本要求，增强"四个意识"、坚定"四个自信"、坚决做到"两个维护"，坚持审计为民，依法审计。2023 年《国务院关于 2022 年度中央预算执行和其他财政收支的审计工作报告》指出，我国全面整改、专项整改、重点督办相结合的审计整改总体格局初步形成，且重点督办的问题线索总体进展顺利，铲除了一些阻碍改革发展和长期未解决的顽瘴痼疾。

这一时期的中国特色审计制度可以概括为：坚持以习近平新时代中国特色社会主义思想为指导，围绕"四个全面"战略布局和"五位一体"总体布局发挥审计保障作用。这一时期，审计工作积极发挥在国家治理方面的作用，加强对重大违纪违法问题线索的揭示力度，严肃查处违纪违法问题线索并主动向社会公开。同时，针对经济社会各领域在全面深化改革过程中出现的创新举措、应变措施以及创新过程中不可预知的风险等，积极发挥国家审计的建设性作用；着力推动党中央、国务院重大政策措施贯彻落实，促进提高发展质量和效益；深入揭示和促进防范风险，着力从体制机制层面推动深化改革。在维护党中央权威和集中统一领导、促进政令畅通、推动深化改革和科学发展、保障国家经济安全和人民利益、推进民主法治建设和反腐败斗争等方面发挥了重要作用。

---

① 习近平. 高举中国特色社会主义伟大旗帜　为全面建设社会主义现代化国家而团结奋斗：在中国共产党第二十次全国代表大会上的报告［EB/OL］. 中国政府网，2022-10-25.

第二节 国家审计的治理职能定位

国家治理体系是关于国家权力结构的配置，即规范权力运行，管理国家并维护公共秩序的一系列制度安排。国家治理体系和治理能力是一个国家的制度和制度执行力的集中体现，国家审计监督是国家治理体系中依法用权力监督制约权力的一项制度安排。

一、国家审计内涵界定

对于国家审计的概念，2013年召开的世界审计组织第二十一届大会通过的《北京宣言——最高审计机关促进良治》指出，作为国家治理不可分割的组成部分，国家审计机关依法独立履行其职责，客观公正地进行监督、鉴证、评价和建议，以供国家决策者制定政策和开展规划所用。世界审计组织在其战略规划（2017—2022年）中，明确的愿景是："通过增强最高审计机关能力，帮助各国政府提高绩效、增强透明度、确保问责、保持信用、打击腐败、提升公共信誉、提高公共资源收支的效率和效果，为人民谋福利，促进良治。"[①] 世界审计组织职业准则委员会关于最高审计机关的审计职能调查报告指出："审计工作属于问责环节，是治理系统中不可缺少的一个部分；最高审计机关是主权国家治理体系中不可分割的一个部分。"

我国审计机关自1983年成立以来，在开展国家审计实践的同时，注重总结和把握国家审计发展规律，吸收中外审计概念研究的已有成果对国家审计的概念持续进行研究和探讨。例如，在中国审计学会1989年召开的全国审计基本理论研讨会上，将审计的概念表述为：由专职机构和人员，依法对被审计单位的财政、财务收支及其有关经济活动的真实性、合法性、效益性进行审查，评价经济责任，用以维护财经法纪、改善经营管理、提高经济效益、促进宏观调控的独立性经济监督活动。1995年召开的简明审计定义研讨会提出，审计是独立

[①] 领导干部解读：临清市审计局党组书记、局长冯志森同志解读国家审计 [EB/OL]. 临清市审计局，2019-11-11.

检查会计账目，监督财政、财务收支真实、合法、效益的行为。2010年修订的《中华人民共和国审计法实施条例》第二条指出："审计法所称审计，是指审计机关依法独立检查被审计单位的会计凭证、会计账簿、财务会计报告以及其他与财政收支、财务收支有关的资料和资产，监督财政收支、财务收支真实、合法和效益的行为。"

综上所述，审计定义一般包括审计主体、审计依据、审计对象或审计内容、审计特征、审计职能和审计目标等要素。

从国家审计在党和国家监督体系中的地位与作用的角度来说，国家审计是由国家专门机关依法独立对国家重大政策措施贯彻落实情况，公共资金、国有资产、国有资源管理分配使用的真实合法效益，以及领导干部履行经济责任、自然资源资产管理和生态环境保护责任情况所进行的监督活动。要全面理解国家审计的概念与内涵，应重点把握好以下五方面。

（一）国家审计的主体是各级审计机关

1982年12月，第五届全国人民代表大会第五次会议审议通过的《中华人民共和国宪法》第九十一条明确规定："国务院设立审计机关，对国务院各部门和地方各级政府的财政收支，对国家的财政金融机构和企业事业组织的财务收支，进行审计监督。审计机关在国务院总理领导下，依照法律规定独立行使审计监督权，不受其他行政机关、社会团体和个人的干涉。"第一百零九条规定："县级以上的地方各级人民政府设立审计机关。地方各级审计机关依照法律规定独立行使审计监督权，对本级人民政府和上一级审计机关负责。"宪法的这一规定具有法定性、独立性和专有性。根据职权法定的原则，其他任何政府部门、机关均不能行使国家审计监督权。

（二）国家审计的客体是指接受审计机关审计的经济责任承担者和履行者

根据《中华人民共和国宪法》第九十一条和第一百零九条的规定，国务院和县级以上地方各级人民政府设立审计机关，对国务院各部门和地方各级政府的财政收支，对国家的财政金融机构和企业事业组织的财务收支，进行审计监督。《中华人民共和国审计法》《党政主要领导干部和国有企事业单位主要领导人员经济责任审计规定》《国务院关于加强审计工作的意见》《关于完善审计制度若干重大问题的框架意见》及相关配套文件、《关于深化国有企业和国有资本审计监督的若干意见》和《领导干部自然资源资产离任审计规定（试行）》等法律和文件明确，对属于法定职权范围内的公共资金、国有资产、国有资源和领导干部履行经济责任情况实行审计全覆盖，对地方各级党委、政府主要领导干部以及承担自然资源资产管理和生态环境保护工作部门（单位）的主要领导干部履行自然资源资产管理和生态环境保护责任情况进行审计。

（三）国家审计的内容包括国家重大政策措施贯彻落实情况，公共资金、国有资产、国有资源管理分配使用的真实合法效益，以及领导干部履行经济责任、自然资源资产管理和生态环境保护责任情况等

具体包括以下五项。

一是各地区、各部门贯彻落实国家财政、税收、货币、产业、环保、民生等方面政策的具体措施、执行进度和实际效果。

二是政府的全部收入和支出、政府部门管理或其他单位受政府委托管理的资金，以及相关经济活动。

三是行政事业单位、人民团体、国有和国有资本占控股地位或者主导地位的企业（含金融机构）等管理、使用和运营的境内外国有资产。

四是土地、矿藏、水域、森林、草原、海域等国有自然资源，特许经营权、排污权等国有无形资产，以及法律法规规定属于国家所有的其他资源。

五是地方各级党委和政府、纪检监察机关、审判机关、检察机关，中央和地方各级党政工作部门、事业单位、人民团体等单位的党委（含党组、党工委）正职领导干部和行政正职领导干部，包括主持工作一年以上的副职领导干部；国有和国有资本占控股地位或者主导地位的企业（含金融机构）的法定代表人，以及实际行使相应职权的企业主要领导人员履行经济责任情况；地方各级党委、政府主要领导干部以及承担自然资源资产管理和生态环境保护工作部门（单位）的主要领导干部履行自然资源资产管理和生态环境保护责任情况。

（四）国家审计的基本功能是经济监督

主要是指通过审计，揭露违纪违法、制止损失浪费、查明错误弊端、判断管理缺陷，进而追究责任，并依据一定的标准对所查明的事实进行分析和判断，督促改善管理，提高效率和效益，完善体制、机制和制度。

经济监督作为审计的基本功能贯穿于依法检查到依法评价，从依法作出审计处理处罚决定到督促决定的执行，从依法提出建议到督促整改，以及出具审

计报告、作出审计决定、发布审计结果公告等审计工作的各个环节。

（五）国家审计的目标是监督和评价财政财务收支及有关经济活动的真实性、合法性和效益性，以发挥维护国家财政经济秩序、提高财政资金使用效益、促进廉政建设、保障国民经济和社会健康发展的作用

1. 真实性是指反映财政财务收支以及有关经济活动的信息与实际情况相符合的程度。审计机关把真实性作为审计的目标，就是在审计中，确定审计对象的财政财务收支信息与财政财务收支实际情况是否一致，判断财政财务收支信息是否真实、可靠。通过审查被审计单位财政财务收支以及有关经济活动信息的真实性，有利于提高信息可靠性，为信息使用者提供依据。

2. 合法性是指财政财务收支以及有关经济活动遵守国家法律、法规、规章和有关规定的情况。国家法律、法规、规章和有关规定对财政财务收支行为做出了规定，其目的是维护财经秩序、保证公平竞争、促进经济社会健康发展、维护人民群众利益，审计对象必须遵守这些规定。审计机关把合法性作为审计的目标，就是在审计中，以国家法律、法规、规章和有关规定为标准，审查审计对象的财政财务收支以及有关经济活动遵守国家法律、法规、规章和有关规定的情况，维护法律尊严和社会公共秩序。

3. 效益性是指财政财务收支以及有关经济活动的经济性、效率性和效果性。经济性是指审计对象活动过程中获得一定预期结果所耗费的公共资源最少，它以节约成本为目标，重点关注达到组织活动目标所花费的成本是否被控制在合理的范围内，公共资源利用是否经济、有无损失浪费的问题。效率性是指审计对象活动过程中公共资源投入与产出之间的对比关系，它以提高资源利用效率为目标，重点关注资源的利用是否充分、是否存在由管理不善造成的效率低下问题。效果性是指审计对象从事活动时实际取得成果与预期成果之间的对比关系，它以公共资源配置达到预期效果为目标，重点关注资源配置的目标是否实现、是否达到预期目的。审计机关把效益性作为审计目标，就是在审计中，从成本控制、运行效率、结果实现等角度，审查审计对象配置和使用公共资源的情况，判断资源利用是否充分、节约和有效，既关注经济效益，也关注社会效益和环境效益。

二、国家审计的地位

国家审计是国家治理的一项重要制度安排。推进国家治理体系和治理能力现代化，既要改革不适应实践发展要求的体制机制、法律法规，又要不断构建新的体制机制、法律法规，使各方面制度更加科学、更加完善，实现党、国家、社会各项事务治理制度化、规范化、程序化；推进国家治理体系和治理能力现代化，就是要提高治理能力，增强按制度办事、依法办事意识，善于运用制度和法律治理国家，把各方面制度优势转化为管理国家的效能，提高科学执政、民主执政、依法执政水平。

只要存在国家活动和国家治理，就必然离不开公共权力的配置和运行。科学的权力配置应遵循权力制衡、权责匹配、民主法治等基本原则，形成决策权、执行权、监督权既相互制约又相互协调的权力结构和运行机制，确保有权必有责、用权受监督。国家审计是党和国家监督体系的重要组成部分，依法对权力进行制约与监督，推进国家治理体系和治理能力现代化。

从党和国家监督制度安排来看，2018年3月，中共中央印发的《深化党和国家机构改革方案》明确："为加强党中央对审计工作的领导，构建集中统一、全面覆盖、权威高效的审计监督体系，更好发挥审计监督作用，组建中央审计委员会，作为党中央决策议事协调机构。"中央审计委员会通过对国家审计进行顶层设计和统筹协调，把方向、谋大局、定政策、促改革。中央审计委员会办公室协调推进和督促落实党中央和中央审计委员会的决策部署，审计监督能够为监督体系中其他监督职能的发挥提供重要支持，提高党和国家监督体系的整体效能，推进国家治理体系和治理能力现代化。

从国家治理运行过程来看，关键在于科学的权力配置和有效的监督制约。在权力配置过程中，审计监督权作为权力制衡的重要工具，与其他由自身负有具体管理职能中派生出来的监督有明显不同。审计监督是一种专职和专业行为，是依法独立进行的监督，通过监督控制和反馈信息来促进国家经济社会的健康运行，从而实现国家治理的目标。

从国家治理效能来看，治理效能是治理现代化程度的重要衡量标准，有效的国家治理需要建立良好的国家制度，并将这种制度优势转化为治理效能。国家审计是提升国家治理效能的有力保障，主要体现为：其一，通过对政府预算的分配、执行、资金使用和管理等情况的审计监督，促进提高财政资金的运用和管理能力，提升预算单位的预算执行能力和财政资金使用绩效。其二，通过对政府工作的经济性、效率性和效果性进行审计监督，促进提高行政部门的运行绩效，并通过政府部门绩效的提升，带动其行政管辖的行业或领域的提质增效。其三，国家审计在查处各类问题的基础上，能够对产生这些问题的原因，从个别到一般、从局部到全局、从苗头到趋势、从微观到宏观进行深层次分析，提出改革体制、健全法治、完善制度、强化管理、防范风险的建议，从而促进提升国家治理的宏观绩效。

三、国家审计的当代作用

国家审计发展的实践表明，审计机关在维护国家财政经济秩序、提高财政资金使用效益、促进廉政建设、保障经济社会健康发展等方面具有重要作用。审计机关首先是政治机关，是党的工作部门，同时也是宏观管理部门，应坚持以习近平新时代中国特色社会主义思想为指导，紧紧围绕统筹推进"五位一体"总体布局和协调推进"四个全面"战略布局，依法全面履行审计监督职责，"治已病，防未病"，促进经济高质量发展，促进全面深化改革和扩大高水平开放，促进权力规范运行，促进反腐倡廉。

（一）促进经济高质量发展

经济高质量发展涉及经济、政治、文化、社会、生态等方面的影响因素，在新时代，经济高质量发展要求产业产品不断创新、城乡地区协调发展、经济领域与其他领域持续协调发展、环境资源利用可持续、对外开放和经济社会发展成果可共享。

审计促进经济高质量发展，就是在审计工作中坚持质量第一、效益优先，围绕建设现代化经济体系，聚焦深化供给侧结构性改革等重点工作，紧跟党中央重大政策措施贯彻落实，促进提高公共资金、国有资产、国有资源绩效，推动经济发展实现质量变革、效率变革、动力变革，推动建设实体经济、科技创新、现代金融、人力资源协同发展的产业体系，推动建立市场机制有效、微观主体有活力、宏观调控有度的经济体制。

（二）促进全面深化改革和扩大高水平开放

改革开放是社会主义制度的自我完善和发展，是党和人民大踏步赶上时代的重要法宝,是坚持和发展中国特色社会主义的必由之路,是决定当代中国命运的关键一招,也是决定实现"两个一百年"奋斗目标、实现中华民族伟大复兴的关键一招。

审计促进全面深化改革和扩大高水平开放,就是坚持宏观视野和全局观念,服务国内国际两个大局,注意长远制度建设与解决突出问题相结合,整体推进与重点突破相结合,顶层设计与试点探路相结合,改革创新与现行制度完善相结合,把揭示微观问题与服务宏观决策结合起来,深入分析问题背后的体制障碍、机制缺陷、制度漏洞,积极提出解决问题的办法。从提高财政资源配置效率、夯实基础推动高质量发展、健全激励干事创业的配套制度,以及从推动形成全方位、多层次、宽领域的全面开放新格局等方面,提出有针对性和可操作性的建议,促进形成有利于创新的体制机制环境,从而不断推进理论创新、制度创新、科技创新、文化创新以及其他各个方面创新,破除不合时宜的体制机制弊端,突破利益固化的藩篱。

(三) 促进权力规范运行

权力导致腐败,绝对权力导致绝对腐败。权力不论大小,只要不受制约和监督,都可能被滥用。一旦权力游离于制度的制约和监督之外,就会导致权力滥用、以权谋私、贪污腐败,污染政治生态,侵害群众利益,破坏社会公平正义,损害党和政府的形象和公信力。

审计机关通过揭示、反映并分析权力滥用的原因,提出完善体制机制的建议,规范权力运行,把权力关进制度的笼子,用制度监督、规范、约束权力。审计机关通过公开审计结果,揭示权力滥用行为,发挥人民群众和社会舆论对权力的监督作用,让权力在阳光下运行,确保人民赋予的权力不被滥用。审计机关通过督促有关部门对审计发现问题的问责和整改,用问责传递压力,用压力推动整改,形成规范权力运行的强大推动力,形成有权必有责、用权必担责、滥权必追责的良好制度氛围,确保各项法规制度落地生根。

审计促进权力规范运行,就是以领导干部经济责任审计和自然资源资产离任审计为重点,坚持党政同责、同责同审,聚焦权力运行和责任落实,揭示重大改革事项推进、重大经济决策落实、"三重一大"制度执行等方面的突出问题,促进领导干部依法用权、秉公用权、廉洁用权。

（四）促进反腐倡廉

腐败是指掌握公共权力者在行使公共权力的过程中，背离公共权力的授权目标，违反公共权力的使用规范，牺牲公共利益谋取少数人利益的行为。腐败动摇党的执政地位，削弱政府的行政能力，破坏社会公序良俗，危害经济社会健康发展。

审计促进反腐倡廉，主要体现在以下方面。一是聚焦公共权力运行、公共资金使用、公共资源交易、公共资产运营、公共工程建设，通过对财政资金分配和使用、工程建设招投标和物资采购、土地出让和开发利用、金融机构贷款发放和金融创新、国有企业对外投资和资产处置等重点领域、重点环节的审计监督，揭露重大违纪违法、经济犯罪和腐败问题，揭露严重侵害人民群众切身利益的问题，对重大违纪违法问题线索及时移送有关部门处理。二是通过深入研究分析重大违纪违法问题和腐败案件发生的特点及深层次原因，推动不敢腐、不能腐、不想腐的体制机制制度建设，从源头上遏制腐败问题发生。

（五）推动中国式现代化和治理现代化

党的二十大报告指出，"从现在起，中国共产党的中心任务就是团结带领全国各族人民全面建成社会主义现代化强国、实现第二个百年奋斗目标，以中国式现代化全面推进中华民族伟大复兴"。审计机关必须深刻理解中国式现代化，牢记"国之大者"，切实增强服务保障新时代新征程党的使命任务的思想自觉、政治自觉和行动自觉，以审计担当为中国式现代化贡献力量。

当前的审计工作以推动高质量发展为主题，聚焦实体经济和招商引资、城市更新和城市建设、优化营商环境等重点工作，围绕重大战略、重大政策、重点项目加强审计监督，做深做透财务审计、国有企业审计、公共投资审计等，推动财政资金提效、重大项目提速、助企政策提质，助力做大做强实体经济、加快构建现代产业体系，促进高质量发展任务落到实处。除此之外，审计工作还聚焦民生福祉，发挥保障作用；聚焦防范化解重大风险，发挥预警作用；聚焦权力规范运行，发挥促进作用。夯实审计事业发展根基，全方位推进我国治理体系和治理能力现代化，推动中国式现代化进程。

四、国家审计的治理职能

(一) 经济治理

经济治理是实现国家治理的首要前提条件和物质基石。国家审计作为政府抵御风险的基本手段，通过关注财政安全、金融安全、国有资产安全等，加大对经济运行中突出矛盾和潜在风险的揭示和反映力度，以维护国家经济安全，提高社会总资源运行效率。如2008年金融危机爆发后，我国开展了国际金融危机对我国商业银行和实体经济影响的审计调查项目，揭示和分析了金融危机对我国实体经济的影响及趋势、对不同行业的影响程度、对部分国有骨干企业的冲击以及一些应对政策措施落实中需要解决的困难和问题，并提出了相关对策建议，较好地发挥了国有资产的保值作用。

(二) 政治治理

权力的配置与制约是现代国家政治制度设计的基本要素，也是确立国家政治制度的重要原则。国家审计通过评价政府及其部门的公共政策制定、执行情况和效果，加强对政府部门和工作人员权力行使情况的审计监督，为决策者提供借鉴和帮助，提升政府的决策和治理水平，有效防范政府寻租等腐败行为，推动建设法治政府和服务型政府。目前，我国开展的领导干部经济责任审计为监督和考核干部提供了重要依据，促进了政府部门和工作人员依法行使权力、有效履行职责。同时，查处重大违法违规和经济犯罪线索，为国家挽回了大量经济损失，有力打击了腐败分子，也加强了政府廉政建设，包括促进问责机制和责任追究制度的建立。

(三) 社会治理

效率与公平是任何社会形态都不可回避的一对矛盾，有效地解决好这对矛盾，国民经济的发展运行才能有稳定的社会环境支撑。国家审计通过审查和评估国家各项社会管理政策，分析国家公共安全体系建设情况，加强对社会领域的监督和社会组织的监管，促进了惠民政策落实，维护了群众利益，保障了民生安全。多年来，各级审计机关开展的大量民生、三农资金审计都是审计机关发挥这一职能的重要体现。

(四) 文化治理

文化是一个民族的精神和灵魂，是国家发展和民族振兴的强大力量。国家审计的文化治理职能体现在两方面。一是通过加强审计文化建设,进一步树立和践行"责任、忠诚、清廉、依法、独立、奉献"的审计人员核心价值观,努力做到依法审计、文明审计,进一步提高审计的公信力和社会影响力。二是通过开展国家教育、文化等专项资金审计,监督国家教育资源的配置情况和国家文化政策的有效性,促进相关政策制度的不断完善和有效落实,推动教育公平和现代化,深化教育体制改革和文化体制改革。

(五) 环境治理职能

在弥补市场失灵造成的环境污染问题的治理中,审计作为国家治理环境的重要一环,起到了内、外部双重治理的作用。国家审计以促进贯彻落实节约资源和保护环境的基本国策为目标,监督检查国家资源环境政策法规贯彻落实、资金分配管理使用和资源环保工程项目的建设运营情况,维护资源环境安全,推动生态文明建设。如开展的18个大型火电建设项目和相关省电力建设情况,环渤海13市水污染防治和"三河三湖"水污染防治资金使用及效果等多个审计或审计调查项目,揭露和查处无序开发、破坏浪费资源和严重污染环境等问题,促进了资源依法有效保护和合理开发利用,改善了环境质量。

(六) 国际治理

为适应我国对外开放的新形势,有效防范国际风险,国家审计以促进积极合理有效利用外资、防范涉外投资风险、维护境外国有资产安全、履行国际责任为目标,通过审查对外政策的有效性,不同行业外资的集中程度,关注外资在国内投资、境外资产和投资的效益和安全情况,及时评估周边国际环境。如在联合国审计中揭示了联合国在治理、管理和控制方面存在的突出问题,审计建议得到联合国的高度认同和积极整改,推动了联合国实行国际公共部门会计准则和预算改革。

实践证明,国家审计充分履行其在国家治理中的职能,不仅是国家治理的重要组成部分,并且逐步发展成为国家治理机制发挥效用的重要保证。

第三节 我国国家审计治理职能的特点

一、政治性

2018年5月，中央审计委员会首次会议中便强调了中国共产党对国家审计工作的领导地位。国家审计机构是党和国家治理体系的关键组成机关，审计工作是影响我党和国家建设的重要工作，将党对审计工作的领导视为审计工作开展的前提，是坚持党对一切工作的领导的必然要求。由中国共产党总揽全局，领导各方工作是我国社会主义制度的主要特征。审计机关是我国的政治机关和政府工作部门，必须始终坚持中国共产党对国家审计工作的全面领导，使审计工作实施立足于党和国家治理。

我国国家审计职能具有的政治性表现在：全国审计机构以贯彻党中央关于审计工作的部署和要求为主要政治责任，以推动党中央重要方针措施贯彻落实为首要任务，善于在政治上统筹部署推动工作，善于总揽全局，善于在政治上观察问题，善于建言献策；统筹安排审计工作和优化配置审计资源，保证各项审计得到严格落实和问责，着力建设集中统一、全面权威、高效快捷的审计监督制度，较好地发挥审计对党和国家监督体系的监督作用。

二、法定性

国家审计职能的法定性是开展审计工作的保证，是国家审计权威性的来源。1982年《中华人民共和国宪法》以及1994年《中华人民共和国审计法》都对国家审计的职权进行了规定，明确了国家审计的法定性。随后陆续发布相关政策及法规文件，均赋予了审计机关维护社会经济秩序、促进廉政文明、强化问责制度、保障社会稳定发展的职责和使命。国家审计职能是我国宪法和法律所规定的，其地位与功能是不可取代的，法定性的特征也保证了国家审计工作的顺利开展。

三、独立性

独立性是国家审计顺利进行的关键，也是国家审计机关发挥作用和权威的根本。观察总结各个国家的审计制度，可以发现各个国家的审计制度虽然在政治制度、隶属管理、思想文化等存在差异，但是都对审计的独立性特别重视。独立性是审计工作的保证，《中华人民共和国宪法》强调了审计机关依法独立行使审计监督的权力。虽然国家审计机关作为国家的治理部门，并不能实现完全的独立，但从审计机关的职权来讲，审计机关从事的是监督管理工作，并不具备资金管理分配等其他行政的职能，这也使得审计机关能够从全局宏观的角度看待问题，更加客观公正地开展国家审计工作。

四、全面性

审计监督是审计机关依照其法定职责，对被审计单位进行经常性的审查和监督，监督对象包括对国家公共资金、国有资产、资源、政府官员在法定职责范围内承担的财政责任等。在审计人员进行审计的过程之中，凡是涉及审计人员审查对象的使用、管理、配置等各个方面的部门、机构和人员，都需要自觉接受并配合审计人员的工作。审计的对象与内容是广泛多元的，涵盖了社会的方方面面，包括国民经济、文化、政治、社会以及生态文明等各领域，涉及社会发展的各个方面和全部过程。与此相对应，国家审计所发挥的职能具有综合性，国家审计人员通过依法执行审计工作，间接推动了社会经济的高质量发展，也为我国深化改革和扩大开放水平、督促国家权力规范化运作和推动国家反腐倡廉做出了积极贡献。

五、专业性

国家审计需要执行一定的审计程序，需要专业的业务流程，因此，审计人员的配备需要具备一定的专业知识、专业胜任能力以及丰富的工作经验。国家审计要严格遵循法律法规、国家审计准则、审计职业道德准则等开展审计工作，通过获取被审计单位相关资料，查明被审计单位情况，对审计采集的有关问题的各种数据及信息进行分析，查明真实情况，发现突出问题并提出解决对策，促使问题得到纠正，实现国家治理体系及治理能力现代化。

六、强制性

国家审计职能的强制性，主要表现在两方面。一方面，我国的国家审计制度是宪法规定的。执行审计任务的主体是国家审计机关。政府就是要通过这样的审计来了解国有资产的使用、管理情况及财产使用取得的经济效果，以加强对国有资产的控制和管理。只要涉及国家公共资源的使用和管理，国家审计机关就需要对其进行审计监督。另一方面，审计机关出具的审计报告是具有法律效力的。审计报告是依据审计法的相关规定依法出具的，被审计单位应当对审计报告中违反国家规定的情况限期进行整改，对提出的审计建议予以落实。

第二章

国家审计治理的文献研究基础

第一节 文献综述

一、国家审计治理职能的相关研究

国家审计职能在国家治理水平和发展要求的改变中不断地优化完善，同时其内涵也得到了丰富与拓展。就目前我国社会发展状况而言，国家审计通过经济监督、评价和防御的基本职能，在不断深入和推动国家治理的进程中始终发挥着重要作用。通过收集整理相关资料发现，学者们对国家审计治理职能的研究重点主要集中在以下两方面。

（一）国家审计职能定位的相关研究

在国家治理的框架下，国家审计的总体目标是充分发挥审计的监督、服务及前瞻等功能，以推动国家实现善治。国家审计随着时代和形势的变化，不断被赋予更深层次的治理职能定位。通过大量的文献阅读发现，学者们对国家审计治理职能定位的相关研究主要涉及以下几方面。刘家义（2012）认为国家审计能够推动反腐倡廉工作。只有加强权力监督与制约，才能在重点领域和重要环节中有效发现存在的问题，防止权力滋生腐败的现象发生。国家审计能够推动深化改革工作。国家审计作为国家治理工具之一，其能够持续有效地大力推进改革进程，只有不断促进改革发展，保证资源的合理配置和有效利用，才能真正意义上实现国家良治。国家审计有利于维护国家安全。国家审计通过对社会和经济活动进行动态监测,确保提供信息的真实性、准确性、及时性和有效性,才能够迅速发现国家治理活动中的潜在风险及问题,进而保证国家整体安全,特别是经济安全。国家审计还有利于维护民生权益。只有在住房、医疗、教育、社会保障方面,强化对资金的监督和管理,才能确保广大人民群众的切身利益问题能够得以有效解决。此外,安锦、徐跃等人(2020)以国家治理体系为出发点,从经济、政治、文化、社会和生态"五位一体"总体布局构建理论框架,认为改革开放以来我国国家审计的职能演绎发展历经三重递进职能:初级职能为经济监督、经济评价和经济鉴证的经济职能;中级职能为政治统治、政治管理和政治治理的政治职能;高级职能为促进文化治理、生态治理和社会治理的国家治理职能。孙宝厚(2018)指出审计机关的职能要实现全面覆盖,不仅对于行政机关单位同时对于其他机关单位实现审计全覆盖,对于"一公两国有",领导干部经济责任和自然资源资产离任都要实现审计监督的全面覆盖。

(二) 国家审计职能特点的相关研究

通过对已有文献资料进行整理发现,学者们对国家审计治理职能的特点研究主要包括以下几方面。

政治性。安锦、徐跃等人(2020)对国家审计在新时代背景下实现路径的研究中,将习近平新时代中国特色社会主义思想作为依托,将党的理论和路线方针政策作为背景基调,将落实党中央对审计工作的部署要求作为首要政治责任。这充分体现了国家审计所具备的政治属性。

法定性。孙宝厚(2021)提出新时代中国特色社会主义审计模式,是中国共产党领导的,拥有广泛法定权限,与其他监督相贯通、全国一盘棋的坚持党的领导、政府、人大及人民负责有机统一的综合审计模式。王永海、王嘉鑫(2017)认为"职权法定"是国家审计权威性和强制性的重要保障。宪法作为我国最高法律,其与其他地方法律法规条例以及规章制度均对国家审计的监督职责做出了明确界定,这体现出了国家审计的法治性特征,同时也凸显了法律对其地位及作用的充分肯定。

独立性。蔡春、蔡利(2012)认为独立性是审计的首要特征,因此在审计工作的实际操作过程中,需要首先明晰审计机关的绝对独立性,即审计机关独立于其他行政部门之外,不受其他行政机关、社会团体和个人的制约。此外,审计的独立性受法律保护,审计机关依照法律规定独立行使审计监督权。

全面性。刘家义（2012）认为国家审计工作覆盖面广，其对国家经济、政治、文化、社会、生态文明治理领域都有所涉及，因此审计在国家治理的过程中所起到的作用是全方位，深层次，多领域的，其贯穿整个经济社会运行的始终。

专业性。众多学者对审计专业性的研究都指出了审计人员在进行审计实践时必须具备扎实的专业知识以及职业胜任能力，必须严格遵守法律法规和国家审计准则，必须恪守审计职业道德，只有对审计人员加以制约，才能更好地保证审计工作的独立性以及审计开展的有效性。

强制性。王永海、王嘉鑫（2017）指出国家审计的强制性主要体现在审计主导地位、审计立项、审查权限以及审计处理四方面。

二、国家审计具体类型研究

近年来，诸多学者都对国家审计的具体类型分别进行了不同程度的研究。通过查阅大量的相关文献发现，学者们对国家审计的研究分类主要包括财政审计、金融审计、国有企业审计、资源环境审计、经济责任审计、国家重大政策跟踪落实审计、政府投资项目审计、涉外审计。其具体研究内容如下。

财政审计方面的研究。该类审计覆盖面较广，包含预算执行审计、债务审计等。寇理（2022）从财政审计的重要性出发，基于党的十八大以来审计工作报告的变化，论述了新时代财政审计的发展方向，提出做好新时代财政审计助推深化财税体制改革的建议。赵荣秀（2022）认为基于大数据构建财务审计框架是一项顺应当前财务审计工作实际需求的课题。构建大数据财政审计框架，需要重点研究实时监测预警模块、审计查询模块、数据采集转换模块等关键组件，并通过将数据共享和预警跟踪功能融合于一体，进而实现全面性的财政审计监督。

金融审计方面的研究。郑石桥（2019）基于经典审计理论对金融审计的本质、需求、目标、内容等展开系列研究，分析了金融审计和金融环境的相互影响作用机制。张筱等（2022）以监管部门作为参照，从目标、主体、客体、组织和激励机制等多个维度出发，详细分析了金融审计在应对财务风险方面所发挥的优势。目的在于强调监督体系中国家审计的优势与地位，并研究将其制度优势转化为监督效能的依据。李晓鹏（2022）在回顾金融审计发展历程的基础上，从坚持和加强党的全面领导、加深对金融本质和审计工作规律的认识、坚持改革创新、坚持依法审计和坚持实事求是等方面，总结了金融审计有效发挥审计监督效能的历史经验，并基于历史经验和时代要求，提出了深化金融审计工作的思考建议。

国有企业审计方面的研究。朱锦余等（2023）以2016—2021年国务院及省级人民政府《审计工作报告》为素材，将其中披露的国有企业审计发现的问题作为研究审计高风险领域的切入点，从问题的基本情况、审计内容、审计对象和空间范围等方面进行梳理和分析，总结目前国有企业审计的工作特征和发现的问题。

资源环境审计方面的研究。蒋秋菊（2021）认为，从长远来看，开展资源环境审计将有助于经济与生态环境的协调发展，但应注意的是，资源环境审计对经济增长的影响可能因省、市经济状况不同而存在差异。李兆东（2021）从环境治理中政府信任保障的视角出发，发现资源环境审计源于信任保障需求，发挥着信任保障的功能。在分析了揭示、抵御、预防三大保障政府信任的主要机制后，进而提出了协同党内监督、推动政府高效履行职责、防止官员腐败和渎职、促进科学决策等方面发挥资源环境审计信任保障作用的路径，并从保障信任的角度提出了改进资源环境审计的建议。陈婷（2022）认为新时代资源环境审计在建立和发展完善领导干部自然资源资产离任审计制度、系统服务国家生态文明、引领亚洲资源环境审计三方面取得了巨大的进步。

在经济责任审计领域的研究中，王海兵（2021）综合分析了新时代下经济责任审计全覆盖的新变化，对新时代下经济责任审计的提升站位、整合审计力量、创新审计技术、培育审计人才四大发展要求加以研究，并从顶层设计、协同参与、创新驱动、人才建设四个视角，对新时代经济责任审计全覆盖的具体实施路径做出论述。贾云洁（2022）提出，我国经济责任审计能力的建设仍有很大的改善空间，可以从多方审计关系人、制度体系和基础认知三个层面进一步优化多方审计关系人的协同运作与能力素质提升机制，从而重塑经济责任审计的基础认知，实现经济责任审计的整体提升。刘雷（2023）指出，经济责任审计能够在政治、协同、预警、建设四方面发挥创新作用，促进"双碳"目标的高质量实现，并指出经济责任审计要主动改变审计思路，深入实行研究型审计，有效利用大数据技术，实施整合审计。

国家重大政策跟踪落实审计方面的研究。程光（2018）根据重大政策措施实施情况追踪审计的特征，从审计依据条件、执行过程和成果应用三个层面，提出了相应的建设途径。魏强等（2022）基于目前国内对政策措施落实情况、审计的理论与实务探讨，结合国外最高审计机关在促进政策措施落实情况方面的审计实践加以剖析，对政策措施落实情况跟踪审计的理念和原则开展了深入研究，并提供了更深层次的深化发展途径，如创建"项目库"、构建"矩阵式"审计工作目标体系、"平行化多中心组织体系"等。余应敏（2022）提出了开展"治理导向式"的政策执行情况跟踪审计、加强对大数据分析等现代信息技术的应用以及提高审计成果的运用效率等方面的优化思路。

政府投资项目审计方面的研究。邹焕聪（2017）指出，政府投资项目审计监督面临着法治亟须进一步完善的挑战，这需要通过总结过去十多年来各地对地方性法规的规范经验，对关系到审计监督成败的法律问题进行更深层次的阐释。

涉外审计方面的研究。初春虹（2016）基于中国审计署2010—2013年度的绩效报告数据，把可持续发展的理念与我国当前的涉外审计工作相结合，剖析了影响我国涉外审计健康发展的主要因素，深入探讨了如何推动涉外审计的可持续发展并提出了相应对策。王伟等（2021）结合实际案例，对涉外税务审计的具体过程进行了细致探讨，进而掌握了涉外税务审计的流程和审计要点，并在此基础上对税务审计执行中存在的问题进行了深刻的分析。此外，还从税务机关和政策两个层面，提出了强化涉外企业税务审计工作的对策，如建立健全税务机关内部管理体系、涉外税务审计共享信息系统等。

三、国家审计、内部审计、社会审计协同治理的相关研究

（一）三类审计的相互关系与协同研究

目前对于政府审计、内部审计和社会审计三种审计类型的相关研究较为丰富。学者们侧重于分析三类审计间的关系和协作情况，认为加强政府审计、内部审计和社会审计三者之间的协同建设有助于对经济发展进行全方位、多层次的了解，从而保证国家经济秩序的整体稳定。部分学者认为国家有关部门应当鼓励协作，这样能够最大化地提升审计组织体系的协作效应，进一步促进公司治理和国家治理的效能。随着时代背景的不断更新，国家提出了"审计全覆盖"

的相关概念,学者们认为在满足政府审计全覆盖的过程中,同时也面临着资源、质量和成果之间的矛盾。因此,为保证审计能够真正达到全覆盖的范畴,就需要利用内部审计和社会审计力量建立"联审"制度,通过多方面、多渠道的信息整合以达到审计的最终目标。另外,由于近些年公共事件的出现,有学者提出应当由政府审计机关统领协调各类审计参与应急处置与救援、事后恢复与重建阶段的审计过程中,通过发掘各类审计的优势与局限,从而协调各类审计形成监督合力,进而提出构建政府审计、内部审计和社会审计合力机制的意见及建议。目前受到广泛认同的是政府审计、内部审计和社会审计三类审计能够通过相互协作来提高审计的效率。

(二)三类审计的具体协同路径研究

在我国"三位一体"的审计监督体系中,学者们为了更好地促进审计监督合力的形成与发展,对三类审计的具体协同路径也进行了积极的探索。一方面,学者们认为通过在审计实施过程中构建动态沟通机制、协调机制、审后评估机制、社会审计资源库,可以达到政府审计有效整合注册会计师审计的效果。另一方面,学者们提出要构建多元主体协同的信息工作平台,以完善审计监督组织体系,进而优化审计监督流程,使得审计监督的持续性和全面性更强。除此之外,学者们在制度方面也做出了相关探索,其认为明晰审计"监督合力"的要求和审计管理体制的适应性要在明晰各类审计主体的基本职责和职能定位的基础上进行。另外还有学者分别从加强政府审计、规范社会审计及完善内部审计制度三方面提出进一步完善我国关于审计监督体系和监督能力的现代化建设。综上,现有专家学者所提出的建立健全三类审计之间协作的相关路径及措施,对于形成政府审计、内部审计及社会审计全方位的协同监督起到了不容小觑的作用。

四、研究现状述评

通过对已有文献的阅读研究,文献述评可以归纳为如下三方面:第一,学者们普遍对国家审计职能的研究较为单一,大部分研究都是围绕着监督、鉴证和评价这三类基础职能展开的,很少有研究将审计职能进行扩充和延伸;第二,在国家审计的发展历程中,学者们的研究更多地倾向于国家审计自身的发展,而忽略了与时代背景的结合,导致在不同时代背景下国家审计发展完善的理论分析稍显匮乏；第三，当前对国家审计具体类型的研究文献较为丰富，如经济责任审计、资源环境审计、财政审计等，但由于各类审计的具体内容存在交叉，且被审计对象的相关责任难以界定，因此研究成果数量不多且研究不够系统与全面。综上所述，将国家审计置于新时代的框架下进行全面系统的研究，对目前国家发展态势而言是刻不容缓的，这一方面有利于推动国家审计的进一步发展完善，另一方面也间接对国家实现良治起到了一定的促进作用。

第二节 理论基础

一、国家审计理论研究的演化历程

由于不同时期社会经济的发展与需求不同，对国家审计本质、职能的探讨也不尽相同。但是，基于国家审计本质的国家审计理论研究体现出国家审计所共通的理论传承与创新。归纳起来，学者们对国家审计的相关研究经历了三个阶段。

（一）从无到有——国家审计的萌芽阶段

1. 查账论

20世纪70年代以前，国家审计的"查账论"占据西方审计学术界的主要地位。在我国，20世纪30年代，"近代会计学之祖"潘序伦提出针对我国实际的"查账论"。在我国早期的审计工作与业务中，审计的方法、手段与人员配置等方面都较为单一，因此，"查账论"是指导具体审计工作的主要理论，但是随着审计实践经验的积累和理论研究的拓展，"查账论"的缺陷难免显现出来，单一的查账功能论难以作用于并解决如内控、绩效等奇特领域的审计问题。实践证明，查账仅仅是审计的一种具体手段，而非审计的本质与核心，这种单一支撑的理论必然会被新的理论替代。

2. 方法过程论

美国审计学术界率先改变了"查账论"在传统审计理论界的主导地位，其会计学协会也在1972年发布《审计基本概念公告》，再次界定了审计的本质概念：审计是通过收集客观资料，判断企业经济行为与活动是否合乎公认准则，并把结果传达给利益相关者的一个系统化的过程。这一主张一经提出，立即为许多学者所采纳，并在20世纪80年代替代了"查账论"，成为西方世界的主流观点。对比"查账论"，方法过程论是审计范围的外延与拓展，是一种很大的提升。不过，从其实质上来说，方法过程论秉持的观点依然是将审计本质归纳为审计方法与形式。这种"形而下"的理论精炼和对审计现象的简单归纳，不能使人了解到审计的本质。

（二）由表及里——国家审计的探索阶段

1. 经济监督论

经济监督论把国家审计的实质看作一种经济监督活动。其基本解释是：委托经济责任是由所有权和经营权、管理权分开而形成的，是审计制度的基本依据。审计是根据所有者对经营者、管理者受托经济责任的履行进行监督的需求而形成并发展起来的。审计是一种对受托经营者、管理者是否履行了自己的财务义务进行评价、确认和证明的经济监管行为。

20世纪80年代以来，经济监管论已为我国审计理论界所普遍接受。1989年的全国审计基本理论研讨会强调，审计是由专门机关和政府工作人员，通过依法核查被审计单位的财政、财务状况，以及有关企业经营活动的真实性、合法性、效益性，评价经营管理责任，目的是保护企业的财务纪律，完善企业的经营管理制度，提高企业的效益。1995年的国家审计定义讨论会，总结了简洁的审计定义：审计指作为独立机构对财务收支进行审查，监督、保障其真实性、合法性与效益性。这两种审计的定义对审计理论和实际的发展有着深刻的影响，都是在审计的本质是经济监督这一观点的基础上提出的。

经济监督论是从审计活动自身的视角来理解审计的本质的。把国家审计的实质定位为经济监管，突出国家审计在国民经济中的地位，将监督职能作为其本职职能，着重指出国家审计需提高对具体经济活动和问题的关注度，着重对违法违纪行为的查处，与我国审计体制恢复初期所处的环境和现实情况相吻合。然而，随着我国经济和社会的不断发展，我国的审计工作也发生了巨大的变革，尤其是近几年，我国的审计机构不断拓展其审计范围，把重点放在了政治、经济、文化、社会建设等各方面。经济监管理论只从审计主体的行为出发，而没有从审计的作用范围、职能等方面对审计的性质进行界定，从而使其在审计实践中所起到的积极作用和作用上的抽象概括不足。

2. 经济控制论

经济控制论从其概念界定出发认为经济控制行为是国家审计的本质，即国家审计是在受托经济责任的基础上对被审计单位进行审查监督，对于审计中发现的问题与违规行为等，实施"纠偏"功能，督促被审计单位整改，同时将审计结果的信息传达给委托方，发挥国家审计作为监督系统的反馈作用。因此，审计特别是国家审计是监督保障受托方受托责任履行情况的一种机制。

经济控制论的支持学者们认为，控制的重要因素之一就是监督，监督行为实质上就是控制的具体体现，虽然控制与监督都面对的是同一客体，但由于监督是一种消极行为，其相对控制这种积极行为而言，对待主体的态度就会更为强硬，所以说监督是服务于控制的。因此"经济控制论"与"经济监督论"相比更为科学，更为全面、准确、深刻，更能够反映出审计的实质。

经济控制论承认审计是一种监督行为，但是在审计的职能层面又对审计的本质进行了升华与拓展。经济控制论与经济监督论均强调了国家审计在经济领域的地位，但经济控制论重点关注国家审计在具体经济行为等方面的表现，因此，经济控制论的角度仍然是从微观出发的，没有充分重视审计在政治、文化、社会等方面的重要作用。当前，我国审计机构普遍实施的绩效审计，其审计对象从真实性、合法性向经济性、效率性、效果性等方向延伸，除了"掌握、支配、使之不超过某一限度"之外，审计工作的目标同时也为国家的宏观政策制定提供资料和意见，在经济和社会运作中扮演积极角色，但经济控制论对绩效审计实践与发展的影响并不能很好地解释与阐明。

（三）从微观到宏观——国家审计的发展阶段

1. 权力制约论

权力制约论突破了经济监督论和经济控制论将国家审计定位在经济领域的局限性，而是从政治学视角来总结国家审计的性质。权力制约论强调国家审计作为权力约束工具的本质。权力制约论源于18世纪法国思想家孟德斯鸠在《论法的精神》中表述的权力滥用思想，从事物的性质看，要预防权力的滥用，就得以权力来约束。按照这种看法，可以这样理解：国家审计是指在行政机关的运行中，对公共资金的运用进行监控，其终极目标是控制国家权力，预防贪污和滥用职权。国家审计通过对行政机关履责情况进行审计，并将审计结果报告给立法机关，根据审计的结果，立法机构应对行政机构进行问责。实际上，国家审计是立法权和行政权彼此制衡的工具和机制；如果说审计监督也是一种权力，那么，国家审计机构执行审计程序就是一种权力约束其他权力的程序。

权力制约论把国家审计的实质定位在权力约束上，突出了审计作为制约权力的手段和程序，是一种政治体制的安排，它的作用主要是控制和阻止权力的滥用和腐败，对于从政治学视角研究和构建国家审计理论，在指导审计工作由经济领域向政治和社会领域延伸，拓宽审计领域，发挥了重要的作用。

但是，权力制约论却没有被普遍接受，一些学者提出的"权力制约论"仅突出了审计的约束功能，对于国家审计帮助和促进权力更加有效运行的建设性作用重视不够。一些学者则认为，权力制约论并不能很好地解释嵌入政府内部的国家审计制度的设计与运作。

2. 民主法治论

民主法治论指出，现代国家审计实质上是民主与法治的产物，其目的是推进民主和法治的发展。国家审计的本质思想是国家治理应以民主和法治为根本遵循。从审计起源和发展角度来看，要想建立并有效运行独立的国家审计体系，就必须有完善的法律制度作为基础保障。维护国家审计的独立性，为审计工作提供依据和标准、确保审计结果的准确、保证审计的公正是现代国家审计最大的支撑。

民主法治论强调现代国家审计是推动民主与法治的重要手段，其原因有三。首先，国家审计是从法律上诞生的，也是在法律中起作用的。很多国家的审计地位都由宪法规定，当代国家审计在推进法治、维护国家法治的权威中所扮演的角色十分重要：一是对执法和规章的实施进行监测，违法必究，保持法律的严肃性；二是督促依法行政；三是通过审计揭露问题，推动健全和改进相关的法律、规章。其次，我国的国家审计是为人民民主服务的，是民主的工具。国家审计接受相关部门的委托，以广大人民根本利益为出发点，监督政府责任履行情况，并向人民报告，这个过程就是落实民主、维护民主的过程。因此，国家审计是一种促进民主的手段。最后，国家审计作为民主和法治的手段，充分体现在其建设性上。民主和法治是相辅相成、不可分割的。要使个人、团体、全体民众的利益平衡，构建和谐社会。一成不变地看待问题、死板地实施规则，是不可能实现真正的民主的。因此，国家审计既要进行日常的财政收支审计，又要对政府机关、国企进行监督，还要拓宽眼界，更好地体现人民的要求，更加关注群众的基本利益。从这一视角来看,国家审计是推动促进民主法治建设的重要方式之一,是主动的、创造性的、建设性的。

相对于权力制约论将审计实质视作单一的权力约束,民主法治论从政治学角度出发,探寻国家审计与民主法治的关系,与此同时,进一步阐述了国家审计与法治国家建设的关系,重点关注了国家审计在民主法治上的正向作用。因此,民主法治论是国家审计理论的拓展与进步,在理论层次与范围上都取得了不小的提升。

3. "免疫系统"论

"免疫系统"论把国家审计作为国家管理的一个基本要素。人民把权力、责任依法赋予并授权于国家,并通过法定的方式,将权力和责任具体分配给政府部门,代表国家行使权力、履行职责。这些公共权力机构如何行使和履行他们的责任,国家又以法律形式指定特定机构来进行监督,该机构负责的就是国家审计。因此,在国家治理这一总系统中,国家审计的本质即"以权治权"的监督行为,是国家治理的一个内生性的、有机的具有预防、揭示与抵御作用的"免疫系统"。

国家审计目标和任务的核心是推动实现国家治理的现代化进程,促进经济社会平稳运行和发展,从而更好地保障人民的利益。究其深层次的原因,国家审计是由国家治理而产生、发展起来的。在特定的历史背景下,国家审计的内在规律是持续演化的,其目标、任务、重点和方式,都随着国家治理的目标、任务、重点和方式的改变而改变,在国家管理中,一直扮演着无可取代的角色。其基本解释是:国家审计作为"以权治权"的执行机制,在我国的政治体制中起着举足轻重的作用,是整个国家治理大系统中的一个关键环节。借用医学专业概念,如果把国家治理比作人体总系统,那么国家审计就是总系统中的"免疫系统",因为在总系统中,国家审计所起的功能和机制与"免疫系统"具有很大的相似度。也就是说,在审计工作中,国家审计可以察觉到经济社会的风险,能够揭示风险可能导致的损失与后果,能够运用法定权力去抵御和处理潜在风险,也能够及时汇集各方面力量,进而保障国家经济社会的健康运行。

"免疫系统"论内涵丰富,是吸收和借鉴经济监督论、经济控制论、权力制约论和民主法治论等观点的科学成果,全面地顾及了近几年审计工作的发展与变革,和国家审计在经济和社会发展中的需要,是对具有中国特色社会主义国家审计的基本性质的一个新的总结。

从传统查账论和方法过程论到经济监督论、经济控制论，再到权力制约论、民主法治论以及"免疫系统"论，这些不同的观点，都是根据不同的历史阶段的审计实践，从多个角度、多个层面得到的，这些观点对我国的审计工作具有重要的理论指导意义。总体上，这些认知表现出一种传承、发展和加深的联系。相对而言，"免疫系统"论是对其他理论的批判继承，是国家审计纵深研究的一个体现，更接近于基本的审计性质和发展演变的审计实践，审计与外部的联系更能体现出来，并从审计的功能、目标和实现方式等方面来理解审计的实质问题。从我国近几年的审计工作成果来看，在"免疫系统"论的指导下，各级审计机关坚持科学的审计观念，全面履行审计监督职责，全面发挥国家审计在推进国家治理现代化中的积极作用，在审计队伍、审计理论、审计文化等方面，都有了新的发展。

二、国家审计主要理论基础梳理

从经济监督与权力监督的视角来看，国家审计的出现存在一定的理论依据，即解除受托方（政府）对委托方（公民）的受托经济责任，从而对公权力进行监督和约束。

（一）受托经济责任

受托经济责任产生于财产所有权和经营权的分离，资产所有者将财产委托给职业经理人管理，而职业经理人的职责就是确保资产的保值增值，这就在财产所有者和经营者之间形成了委托代理关系，从而形成经济受托责任。因此，进行审计的目的就是消除两者之间的信息不对称，充分获取真实、准确的有关受托者的经济信息，并监督受托者的经营活动，进而为委托人提供是否确认或消除受托管理人受托经济责任的相关信息。所以，从本质上讲，审计是一种外在的社会监督机制，是一种对受托经济责任进行的经济监督、鉴证和评价，其出现主要是为了协调财产所有者和受托管理者之间的利益冲突。

国家审计的理论基础即公共受托经济责任。1985年5月在日本东京举行的最高审计机关亚洲组织（ASOSAI）第三次大会发表的《东京宣言——关于公共受托责任的指南》指出，"公共受托责任，是指受托经营公共资源的人员或机构应报告对这些财产的经管情况，并负有财政、管理和规划方面的责任"。美国审计总署（GAO）将政府受托责任定义为受托管理并有权使用公共资源的政府和机构有向公众说明他们的全部活动情况的义务；美国政府会计准则委员会（GASB）在第一号概念公告《财务会计报告的目标》中，将受托责任解释为有责任解释某人的行为，以证实其所做的事情是合理的，即受托责任要求政府向公民解释，以证实公共资源取得及使用目的的正当性。

如果存在公共财产被委托经营管理的情况，那么受托方就必须担负起公共受托经济责任，国家审计机关相关部门就必然需要审查公共受托经济责任的履行情况。一方面，为了国家和社会能够正常运转，公民将部分财产交付给政府，当作公共资产由政府进行管理和运用，因此有必要对此类公共委托职责的执行状况进行监督、鉴证和评价。另一方面，政府为了保证公共财产的价值和促使其实现增值，构建了经营公共财产的一系列公共类型的经济组织，组织内产生的经济责任受托关系，也需要成立特定的审计机构来审查监督其经营业务活动。

（二）权力监督制衡

国家审计除了是经济监督的基本方式，同时也是保障政治民主的重要方法，更是制衡权力的关键手段。国家审计与普通的经济监督有着根本性的区别：社会审计的服务符合市场主体审计、鉴证的需要；企事业单位的内部审计服务能够帮助其实现其经营管理目标，从而促成单位的价值提升国家审计则从国家的政治目标、经济目标和社会发展目标出发，致力于服从、服务于国家治理，以民主社会的和谐发展为宗旨，更好地在国家治理中发挥作用。

国家审计的重点是对公共财政活动进行监督。公共财政活动实质上是一种经济收支活动，是国家作为权力的实施主体，为了满足社会公众的公共需求所进行的一系列经济活动。由于政府财政状况的公开程度不够透明，公民无法清楚、动态地掌握财政收支现状，因此需要专门机构作为公民权利的受托方对公共财政的收支情况和使用有效性进行评价，以保障公民的知情权。另外，国家审计使用公权力对公共财政进行审计的过程，实质上就是确认、核查财政资金使用部门是否存在滥用、错用权力的过程。国家审计通过严谨公正地使用公权力对政府权力部门实施监督、检查，其本质就是要做到真正意义上为人民谋利益、为百姓谋福祉，为建设廉洁、高效、务实的政府提供重要保障。要将人民赋予的权力真正用到为人民谋利益上，首要问题就是要防止权力的滥用，国家审计的本职工作就在于此，即始终监督政府权力的运行，因此有学者直接将国家审计所肩负的对权力制约与监督的职责称为"权力审计"。

三、国家审计治理的理论基础梳理

（一）经济理论基础

根据理性经济人的假设，每个人在进行选择时，其主观目的都是实现其自身利益最大化。同样，在以人为主的现实国家治理中，当个人面对公共利益与个人利益冲突时，人们的利己本性便会显露出来，就会选择有利于自身的行为。特别是在制度约束不完善的情况下，这种行为有可能会对社会公共利益造成负面影响。因此，必须寻求积极有效的方法、措施来遏制公职人员的"经济人冲动"，加强监督和约束无疑是一项非常有效的措施。国家审计作为强有力治理工具之一，其能够做到监督和约束公职人员，从而抑制公职人员由于追求个人利益而造成的公共利益损失。

（二）政治理论基础

对16世纪后西方治理国家产生重大影响的社会契约论代表人物卢梭在《社会契约论》中提出，"社会契约所要解决的根本问题是要寻找出一种结合的形式，使它能以全部共同的力量来维护和保障每个结合者的人身和财富，并且由于这一结合而使得每一个与全体相联合的个人又只不过是在服从其本人，并且仍然像以往一样自由"，勾画出了在要约承诺下的自在王国。如果这种契约能够得到完美履行，就不需要国家对人民的任何约束与监督。但事实是，如果要实现这份各司其职、各谋其政的社会契约，就不可避免地要付出相应的成本——国家审计就是其中之一。通过国家审计的监督，一方面阻止破坏契约越轨行为的发生，另一方面最大限度地避免类似"搭便车"这种不负责任的消极履约行为。

（三）法律理论基础

在现代社会里，依法治国、依法行政已成为普遍共识。如果某项制度安排得到了法律的支持，无疑更确定了其无法替代的地位和存在意义。在我国目前的法律体系中，《中华人民共和国宪法》《中华人民共和国审计法》等法律规范了审计主体，赋予了国家审计机关进行监督和评价、维护国家经济平稳运行的权利；《中华人民共和国预算法》《中华人民共和国公务员法》《中华人民共和国刑法》等规范了被审计对象，禁止他们做出有害于国家良好发展的行为。在这些法律的保障下，国家审计在国家治理的过程中就有法可依、有章可循，更能够充分发挥其"免疫系统"的防御功能。

四、理论基础评述

新时代背景下国家审计治理职能研究的理论基础十分重要。通过对已有理论及其演进过程进行梳理研究，相关理论基础的述评可以归纳如下。

首先，在国家审计萌芽阶段，经历了从查账论到方法过程论的演进过程；在探索阶段，经历了从经济监督论到经济控制论的演进过程；在发展阶段，经历了从权力制约论到民主法治论再到"免疫系统"论的演进过程。理论的逐步演化、发展，为国家审计治理职能研究提供了宝贵的经验和启示，为国家治理提供了有力的支持。

其次，受托经济责任理论认为国家审计负有公共受托经济责任，这确保了国家审计的存在和功能的运行；权力监督制衡理论认为国家审计还具有保障政治民主、制衡权力的功能，为国家审计多方面发挥治理作用提供了理论依据。

最后，治理理论为国家审计工作提供了重要的理论支持。在治理理论的框架下，国家审计机构可以从经济层面、政治层面以及法律层面等多个角度推进国家审计治理行为的规范化和优化。

综上所述，新时代背景下国家审计治理职能研究的理论基础是多元的、全面的，需要结合多种理论和方法，以适应新时代的审计工作需求。同时，还需要不断创新和探索，以提高国家审计治理的水平。

第三章

新时代背景下国家审计治理职能的现代化构想

国家审计作为国家治理的重要组成部分,国家审计职能的优化是国家治理现代化的有力工具和重要手段之一。深入系统研究国家审计治理职能,不仅有助于提高国家审计的治理能力,而且可以推动国家审计纵深发展。在当前国内外环境发生重大变化的新时代背景下,国家治理形势严峻,要紧紧围绕国家治理现代化的目标和要求,积极推动国家审计制度的创新,探索审计职能转变与优化的路径和策略,最大程度优化国家审计职能,探索构建出具有中国特色的国家审计监督体系。

从理论意义上说,本研究通过深入分析国家审计职能,丰富了国家治理现代化的理论研究,不仅为推进国家审计职能转变提供了理论支撑,还为国家审计在推动国家治理现代化中的具体作用方面的研究提供了有力的理论支持。就实践意义而言,本研究进一步明确了国家审计的职责和使命,精准把握国家审计在国家治理现代化中的目标,使其作用发挥最大程度符合国家治理现代化的需求,充分有效发挥审计监督作用,为优化完善国家审计实践工作提供借鉴,助力国家审计服务国家治理。

第一节　新时代背景下国家审计治理职能的要求

一、国家审计治理职能面临的新时代背景

(一) 政治背景:加强党中央的集中统一领导,做到从严治党

坚持和加强党中央集中统一领导是推动新时代审计工作高质量发展的政治

统领。近年来，在党中央集中统一领导下，审计体制实现系统性、整体性重构，审计工作取得历史性成就、发生历史性变革。进入新时代以来，党中央始终将全面从严治党作为四个战略布局的重要方面，即毫不动摇地坚持自我革命，认真对待并严格纠正一切人民群众强烈反映的问题以及危害人民群众合法权益的行为。

审计监督是党推进自我革命、严肃财经纪律、确保国家和人民财产不受侵犯和损失、确保财政资金造福国家发展事业和人民利益的重要内容。要想锻造廉洁吏治、推动廉政建设，国家审计机关就应政治立场坚定，坚持对经济、社会的问题进行政治观察和分析，深刻把握政治方向、要求、责任，营造风清气正的政治环境，促进法治建设的发展，充分发挥审计在国家治理中的"免疫系统"作用。中央纪委国家监委在2022年6月公布的数据显示，从党的十八大至2022年4月底，经全国纪检监察机关的严格审查，发现并查处了72.3万个违背中央八项规定精神的问题，处分了64.4万人，有效地巩固了党风建设，夯实了反腐效果。[①]

（二）经济背景：落实新的发展方针，促进经济高质量发展

自2022年以来，国家出台了一系列政策意见来进一步推动经济发展。例如，《国务院办公厅关于进一步释放消费潜力促进消费持续恢复的意见》提出，消费是最终需求，是畅通国内大循环的关键环节和重要引擎，要加快构建新发展格局，协同发力、远近兼顾，综合施策释放消费潜力，促进消费持续恢复；《国务院关于扎实稳住经济的一揽子政策措施》提出，要从六个方面、三十三项具体政策措施及分工安排入手，以助力企业脱困，稳定经济发展。随着2022年年底我国防疫优化政策的出台，全球主要经济体大体摆脱了对疫情的行政性干预，开始逐步向常态化经济发展回归。三年疫情过后，全球经济的底层逻辑和发展环境或正发生重大变化，我国也将迎来一个新的发展时代。

对国家审计而言，审计必须做到上下联动抓落实，以促进政策执行效果的提升，将经济运行把控在合理、合法区间，稳住宏观经济大盘。通过部署开展各项资金管理使用情况的审计调查，以加强资金使用效率；通过开展国企领导

[①] 王建新：党的十八大以来 全国纪检监察机关已立案审查调查470.9万人 [EB/OL]. 人民网，2022-06-30.

干部经济责任审计调查，以促进国有企业深化改革、规范管理；通过开展新增政府专项债券管理和政府债务风险防控等的审计调查，以关注地方政府的偿债能力，加强地方政府性债务风险管理。

（三）文化背景：加强文化自信，推动文化发展进步

文化建设是中国特色社会主义五位一体总体布局中的重要内容。习近平总书记在党的二十大报告中提出，要"推进文化自信自强，铸就社会主义文化新辉煌"[①]，这为新时代新征程上社会主义文化强国建设进一步指明了前进方向。全面建设社会主义现代化国家，增强国家文化软实力，必须坚持社会主义先进文化的前进方向，坚持中国特色社会主义文化发展道路，巩固马克思主义在意识形态领域的指导地位，巩固全党全国各族人民团结奋斗的共同思想基础。国家审计在文化领域的监督和服务作用，有利于推进社会主义核心价值体系的建设。深化文化体制改革、加强社会主义文化建设、满足人民群众精神文化需求，都需要充足的财政资金和科学的预算管理来支撑和保障。面对当前文化建设不断发展的新形势，各级审计机关应加强对文化建设等方面的宣传教育资金使用情况以及领导干部履职情况的审查；加强对中华优秀传统文化传承发展工程建设的监督与审查；开展文旅产业政策落实情况专项审计，关注文化惠民政策落实、公益性文化设施建设、文化专项资金绩效管理等情况。通过对文化单位、文化建设和投资项目的审计，保障文化建设资金及文化资产安全，提高文化产业的社会效益和经济效益。

（四）社会背景：增进民生福祉，完善社会保障体系

社会保障是改善民生、维护社会公平、促进人类福祉的基本要求，是推动经济社会发展、与社会共享改革发展成果的重要机制。因此，加快解决民生难题、早日补齐民生短板，既是广大群众的热切期盼，也是党和政府工作的重点。进入新时代以来，以习近平同志为核心的党中央坚持以人民为中心的发展思想，高度重视保障和改善民生，以一系列重大政策举措惠民生、纾民困、解民忧，使人民获得感、幸福感、安全感更加充实、更有保障、更可持续。在具体工作中，党中央、国务院坚持民生优先、发展优先的方针，从与人民群众生活息息

---

① 习近平. 高举中国特色社会主义伟大旗帜　为全面建设社会主义现代化国家而团结奋斗：在中国共产党第二十次全国代表大会上的报告［EB/OL］. 中国政府网，2022-10-25.

相关的医疗、教育、户籍等问题入手，加大民生改善力度，全力攻坚克难，基本民生保障安全网正不断织密。

当前我国日益注重民生领域的发展情况，而要想不断增强民生福祉，国家审计应树立"民生审计"的理念，切实发挥其监督鉴证职能，坚持以保障群众利益、改善人民生活为己任。通过开展巩固拓展脱贫攻坚成果同乡村振兴有效衔接审计，对相关政策执行情况以及资金使用情况进行监督，确保帮扶政策落到实处，防止出现规模性的返贫现象；通过持续开展就业补贴资金、彩票公益金、基本养老保险基金、医疗保险基金，以及保障性安居工程建设等方面的社保审计，维护社保各领域资金的安全，以求更全面更公平地惠及人民。

（五）生态背景：加快生态文明进程，建设美丽中国

生态兴则文明兴，加快建设生态文明是我国实现可持续发展的重要基础。进入新时代以来，以习近平同志为核心的党中央把生态文明建设作为统筹推进"五位一体"总体布局和协调推进"四个全面"战略布局的重要内容，以前所未有的力度紧抓生态文明建设，并持续加强该领域的理论创新、实践创新、制度创新，助力建设美丽中国。党的二十大报告全面总结了新时代10年来我国生态文明建设取得的成就，习近平总书记在党的二十大报告中强调："大自然是人类赖以生存发展的基本条件。尊重自然、顺应自然、保护自然，是全面建设社会主义现代化国家的内在要求。必须牢固树立和践行绿水青山就是金山银山的理念，站在人与自然和谐共生的高度谋划发展。"[1] 纵观近几年的生态文明建设进程，党和政府立足绿色发展观，出台一系列生态文明建设举措筑牢了生态安全屏障，使得我国生态环境质量明显改善。

截至目前，我国在生态环境保护方面取得了一系列重大成就：产业结构得以优化，绿色经济发展逐步深化，治理污染的阶段性目标基本实现，烟尘和雾霾得到有效遏制，黑臭水体数量显著下降，土壤污染问题也得到一定程度的缓解。然而，在巨大的成绩面前，我们也应该敏锐地观察到，目前生态文明领域仍存在不少问题和矛盾。通过对我国现实情况的考量发现，目前生态文明建设的基础还不够牢固，还不能完全支撑环境保护工作始终朝着稳中向好的方向前

---

[1] 习近平. 高举中国特色社会主义伟大旗帜 为全面建设社会主义现代化国家而团结奋斗：在中国共产党第二十次全国代表大会上的报告［EB/OL］. 中国政府网，2022-10-25.

进，要想迎来从"量变"到"质变"的拐点还需继续努力。

国家审计应充分发挥其监督力量，为生态环境治理工作的顺利进行保驾护航。通过开展国家重大政策措施落实情况跟踪审计项目，对生态环境措施落实情况进行延伸调查；通过对领导干部自然资源资产的离任审计、对领导干部的履职状况进行重点研究，以揭示生态环境整治方面存在的突出问题；通过开展环境综合治理领域重大项目专项审计，统筹生态环境政策落实情况和生态管控标准体系建立情况。

二、新时代背景下对国家审计治理职能的要求

（一）促进国家法治建设，推动全面依法治国

十九届三中全会中将审计机构设定为宏观管理部门，并把审计工作定位在宏观层面。因此，国家审计工作需要从宏观入手，再延伸至微观层面，通过对行业深层次问题进行调查与评估，充分发挥审计的智囊团作用，为全国重大决策提供相关服务。首先，需要严格按照法律规定进行国家审计，以有效监督公共权力的行使以及持有公共资金的单位和人员活动，对违规违法行为予以重大打击，坚决维护法治建设。其次，审计监督要核查有关公共政策和法规的执行情况，促进各项政策措施的落实，确保政府采购的顺利进行。根据审计情况，反映制约发展的问题，并从法律角度出发疏通体制机制，促进国家相关法规的完善，推动全面依法治国。进而继续发挥发现和查处腐败问题的"渐进式"作用，加大对严重违法违纪行为特别是大案要案的查处力度，加强对高级领导干部滥用国家权力谋取私利行为的监督和制约。各级国家审计机关通过加强与其他监督部门与主体的协调与合作，建立多层次、多方位的监督网络。同时，审计机关要始终坚持从严治党的标准，建设一支"铁打的"审计队伍，有效地行使监督权。除此之外，还要加强对审计信息的公开共享，方便人民群众进行舆论监督，起到传达信息、提高认识、增强感召力和凝聚力的政治宣传工具作用。

（二）维护国家经济安全，推动全面而深远的改革

国家审计的主要任务之一就是经济监督。新时代背景下，各级审计机关应帮助政府履行好经济职能，推进"放管服"目标的实现，健全社会主义市场经济制度；对作为市场支柱的国有企业进行更加全面深刻的监察，从而提升国有企业的市场竞争力，以及国有资源的配置效率，进而实现国有资产的增值保值；

找出国家经济活动中的薄弱环节和潜在风险，提供解决问题和消除风险的建议，防止出现系统性风险，以促进国家经济的顺利发展；在审查被审计单位的财政财务等经济行为之后，国家审计可以对政策制定、政策效益和内部控制进行经济评估，对经审计的账户、报告和其他问题及信息提供保证，做国家治理效果的见证者和维护国家经济安全的守门人；重点审计省级财政管理、省级部门预算执行情况和市县财政管理情况，构建完整的财政审计监督链条。同时围绕金融领域风险防范、粮食安全、食品安全、危险化学品生产管理等相关政策措施落实开展审计，及时反映影响经济安全的倾向性、普遍性问题，推动规范管理，做到防微杜渐。

（三）发展中华文化，加强社会主义文化建设

在我国的文化建设过程中，国家审计所孕育的审计文化对当代文化的建构起着重要的推动作用，审计文化越进步、越繁荣、越能体现出其价值，越说明社会主义文化正处于持续完善的态势。国家审计对有关文化建设的责任履行以及资金使用等情况进行监督和评价，是推动社会主义文化发展的一个重要方面，由此可见，国家审计和文化建设之间是相互影响、相互促进的。首先，作为促进社会文化活动的主要体系之一，国家审计的实践活动丰富和发展了社会文化的内涵。国家审计人员自身具备的价值观以及职业道德都是社会文化在审计工作中的重要体现。其次，审计职能从"经济监督"和"免疫卫士"到"国家治理"的深化，也侧面体现出了审计文化的进一步发展。审计文化与社会文化逐步相适应，是推动社会主义文化发展走向繁荣的重要方面。新时代背景下，国家审计作为一种有效的管理手段，必须有力地监督和检查政府的文化建设情况。通过关注文化建设项目的资金投入，公共文化基础设施的建设、完善和维护，来评估文化建设资金是否充分有效地发挥了其作用，文化资产是否被破坏或流失等方面的问题，进而维护国有文化资产的安全。

（四）促进社会的和谐稳定，助力建设社会主义现代化国家

改善民生、保护人民群众合法权益是新时代形势下的重要论断，也是建设和谐社会的关键。新时代背景下要求国家审计通过开展相关审计工作应实现优化公众资源配置、保障人民的合法权益，维护人民基本利益不被侵犯，真正意义上实现财政奖金取之于民、用之于民，以促进社会经济的发展。此等举措可为审计工作营造良好的社会环境，助力审计工作开展实施，如此形成良性循环

之势，维护社会和谐安定，助力建设社会主义现代化国家。其中审计工作应关注收入分配是否公平、公共资源是否科学合理分配、承担社会风险的能力是否提升以及浪费是否有所减少等诸多方面。由于我国当前仍存在收入分配不均衡、贫富差距过大等问题，因此，国家审计在纳定审计范围时，需要着重关注对基础设施建设投资合理性的评估情况，为政府加大对社会薄弱环节的资金投入、改善社会的基础设施等方面提供依据。

（五）加强生态文明建设，促进可持续发展

生态环境是一个国家和人民的生存与发展的基石，是一个民族持续进步的先决条件，我国政府对于保护环境、加强生态文明建设和构建美丽中国有着重大决心。国家审计机关作为一种具有独立监督、评价功能的政府机关，具有较强的权威性和强制性，对保护和治理生态环境起到了极大的促进作用，发挥着预防、抵御生态风险的功能。新时代在生态环境方面对国家审计要求具体如下：第一，提前预防生态环境风险。国家审计机关在审查某些与环境有关的重大财政支出决定时，应分析其合理性、合法性，以及是否会对生态环境造成损害等，并找出政府决策中的不足和非科学性，防止环境受到损害。第二，将生态环境风险公之于众。通过对国家财政资金的监督与控制，应发现生态环境治理手段运用的不规范性，以及危害人民利益的行为，并促使有关环境部门提升生态环境管理的针对性和有效性。第三，加强对水资源和矿产资源保护、土地开发利用、大气污染治理等领域的审计，对其经济性和效益性进行评价，另外需要与责任审计制度协调，有效遏制资源滥用、违规行为，提高生态环境专项资金的使用效率。

第二节　国家审计治理职能发挥的影响因素

一、国家的民主程度

国家审计制度的诞生绝非偶然，现代审计也好，传统审计也好，都是基于社会对民主和法治的需要而产生和发展的。因此，国家民主程度直接影响着审计职能的发挥。关于民主和审计二者的联系，杨时展教授对其进行了明确阐述。

他认为，民主和审计是息息相关的，审计的本质是民主，而民主的表现是审计；审计的目的是民主，而民主的手段则是审计。[①] 审计和民主并不只是单方面的促进，从发展的观点来看，由于民主的发展，政府审计制度得以加强；而国家审计越有效，越能充当权力制衡的工具，反过来又支持着民主进程的加快。所以，发展现代国家审计更多的是出于政治目的，具体来说是政治民主目的，而非出于经济目的。

二、国家的制度体制

国家机关在行使政府交给他们的审计任务时，以制度体制为保障。上文提到国家职能的发挥受到民主程度的影响，民主的行使程度又依托于适当的制度规则而存在，因此较好的制度是实现审计职能的重要方面。在现代民主政治体制下，国家审计机关接受公共委托，对国有资源、公共资产、公共资金党政领导人的受托责任情况等进行审查，涉及的审计范围比较广泛，必须通过制度体制进行固定，达到审计的预期目的和效果，从而保证审计职能的发挥。

三、政府的职能定位

政府职能又被称为行政职能，是指政府作为公共管理部门在政治、经济、社会等方面所承担的责任与功能。我国政府的职能包括保证人民当家作主、维持国家的长久稳定、发展社会主义经济、组织社会主义文化、促进生态文明建设等。国家审计的功能与国家政府职能又必须保持一致，国家审计可以在国家治理中起到"监察者"的作用，为政府职能的实现提供保障。同时，国家审计监督职能建设的最终实施和效果评价也将直接地受到我国的政府职能的定位、政府对国家审计职能关注程度等方面的综合影响。政府职能涉及哪些领域、关注到哪些领域，国家审计监督职能建设就应该将重点放在哪些领域，特别是在当前以中国为主要代表的行政型审计组织模式建设中，政府职能的转变将对转变国家的审计组织职能模式发挥决定性作用。

---

① 李博. 论国家审计在国家治理中对政府职能的促进作用 [EB/OL]. 中华人民共和国审计署，2012-05-04.

四、国家经济发展水平

国家审计制度属于"架构"的范畴。按照辩证唯物论的观点，上层建筑是由经济基础决定的，审计属于上层建筑，是社会生产力发展到一定程度的结果。首先，国家经济发展水平的提高通常伴随着国家财政规模的扩大和财政活动的复杂化，这导致了审计机关需要审查更多领域的财政支出、项目投资以及政府资源的配置，以确保这些资源的有效使用和合规性。因此，国家审计需要适应经济发展的变化，提高审计技术和方法的专业性和先进性。其次，国家经济发展水平的不断提高意味着政府在经济活动中的角色日益重要。政府在基础设施建设、产业发展、社会福利等方面的投入增加，需要更严格的审计监督，以确保政府行为的合法性和效率性。这要求审计机构具备更高水平的专业知识，以应对政府参与经济活动的复杂性和多样性。另外，国家经济的健康发展需要有良好的财政管理和风险防范机制。国家审计机构在这方面发挥着监督和预警的作用。随着国家经济规模的扩大，审计机构需要更加关注金融体系的稳定性，防范金融风险，确保国家经济的可持续发展。国家经济发展水平关系着国家财政收入和支出规模、政府角色定位以及金融体系稳定程度等方面，因而公共受托责任内容也随之不断变化，审计职能亦受其影响。

五、国家审计领导体制

不同的审计体制环境下，国家审计职能的范围和深度是有所差异的。科学合理的国家审计体制可以促进国家审计职能的发挥，而不合理的国家审计体制则会限制和影响国家审计职能的发挥，各国需要制定适合本国国情的国家审计体制。就审计机关的隶属关系而言，目前世界中的国家审计体制可分为以下几类。①立法型审计模式。该模式表明审计机关要对立法机关负责且不受政府的制约，审计机关的自主性以及独立性都保持在较高的水平，并拥有强大的调查、提出建议和披露信息的权力，但它没有直接针对或制裁被审计单位和被审计人的权力。这种结构已成为当今国际上最为普遍的一种审计体系，在西欧、北美等发达国家，以及其他一些发展中国家都被采用。②司法型审计模式。审计机关是国家司法体系中的一个非常重要的组成部分，它不仅拥有审计的功能，而且还拥有一定的司法权力，在一些国家被明确称为审计法院。这些国家通过审计加强法治，证明了审计的法律权威和可信度。③独立型审计模式。审计机关独立于立法机构、司法机构和行政机构，形成一个独立的政府部门，在民事或半官方的基础上开展审计监督活动。当然，审计机关的独立性是相对的，它仍然与国家立法机构和司法机构有各种联系，例如，它对议会负责，对公众负责。德国和日本是施行这类制度的典型国家，这些国家还有一个直接对法律和公众负责的联邦审计或会计检查机构，其审计结果通常是公开的。④行政型审计模式。该模式的最高审计机关隶属于政府，根据政府所赋予的职责和权限实施审计，对政府负责。这是一种半独立或独立的国家审计模式，审计机关主要围绕政府部门的中心工作开展服务，政府的意志在很大程度上决定着审计机关的工作范围和审计处理。审计机关行使监督职能的同时，往往还带有其他监督职能，如行政监督和计划监督，甚至审计职能变异为单一财政监督。

六、审计程序及技术

审计程序是指审计人员在审计工作中可能采用的，用以获取充分、适当的审计证据以发表恰当审计意见的程序。正确实施审计程序是保证审计业务质量、提高审计权威性的前提条件，也是审计人员依法行使公权力的具体表现。在审计实践中，良好的审计程序能够便于审计负责人随时掌握审计工作的进度，保证审计人员不忽略重要的审计步骤和主要事项，进而确保审计工作质量；严格而灵活的审计程序，有利于提高工作效率，保证审计人员在较短的时间内取得充分有效的审计证据；规范且科学的审计程序可以使审计工作有条不紊地进行，也可以使工作经验不多的审计人员较好地把握审计工作的各个环节。

审计技术是指国家审计机关及人员执行审计程序所使用的方法总称，审计技术的发展在一定程度上制约和影响着审计职能的发挥。作为管理方法和科学技术的综合产物，审计技术的发展不仅与社会经济发展相适应，同时也会借助其他学科的成果不断创新。纵观我国审计发展，审计技术作为实现审计职能的工具，其发展往往伴随着审计职能的发展及变革。按照公共受托责任理论，任何公共受托责任都应该接受审计的监督，但在不同时期，审计技术由于受各种外部因素的制约，在实现国家审计职能中所发挥的作用各不相同。如今各行各业普遍应用大数据资源，审计为了适应新形势需要提升审计技术，拥有先进的审计技术可以减少审计资源的浪费，提高审计效率，保障审计质量，进而促进审计职能的发挥。

七、审计人员职业能力

审计工作实施者是审计机关的工作人员，因而审计人员工作能力会直接影响审计质量、审计职能发挥程度以及审计效果等各个方面。审计人员工作能力包括其专业素养、应有的职业审慎程度、职业道德素质等。随着社会的不断进步，审计职能也有所拓展，现代审计已不仅仅局限于对财务报告、文档的真实性、合法性的核实工作，它几乎涉及了经济活动的各个方面。因此，为适应时代的发展，全面发挥国家审计的职能，对审计人员的职业能力有了更高的要求，不仅要有对会计档案的基础核实能力，还要具备宏观分析、判断、专业技术、发现问题、解决问题的能力，在信息化飞速发展的当下，还应该具备一定的信息化审计知识。

第三节 新时代背景下国家审计治理职能提升的目标及理论框架构建

一、新时代背景下国家审计治理能力提升的总体思路

（一）在审计理念上，从部门审计观转向国家审计观

理念决定方向，思路决定出路。从部门审计和地区审计的视角看，部门审计观应发展为具备大局观的国家审计观，以求为国家治理提供更有效的服务。我们需要专注于以下四方面。第一，基于宏观性的视角，我们需要在全国范围内系统性看待问题，为经济社会的高质量发展服务，有效识别区域和系统性风险；第二，基于建设性的视角，以问题为导向，及时、准确地提出操作性强的审计建议，在防错纠弊的基础上，提供管理体制机制的完善；第三，基于预警性的视角，在同一地区、同一部门、同一时期，对问题进行有针对性的重新审核，达到因病施治、对症下药、预防为主的效果，明显防止类似问题的复发，切实发挥审计治病、防病的作用；第四，基于审慎性的视角，加强判断，换位思考，对审计判断的定性标准形成良好的认识，做出客观谨慎的判断。

（二）在审计范围上，从多层面转向全覆盖

我国的国家审计范围已从传统的预算执行、财政财务收支审计，转向政策层面、资金资产资源层面、效益层面的审计。新时代审计要继续聚焦主责主业，转变到聚焦党中央、国务院决策部署上来，并密切监督公共资源的配置、国有资产和国有资源的管理以及领导干部的经济责任。拓展审计监督广度和深度，消除监督盲区，加大对党中央重大政策措施贯彻落实情况跟踪审计力度，加大对经济社会运行中各类风险隐患揭示力度，加大对重点民生资金和项目审计力度。认真贯彻落实审计全覆盖要求，紧紧围绕党和政府工作中心，围绕经济社会发展大局，聚焦重点领域和关键环节，加大对重点部门单位、重点资金和重点项目的审计监督力度，着力促进经济高质量发展、促进全面深化改革、促进权力规范运行、促进反腐倡廉，充分发挥审计全覆盖作用。

（三）在审计方法上，从传统审计转向数字审计

传统审计从以审查纸质会计凭证、财务账本和业务材料为主，到对被审计单位财务电子账套进行分析，利用审计管理系统进行审计项目计划、审计公文的管理。进入新时代，随着被审计单位信息化水平的提升，审计应进入审计现场实施信息化和审计管理信息化阶段，推进"金审工程"建设，建立审计数据中心、审计管理平台和数字审计平台等，加强审计质量控制体系建设。提高运用信息技术进行宏观经济决策和分析问题的能力，加强对企业和财务数据、部门和行业数据、部门和跨部门数据的深入比较、关联分析和深度分析。积极探索数据技术、地理信息技术等新技术、新方法在政府投资审计和自然资源审计中的应用，加强新技术、新方法的培训。对审计中采集的电子数据，要重点关注数据的安全、规范管理，特别是涉密电子数据，应严格按照有关规定执行。审计机关应及时完善涉密数据使用管理以及电子数据的保管使用等方面的有关制度规定，形成操作规范，并开展专项系统培训。

（四）在深化审计成果上，从发挥审计内部潜能转向推进内外部融合协作

进入新时代以来，党中央、国务院高度重视审计整改工作。习近平总书记更是多次作出重要指示批示，要求各有关部门和单位自觉接受审计，严肃认真整改审计发现问题，做好审计工作"下半篇文章"。随着审计监督范围的扩大和审计职能范围的延伸，审计机关需要通过建设高素质、专业化的审计队伍，不

断提升自身管理水平，建立高效的工作衔接机制，实施内外结合、协同作战，才能够达到深化审计成果运用的目的。通过对审计机关成果运用的现状进行分析发现，目前审计机关大多采取部门合作的方式实现审计成果的深层次运用，如与纪检监察机关和司法机关建立信息交流机制，移交审计结果，继而进行联合调查，实现信息交互，以解决部分疑难问题。此外，要想实现审计结果的深层次运用还需要注意以下几点。第一，完善制度助整改。在梳理总结近些年整改实践中好经验好做法的基础上，修订相关制度文件并促成其落实，为当前和今后深入推进审计整改工作以及审计结果运用提供有力的制度保障。第二，督促检查抓整改。审计整改跟踪检查责任是新修订的审计法所赋予审计机关的重要职责。审计机关应协同各级政府职能部门积极落实好跟踪检查责任，确保能够全面掌握各项审计项目整改工作动态，定期汇总进度情况，进而推动整改任务有效落实。第三，贯通协作促整改。各级审计机关需要注重加强与其他各类监督的联动配合，进一步创新信息沟通、线索移交、措施配合、成果共享等渠道方式，促进各类监督在审计整改上同向而行。同时也可以建立审计工作多方报告制度，充分利用审计委员会机制加强内外部的融合，定期向协作各方汇报审计结果及重点注意事项等。

二、新时代背景下国家审计治理能力提升的目标

如图3-1所示，新发展格局是对我国当前经济社会形势的重大把握，也是为实现"第二个百年梦"和社会主义现代化建设的战略抉择。新发展格局同新发展阶段一样，是一个宽泛抽象的概念。把抽象的概念具体化、把总体的方向落地化，必须坚持中国特色社会主义发展方向，以推动中国式现代化为核心，立足经济监督定位，在牢固财政财务收支真实合法效益审计主责主业基础上，鼓励倡导自主研究型审计，更好地发挥审计监督服务保障党和国家工作大局，有效推动国家治理的独特作用。

我国社会主义进入新阶段后，转型压力大，未来，我国在医疗、教育、科技、对外开放等方面的改革难度不容小觑。为此，我们必须深入贯彻落实新发展理念，始终坚持新发展理念破解新发展难题，以创新为起点、引领发展，以共享为落脚点，切实做好乡村振兴、社会稳定、民族团结等工作，以新发展理念为价值导向破解难题、增强发展动力、厚植发展优势。国家审计和有为政府

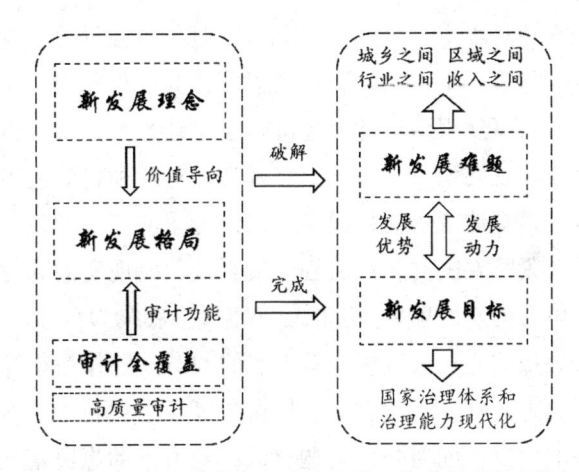

图 3-1 新时代背景下国家审计治理能力提升的目标

数据来源：根据新发展格局要求整合。

的建设两者治理目标一致，以人民幸福为落脚点，党和国家的使命为着眼点，共同推进国家治理体系和治理能力现代化。

三、新时代背景下国家审计治理能力提升的路径

（一）始终坚持中国共产党的领导

中国共产党是中国特色社会主义事业的领导核心，是审计事业发展的根本保证。我国审计工作能不断取得成就，根本在于审计的发展始终坚持党的领导。1983年审计署的成立标志着党领导下的国家审计制度的成立，2018年中央审计委员会的成立标志着党领导下的国家治理审计工作进入实施阶段，经济责任审计、绩效审计、重大事项跟踪审计等更是党的社会治理、廉政反腐、生态民生项目在审计上的体现。审计发展实现了结果与过程并重、质效提升、经济监督向为民服务承担社会责任与国家治理的拓展，审计成为党治理国家、规范社会、服务人民的重要工作方式，是党和国家监督体系中的重要组成部分。事实证明，审计发展必须坚持党的领导，做到坚决维护党中央权威、认真学习党和国家的各项方针政策并将其落到实处，就能贡献审计力量、推动社会发展。

（二）始终坚持为人民服务

人民群众是中国共产党的根基、血脉和力量源泉。党领导下的审计展现着人民主体地位，践行着党全心全意为人民服务的根本宗旨。改革开放初期审计

文献中重民生观点，环境审计被选为"九五"规划重点课题，党的十六大后显示出对权力制约的重视，十七大后将反腐倡廉作为工作重点，十八大后紧贴改革实践，强化了重大事项跟踪审计及经济责任审计，十九大后将涉农资金等民生资金领域审计摆在首要位置上，二十大后为针对各种自然灾害的发生拓展了环境审计的范围等，都体现了为民谋利、以民为本的工作原则。审计要聚焦推动兜牢民生底线，紧盯人民群众最关心、最直接、最现实的利益问题。审计深入践行以人民为中心的发展思想，以推动兜牢民生底线为目标，坚持人民至上，把推动解决老百姓最关心、最直接、最现实的利益问题作为审计着力点和切入点。审计以开展就业、住房、教育、乡村振兴等民生项目为重点，深入揭示侵害群众切身利益的问题，同时督促问题整改，着力推动惠民富民政策落实，切实增强人民群众的幸福感、获得感、安全感。

（三）始终与经济社会发展相适应

围绕第二个百年奋斗目标，审计要紧紧围绕新发展阶段、新发展理念、新发展格局进行创新发展，扩展审计监督鉴证与评价功能，在做好经济监督的基础上，在金融、教育、生态、医疗、养老和科技成果转化等社会重点关注的领域开展重点审计项目以解决发展需求与难题，落实审计监督全覆盖，为新发展阶段实现碳达峰碳中和、推进共同富裕、保障经济安全与稳定、防范发展风险等目标发挥效能；找准"双循环"新发展格局下的定位，坚持问题导向，在调整经济结构、优化营商环境、监督科技创新与绩效评价、引导市场资源配置、强化资源管控、抓好政策落实等方面发挥作用，响应双循环的时代要求。

（四）推动审计高质量发展

国家审计作为监督国家财政资金使用和行政行为的重要手段，其高质量发展不仅可以推动财政、经济、社会等各领域的良性发展，还能够显著提升国家的治理能力。首先，通过对预算执行、资金流向以及政府项目支出等方面的审计，审计机关可以及时揭示资金滥用、浪费、挪用等问题，强化财政资金的合理配置，推动财政资源的有效利用，提升国家治理效率。其次，国家审计可以有效监督政府行为，审计机关不仅关注财务数据，还关注政府的政策实施、项目落地、效果评估等方面，通过审计结果的披露，能够推动政府各项行为的透明度和合法性，从而提升政府的决策水平和执行能力。此外，国家审计通过发现问题、揭示问题、提出建议，帮助政府相关单位及时调整错误的政策举措，避免问题进一步扩大，降低风险发生的可能性，从而增强国家治理的稳定性和可持续性。

（五）推进研究型审计，开展高质量审计工作

加强研究型审计工作，要求审计发展转变思路，打破"研究"唯学术的旧思维，跳出审计框架从审计的"中国特征"看审计，在深刻把握党中央重大决策部署、习近平总书记重要讲话和指示批示精神、党和国家发展需要的基础上，在对业务流程、业务结论检验与评价、被审计对象、审计性质与审计风险等全面准确的认识上，将"研究"做全做细做透，形成解读落实政策、业务执行、检验评价的流程机制，真正实现"懂审"与全过程审计，切实提升审计实务工作质量。最新的审计报告对开展研究型审计提出了三点要求：把立项当课题研究、把问题当课题研究以及把审计建议当课题研究。除此以外，还明确指出研究型审计是推动新时代审计事业高质量发展的必由之路，新时代的审计工作要坚持依法审计，做实研究型审计，努力打造经济监督的"特种部队"，以高质量的审计成果为党中央治国理政提供决策参考，通过自身努力赢得良好声誉。

（六）创新思路，深化改革，助推党和国家监督体系建设

审计作为党和国家监督体系的重要组成部分，对经济社会的稳定快速发展意义重大。十九大提出要构建党统一指挥、全面覆盖、权威高效的监督体系，十九届三中全会作出改革审计管理体制重大决策部署。因此，新时代要做好审计的顶层设计，推动党和国家监督体系建设，提升国家治理效能。在当前国家审计体系下，审计发展要明确国家制度安排，坚持党的领导，从中央审计委员会出发探究机关设置，深化改革审计管理体制；创新思路，坚持以党内监督为主，审计监督配合纪检、监察、检察等，辅以社会舆论监督，发挥监督合力，健全党和国家监督体系。

（七）重视人才培养，打造新时代中国特色审计人才队伍

新时代审计发展要持续做好学科建设与党建工作，培养新时代高质量、高水平研究型学者与创新型、科技型、实用型专业人才，以政治建设为统领、抓好作风、纪律建设，培养对国家政策方针、社会经济发展特征有深度理解力、判断力，以人民为中心，走群众路线的干部队伍，响应建设研究型审计的号召，做好研究服务社会；要提高审计人员的政治、法律、专业、职业等素养和大数据信息技术的应用能力，提升知识储备广度；也要持续开展教育学习、培训与

实操，在增强人才能力深度的同时加快理论成果向工作实效的转化；建立与阶段特征相适配的激励考核体系，提高从业人员积极性。

（八）创新数字时代审计信息化建设，完善审计工具

科技强审已成为我国审计事业发展的重大战略规划之一。在高质量发展的时代背景下，审计要勇于探索创新，及时更新相关法律法规与准则规范，为审计与数字经济的融合提供法制保障，规范大数据审计的责任义务与行为标准，确保大数据审计的合法合规运行；加强大数据技术与审计的跨学科交叉学习，强化计算机等信息化人才建设，理论与实践并重，提高人员信息化审计实操能力，打造大数据审计团队；依托区块链等技术便利智能化发展，利用"金审三期"与信息化技术打造审计新平台，创新数据交流共享、实现加强跨区域交流、扩充审计对象交易数据、提高办事效率；同时加强风险防范，安全防护信息化审计数据。

第四节　国家审计治理职能提升对国家治理现代化的影响

充分发挥国家审计职能能够有效提升国家治理能力，国家治理能力的提升又可以决定国家审计未来的基本发展方向。"政策指哪里，国家审计就查哪里"，这是对我国国家治理和国家审计相互作用的精准描述。当前，我国国家治理范围不断扩大、政府职能责任不断延伸，国家审计作为国家治理的基石和重要保障，对国家治理效能发挥起全方位的保障作用（见图3-2）。

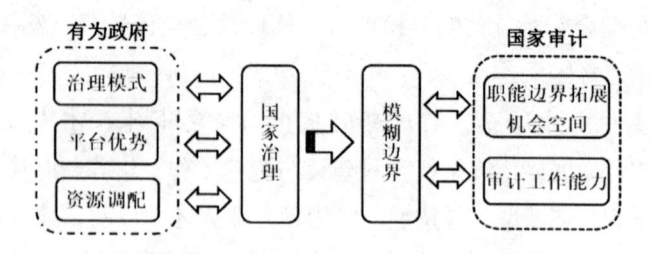

图3-2　国家审计对国家治理的影响机制

数据来源：根据国家治理与国家审计的关系整合。

一、审计预防作用，维护国家治理安全

行之有效的社会治理方式，一方面要全面了解整个社会以及经济市场，另一方面，对社会问题的成因和症候，有针对性地采取相应的矫正措施与方法，来保证国家治理安全。只有对经济、环境、资产等方面的经济社会管理进行有效的监管与审查，才能对各类经济、环境、资产安全等方面的风险进行预警，尽最大可能将经济损失、经济风险降到可接受的最低水平，保证国家的长期稳定、健康发展。国家审计对被审计单位的审计资料进行审查，以便及时、准确地了解当前的形势，全面客观地分析和评价问题，然后找到问题的成因，提出合理对策，以避免此类问题的再度出现，从根本上起到防范的作用，维护国家治理安全。

二、审计监督作用，提高国家治理能力

国家审计的主要任务是通过检查和监督财务和资产框架，了解国家工作人员行使权力和履行义务的情况，以及事业单位、国企等单位经济是否健康的实时状况，以便更好地全面提升国家治理能力。首先，审计人员通过对政府财务信息的审核和监督，可以有效且深入地了解各部门的财务规章制度，鼓励相关员工严格遵守公司的规定，促使各项目、流程以公开、透明的方式运作。其次，国家审计可以明确政府官员的权力和责任，检查纠正和督促整改国家机关滥用行政权力行为，以及落实工作人员违反有关国家法律政策和行政规章行为的情况，有效保障国家利益和广大人民群众的权益。经过审计的监督检查，国家可以更有效地了解整个国民经济运行活动的合法程度以及真实程度，维护国家公共资产安全和国家公共财产安全，确保其没有被滥用。这在维护全社会企业和全体民众享有的各项基本的经济权益的同时，还可以进一步提升我国的审计监督实践的价值，提升国家治理的综合能力。

三、审计强化作用，完善国家治理体系

国家审计通过对经济、社会、文化、政治、生态各方面的监督，能够有效地防范、揭示并解决在新时代背景下可能存在的风险，这是改善国家治理框架的重要手段之一。首先，审计机关要对被审计企业的财务信息进行监督，确保

其财务信息的真实、合法,从而在保障我国经济的健康、协调发展的前提下,维护国家和人民的利益,起到经济强化作用,为完善国家治理体系提供了比较好的物质基础。其次,随着国家治理体系的现代化,国家治理迎来了崭新的面貌,同时也面临着较大的挑战,这就需要国家审计与时俱进,审计工作越完备,越能加强国家治理体系对时代变化的适应性。最后,国家审计通过对国家各个领域进行监督与评价,可以发现国家治理体系现代化进程中存在的问题,并对其提出针对性的、及时的、准确的整改建议,进而逐渐提高国家的治理水平。国家审计为国家治理体系的完善提供着源源不断的动力与支持,引导国家治理体系朝着正确的方向前进。

第四章

我国国家审计的法律规范对于审计治理职能作用的影响分析

依法治国与国家审计有着天然的联系。一方面,依法治国的一个重要环节就是国家审计发挥其本身功能;另一方面,国家审计通过其功能的发挥促进着依法治国的实施与法治目标的实现。在我国当前的国家治理现状下,国家审计的功能尤其体现为如何服务依法治国这一方略。

第一节 我国现有的国家审计法律及规章制度

一、我国国家审计法律的发展历程

(一) 1949—1982 年:新中国审计法治的曲折发展

审计管理监督工作的起初目的是进一步加强对涉及全国财政金融事务的管理综合协调和工作指导性监督。新中国成立初期,百废待兴,财政财务管理陷入困境,亟须对其进行规范的管理与监管。在 1949 年 9 月 29 日颁布的《中国人民政治协调会议共同纲领》(简称《共同纲领》)中对金融的管理与监管做出了明确的纲领性规定,对财政进行预算决算,对金融进行监督指导。国家预算决算是国家审计体系的一个重要内容,《共同纲领》建立的财政预决算体系显示,新中国成立之初,我国的审计法治建设便已经起步。

1953 年到 1969 年期间,新中国成立不久,我国进入社会主义经济建设阶段。由于经验不足,加之"左"思潮的影响,审计机关的撤并,财政监督制度的不断变动,使新中国的审计法治工作经历了曲折,从起步到衰落。

1978年召开的十一届三中全会，提出了"有法可依、有法必依、执法必严、违法必究"的方针，并正式开启了中国的法律制度和法治中国的建设。我国国家审计法治建设也从停滞不前走向新的道路，主要体现在以下两方面。

一方面，重新建立财政监管体系。1978年12月，财政部对财政体制进行了调整，准备在财政部中建立一个财政监察机构，并在地方财政部门建立一个专门的稽查机构，以满足改革开放的需要。次年年初，《国务院关于进一步贯彻执行中共中央〔1978〕44号文件的通知》指出，要加强各级财政监督机关的建设，切实加强对金融工作的监督，坚决打击违反财经纪律的行为。随着十一届三中全会精神的贯彻，国家财政监察体制得以重新建立。1980年，国务院批准和转发了财政部《关于财政监察工作的几项规定的通知》，明确了财政监察机构的设置、职责和程序。财政监管部门在监管中起到了重要的作用，受到了相关领导的高度重视。在国家领导人的关怀下，财政监督的职能得到了充分的重视，审计监督再度受到人们的重视，这也是我国审计法治建设的一大进步。

另一方面，建立健全审计监管体系。财政监察机关处于财政系统内部，其监督功能受到限制，而最好的监督方式是建立相分离的体系进行监管。为此，财政部向全国人民代表大会常务委员会提出了在人大常委会内设监察机关的提案。1982年1月，胡乔木曾写信给当时的财政部部长，提出要在国务院设立一个审计机关，并把这个机关和它的职权写进宪法。1982年对宪法进行了修订，其中包含了审计监督和审计机构的内容。经过长时间的酝酿，财政部组建了审计机关筹备小组，并按照国务院的决策和机构改革的要求开始筹建审计机关。

十一届三中全会的召开，标志着新中国历史发展的一个重大转折，新中国的各项工作又一次拉开了序幕。十一届三中全会以后，审计监督体制逐渐进入到国家领导的视野，它比财政监管具有更大的优越性。

（二）1982—2010年：新中国审计法治的顺利发展

1982年宪法明确提出，在国家和地方政府设立审计机构，并依法独立行使审计监督权。这为审计机构的设置和审计立法的制定提供了重要的宪法基础，使审计事业得到了全面、快速的发展，同时也使新中国审计机构的设置和法律法规的制定走上了正规的道路。

1983—1985年，国务院和审计署多次发布多条审计法规性文件，对审计机关的职能、程序、财务审计等方面进行了进一步的界定，为1982年宪法颁布后的初期审计工作提供了法律基础。从1985年起,我国的审计工作重点从建立机构转移到开展审计活动的规范化上。1988年10月,国务院第二十一次常委会发布了《中华人民共和国审计条例》,该条例使审计工作制度化、法治化、规范化。但是,它属于法规级别的法案,在执行中难以与其他法律、法规相协调,从而造成了一定的困难。

1989年,党的十三届五中全会提出,要加强对一切经济活动的审查监督工作,严肃财经法纪。根据十三届五中全会的这一重要指示,我国审计署随即提出,要加快法治建设速度。于是历时四年的审计法,于1994年按照法定的程序审议、通过、颁布。

1997年,党的十五大提出了"依法治国"的基本方略,并指出到2010年要建立具有中国特色的社会主义法律体系。自那以后,"法治"就成了国内的主流话语,国家审计基于"法治"化的立法实践,于1997年正式发布《中华人民共和国审计法实施条例》,使我国的审计制度体系得到了进一步的完善。

社会的变化和法律的修正如影随形,几乎成为一种规律。审计法律自1995年颁布以来,经过十多年的运行,随着时代的变迁,一些规定已经不能满足审计工作的要求,因此,审计法律的修订被提上了议事日程。2006年2月,国务院常务委员会第二十次会议审议通过了新审计法。修订后的审计法从审计手段、审计范围等方面加强审计机关的职权和职责,使审计机关的工作更有针对性。因此,此次修订也是我国审计法治建设的一个重要标志。

2006年,审计法修改后,2010年对原来的《中华人民共和国审计法实施条例》进行相应的修改成为理所应当的事情,此次修改也是意义重大,使审计工作的规范化程度得到了提高。

(三) 2010年以来:新中国审计法治的稳步发展

2011年,具有中国特色的社会主义法律体系已经形成。审计法律法规也是我国法律制度的一个重要内容。我国法律制度体系的建立,标志着我国法律已逐步完善,并为法治建设打下了坚实的法律基础,也为我国审计法治不断向前发展打下了重要基础。2013年,审计署主办了第二十一届世界审计机构会议,标志着中国的审计工作进入了一个新阶段,也为我国审计法治的稳步发展提供了国际背景。2015年12月8日,中共中央办公厅、国务院办公厅印发《关于完善审计制度若干重大问题的框架意见》和《关于实行审计全覆盖的实施意见》,

审计法治建设进入了史无前例的新时期。2021年第十三届人大常委会通过了修订审计法的决定,这是审计法的第二次修订,此次修订也是审计法律法规体系发展中的一件大事,对推动审计法律建设、规范审计人员行为、实行全面依法治国和提高国家治理水平具有重要意义。

二、我国现有的国家审计法律

(一)宪法

把国家审计纳入宪法,表明审计在我国的管理体制内的重要性。1982年12月4日,五届全国人大五次会议通过了《中华人民共和国宪法》,其中对我国实施的审计制度做出了清晰的界定,从而使我国的审计机关与法治建设走上了轨道。

第一,我国的宪法规定了国家的审计制度。审计机关是政府机构的一部分,审计署在国务院总理直接领导下依法独立行使审计监督权,地方审计机关实行双重领导体制,接受本级人民政府和上一级审计机关的双重领导。第二,在我国,宪法规定了审计的根本准则。审计机关应当遵循依法、自主的原则,按照法定程序,独立地行使审计监督权力,不接受其他行政机关、社会团体和个体的干预。第三,我国现行的宪法规定了审计机构的基本权力。审计机构负责各级财政部门和各级财政收支,并对财政部门、金融机构和企事业单位进行财务收支的审计和监督。第四,宪法确定了政府审计长的法律地位职责和职务任免事宜。

(二)审计法

为了进一步完善审计相关法律体系,1988年我国制定了《中华人民共和国审计条例》。但是,由于其属于法规,执行时和其他的法律法规难以统一协调。为了解决这一障碍,审计署开始着手制定审计法。在1994年8月,第八届人大常委会第九次会议通过了《中华人民共和国审计法》(简称审计法)。审计法的颁布实施使得审计部门在审计过程中可以依照审计法开展工作。

审计法是关于规定实行国家审计制度规定的一个专门性法律,是全国审计机关工作实践的第一部基本法。审计法既是实行审计与监督活动的基本程序法,也是一个审计领导机关的组织法,还是实施审计及其监督管理的专门实体法。相对于宪法而言,审计法还对国家审计职责做了一个更具体、更细致的统一规定,是完善我国法治国家的审计基本法律规范体系建设的必要核心与组成部分。

审计法自颁布以来,经过了两次修订,分别在 2006 年 2 月和 2021 年 10 月,两次修订也进一步健全了我国国家审计监督制度。

三、我国现有的国家审计规范

在我国的审计法律体系中,除了审计法以外,还有许多其他的法律法规需要在审计人员工作中运用,这些内容与我国的审计监管紧密联系在一起,是我国审计法律法规体系的一部分。其中包括《中华人民共和国预算法》《中华人民共和国政府采购法》《中华人民共和国税收征收管理法》等,对一些审计涉及的内容进行了具体的规定,是审计机构在审计过程中对被审计机构进行审计评价、定性和处理的主要依据。

（一）国家审计行政法规

1.《中华人民共和国审计法实施条例》

《中华人民共和国审计法实施条例》（简称《审计法实施条例》）于 1997 年 10 月公布,并于 2010 年 2 月进行了修订。《审计法实施条例》是国家为了贯彻审计法而颁布的一项法律制度,它的主要功能是对审计法中有关条款进行进一步的细化和完善,从而促进审计法的具体实施。在审计的基本原则、审计机关的职责与权限、审计程序和法律责任等方面,都有详细的阐述。

2.《财政违法行为处罚处分条例》

《财政违法行为处罚处分条例》（简称《条例》）于 2004 年 11 月正式发布。《条例》中关于违法行为的种类、违法行为的处罚、处罚的种类、具体的内容等,都做了较为详细的规定,是审计、财政、监察部门在其职权范围之内处理和处罚财政违规行为的重要法律基础。

3.《中央预算执行情况审计监督暂行办法》

1995 年 7 月,国务院颁布《中央预算执行情况审计监督暂行办法》。该办法是国务院为了落实审计法关于中央预算执行情况审计的要求,专门制定的规范中央预算执行情况和其他财政收支审计的行政法规。它主要对中央预算执行情况审计的原则和内容,中央预算执行情况审计结果报告制度和审计工作报告制度,中央各部门（含直属单位）配合审计工作的要求,以及审计署对违反预算行为的处理、处罚权限和方式等做了明确规定。

4. 其他行政法规

除上述三部直接规定国家审计的行政法规外，其他由国务院颁布的行政法规、行政措施以及发布的决定和命令，也可以适用于国家审计。党中央、国务院为了加强和规范审计工作，制定了一些指导、规范审计工作的纲领性文件，在实践中具有类似行政法规的效力。

一是《党政主要领导干部和国有企事业单位主要领导人员经济责任审计规定》，它结合经济责任审计的特殊要求，对领导干部经济责任审计的各个方面进行了详细规定，进一步完善了我国党政主要领导干部和国有企业领导人的经济责任审计相关规定，使得审计人员在开展经济责任审计工作时能够有法规可依。

二是《国务院关于加强审计工作的意见》，旨在从根本上破解制约我国审计工作开展和审计作用发挥的瓶颈与困难，对完善审计工作的制度保障做出了规定。第一，加强对促进国家重大决策部署落实的保障作用。第二，加强对政府依法行政、依法办事、推进廉政建设、推进依法行政等的监管。第三，全面检查财政资金、国有资产、国有资源，实行审计全覆盖。第四，完善审计工作机制。第五，狠抓审计发现问题的整改落实、严肃追责问责。第六，强化审计队伍建设，加快推进审计信息化，保证履行审计职责必需的力量和经费，加强上级审计机关对下级审计机关的领导，健全审计工作领导机制，强化审计工作的制度保障。

三是《关于完善审计制度若干重大问题的框架意见》，该框架意见对完善审计制度和创新体制机制做出了规定。第一，全面实施审计全覆盖。第二，强调上级审计机关对下级基层审计机关的领导和管理。第三，加强对地方审计机关人财物管理的探索。第四，加强审计专业化建设。此外，还对加强审计人员的工作作风、加强审计工作的保障机制、完善审计结果运用机制、加强审计机构的审计工作和加强审计机构的监管等方面提出了具体的要求。

四是《关于深化国有企业和国有资本审计监督的若干意见》，其中对进一步加强国有企业和国有资本审计监督提出了具体要求。第一，对国有企业领导人员履行经济责任情况实行审计全覆盖。第二，要健全审计制度，不断改进工作作风，把问题整改到位，问责到位。第三，在全国人大监督体制中，加强对审计工作的指导，推动国企深化改革、提高经营管理水平、做强做大，为国有企业健康发展保驾护航。该意见还指出，要依法对国有企业进行审计，要坚持有利于国有资产保值增值、增强国有经济竞争力、放大国有资本作用的政策，揭露损害国家和人民利益、重大违纪违法、重大履职不到位、重大损失浪费、重大风险隐患和重大破坏资源环境等问题，依法揭露以权谋私、权钱交易、失职渎职、贪污受贿、内幕交易等违纪违法问题；要坚持推动发展，注重找准共性、倾向性、典型性问题，重视体制机制不足，及时反映发展过程中的突出矛盾和风险隐患，主动提出解决重大问题和推动改革发展的建议；要实事求是，准确地认识到当前新形势和新问题，对问题做出客观的判断和处置。

五是《领导干部自然资源资产离任审计规定（试行）》，该规定主要有三方面的作用：第一，确定了领导干部自然资源资产离任审计应坚持的原则；第二，明确了领导干部自然资源资产离任审计评价有关要求；第三，明确了领导干部自然资源资产离任审计的有关保障要求。

（二）地方性审计法规

地方性法规是指地方立法机关依法制定或认可的，只能在地方区域内发生法律效力的规范性文件的总称。地方性法规只在本地区有效，其效力低于宪法、法律和行政法规，但高于本级和下级地方政府规章。根据规定，省、自治区、直辖市和较大市的人民代表大会及其常务委员会根据本地区的需求，可以在不同宪法、法律、行政法规抵触的前提下制定本地区范围内适用的地方性审计法规。各地立法机关制定的地方性审计法规，对保证宪法、审计法律和行政法规在本行政区域内的有效实施，促进审计事业发展，发挥了重要作用。

（三）国家审计指南

国家审计指南是审计机关和审计人员在执行具体审计业务和审计业务管理时应当参照执行的实务指引。国家审计指南由审计机关以国家审计法律法规和国家审计准则为依据制定并发布。

国家审计指南对促进国家审计法律法规和国家审计准则的全面贯彻落实，指导审计工作，提高审计工作质量和效率，推动审计工作的法治化、规范化和科学化，推动国家审计规范体系的建立健全等具有重要作用。

第二节 国家审计的法律及规章制度对审计治理的作用分析

一、宪法对审计治理的作用

（一）宪法确定了国家审计的地位

宪法是国家的根本大法，是治国安邦的总章程，宪法第九十一条与第一百零九条规定中对国家审计监督模式进行了明确，实行行政型审计监督模式，同时在第六十二条、第六十三条、第八十条、第八十六条分别明确国家审计机关性质、行政首长地位、人员任免规定。因此，基于宪法条文，确定了审计的监督制度，明确规定了我国审计的体制、审计机关的主要职责、审计监督的基本原则，对我国国家审计的确立奠定了基础，确定了国家审计监督的权威地位。

（二）宪法保障了国家审计的运行

自1982年国家审计被写入宪法，中国特色社会主义审计制度逐步确立并完善。我国现行宪法确立了审计独立原则，对审计机关的设置和基本职能提供了根本性的保障，明确了中国特色社会主义审计制度的职能定位，为审计工作的法治化、制度化、规范化指明了方向。在审计独立性和权威性的基础上，依法保证审计机关独立审计相关单位财政收支和财务收支"真实、合法和效益"情况的立法意图保障了国家审计的顺畅运行，是国家审计制度的基础保障。

（三）促进了国家审计法治建设与完善

审计入宪意味着我国审计制度的建立，这是中国审计历史上的一个重要里程碑，为国家审计事业发展开辟了道路。将审计纳入宪法推动了中国审计法律、法规的颁布和实施进程，随着国家审计纳入宪法，我国1988年11月30日发布《中华人民共和国审计条例》，自1989年1月1日起施行；1994年8月31日审议通过《中华人民共和国审计法》，自1995年1月1日起施行；1997年10月21日公布《中华人民共和国审计法实施条例》，自发布之日起施行。以上表明国家审计法治稳步推进，宪法促进了我国国家审计法治建设与完善。

二、审计法对审计治理的作用

（一）审计法推进了国家审计全覆盖

审计法是具体规定国家审计监督制度的基本法律，构建了国家审计工作格局。新修订审计法第二十三条将关系国家利益和公共利益的重大公共工程项目以及国家重大经济社会政策措施贯彻落实情况等纳入审计范围，第二十四条新增审计机关对国有资源、国有资产、社会保险基金进行审计监督的内容，这些修订明确了国家审计的职责，拓宽了国家审计的范围和业务类型。新修订审计法健全了国家审计监督机制，完善了国家审计监督职责，规范了国家审计监督制度，构建了国家审计工作格局，为更好地发挥国家审计在审计监督体系中的主导作用提供了强有力的指导，纵深推进了国家审计全覆盖。

（二）审计法统筹了国家审计资源

审计法第十三条修正"审计机关根据工作需要，可以聘请具有与审计事项相关专业知识的人员参加审计工作"，第四十一条与第五十九条提出审计机关可以提请有关机关进行审计工作的协助，可以与军队审计机构建立健全协作配合机制，按照国家有关规定对涉及军地经济事项实施联合审计。这些审计法修正条款为国家审计购买社会审计服务的实践提供了法律规范和指引，提高了审计覆盖率，拓展了审计监督的广度与深度，同时重视相关部门机关单位联合审计工作，充分调动了审计资源，为国家审计工作联动效应的提升提供了重要的制度内容保障。

（三）审计法突出了国家审计工作重点

审计法总则新增"坚持中国共产党对审计工作的领导，构建集中统一、全面覆盖、权威高效的审计监督体系"，第二十六条提出"审计机关可以对被审计单位贯彻落实国家重大经济社会政策措施情况进行审计监督"，第二十八条明确"审计机关可以对被审计单位依法应当接受审计的事项进行全面审计，也可以对其中的特定事项进行专项审计"，第三十一条强调"应当防止不必要的重复审计"。这些修正条款使得国家审计工作的开展紧紧围绕"高效"，突出了国家审计工作重点，优化了审计管理流程，加强了审计计划统筹协调，实现了高效审计。

（四）审计法保障了国家审计风险防范功能

《中华人民共和国国民经济和社会发展第十四个五年规划和2035年远景目标纲要》指出，要深刻认识错综复杂的国际环境带来的新矛盾新挑战，增强机遇意识和风险意识。在此背景下，国家审计的审计关口前移，从事后监督向事前监督、事中监督延伸，实现动态全面审计，风险防范功能进一步凸显已成必然。新修订审计法第三十条提出："审计机关履行审计监督职责，发现经济社会运行中存在风险隐患的，应当及时向本级人民政府报告或者向有关主管机关、单位通报。"修正内容进一步凸显了国家审计风险防范功能，为更好地发挥国家审计在防范化解重大风险、维护国家经济安全方面的重要作用提供了法律依据，充分保障了国家审计工作实践。

（五）审计法加强了国家审计队伍建设

新修订审计法第十二条强调"审计机关应当建设信念坚定、为民服务、业务精通、作风务实、敢于担当、清正廉洁的高素质专业化审计队伍"，第十四条新增"审计机关和审计人员不得参加可能影响其依法独立履行审计监督职责的活动，不得干预、插手被审计单位及其相关单位的正常生产经营和管理活动"，第十六条与第四十条提出在执行职务和结果报告时要保守工作秘密、个人隐私和个人信息。审计法修正条款对国家审计人员提出了更高的要求，确保了审计机关和审计人员在审计工作中的独立性，加强了对审计机关自身建设的重视，引领了国家审计职业化的方向。

（六）审计法推动了国家审计信息化建设

新修订审计法第三十四条、三十五条分别增加对"电子数据和有关文档"的获取权限和"国家政务信息系统和数据共享平台应当按照规定向审计机关开放"，第三十六条增加对"被审计单位信息系统的安全性、可靠性、经济性"的检查权。修正条款赋予审计机关获取国家政务信息系统和数据共享平台相关数据的权限，同时从调整审计机关检查权范围的角度加大了对被审计单位信息系统的监督力度，确保了相关数据的质量性和安全性，推动了国家审计信息化建设，为开展大数据审计奠定了坚实的基础。

（七）审计法推动了国家审计法治建设

审计法以宪法关于审计监督的规定为依据，是宪法规定的具体化，与宪法紧密联系并相互一致，保证了宪法关于审计监督规定的贯彻实施，为国家审计机关依法履职、更好发挥作用提供坚实的法律保障。我国首部审计法于1994年经全国人大常委会通过，并于1995年正式实施，于2006年第一次修正，于2021年第二次修正，并于2022年1月1日施行。新修订审计法更符合社会主义经济发展需要，使得国家审计监督法律体系得到了进一步完善与优化，充分体现了法治精神，并且在实施过程中与预算法、会计法等其他法律法规形成紧密的衔接关系，互相形成合力，进一步推动和完善了国家审计法治建设。

三、国家审计准则对审计治理的作用

国家审计准则是一套权威的规范，用于指导和规范国家审计工作的实施。国家审计准则在审计治理中起着重要的作用，下面将从五方面详细描述。

（一）国家审计准则保证了审计的独立性和公正性

审计的独立性和公正性是审计治理的基本要求，也是保证审计工作质量和效果的重要保障。国家审计准则在第二章中就严格规定了审计人员的任职资格和职责，明确了审计人员应当遵循的行为准则和道德规范，要求审计人员应以客观、公正的态度进行审计工作，独立于被审计对象和其他利益相关者，在履行职责过程中保持独立性和公正性，不受任何利益干扰，真实客观地履行职责，确保审计结果的公正性和准确性，为审计独立性提供了明确的指导。

（二）国家审计准则推动了政府的规范管理和监督

国家审计准则第六条明确审计机关的主要工作目标是通过监督被审计单位财政收支、财务收支以及有关经济活动的真实性、合法性、效益性，维护国家经济安全，推进民主法治，促进廉政建设，保障国家经济和社会健康发展。第七条确立审计机关按照国家有关规定，对依法属于审计监督对象的单位主要负责人的经济责任进行审计。这就要求审计人员在进行审计工作时，加强对政府经济责任制度和财务管理制度的监督，确保其实际成效与预期目标一致，发现政府机关中存在的违法和违纪行为，以及浪费和滥用公共资源的问题，并及时提出整改措施，促进政府的规范管理和监督政策的有效实施，防止资源浪费和项目失败，促进政府的廉洁公正和提高行政效能，维护审计治理的廉洁性和公正性。

（三）国家审计准则规范了审计流程与标准

国家审计准则对审计的程序和步骤进行了详细的规定，确保审计工作的有效进行。其中第三章对审计计划的编制进行了详细的讲解，第四章审计实施中对审计程序的安排、审计证据的获取、结果的分析和总结以及审计记录包含的内容做出明确规定，对审计人员在检查重大违法行为过程中应考虑的因素、调查了解的重点内容、重大违法行为迹象及审计应对措施做出了特别规定，通过严格遵守国家审计准则的规定，可以提高审计工作的规范性和科学性，确保审计活动的客观性、全面性和准确性，从而保证审计结果的可靠性，也为各地方进行审计治理提供指导思路。

（四）国家审计准则促进了机构和组织的改进和发展

审计治理旨在通过审计工作发现问题、提出建议和推动改进，促进机构和组织的良性发展。国家审计准则第五章审计报告中要求审计人员在撰写审计报告时，要全面分析机构和组织的运作情况，针对审计发现的问题，根据需要提出建议和改进措施。这些建议和措施有助于机构和组织及时改进和优化运作，提高经济效益和社会效益。国家审计准则第一百五十七条规定："审计机关依法实行公告制度。审计机关的审计结果、审计调查结果依法向社会公布。"这确保了公众、媒体以及其他利益相关者能够了解机构和组织的财务状况和资源使用情况，透明的信息披露也有助于防止机构和组织的财务不当行为和权力滥用，并促进其可持续发展。

（五）国家审计准则强化了审计风险管理能力

审计治理面临着各种风险，如信息不对称风险、决策风险、操作风险等。国家审计准则强调风险导向的审计方法，明确了风险管理在审计中的重要性，要求审计人员在进行审计工作时，要对可能存在的风险进行有效的识别、评估和控制，并采取适当的措施进行管理。同时，国家审计准则第六章"审计质量控制和责任"明确了审计机关负责人、审计机关业务部门以及审计组组长的相关职责，强化了问责机制，防止问题被忽视，减少审计风险的发生以提高审计治理的风险管理能力，减少潜在的风险和损失。这有助于尽早发现和应对问题，减少审计风险对治理的影响，同时强化各地方审计机关对审计风险防范的重视。

四、地方审计相关法律法规对审计治理的作用

（一）补充了上位法的规定

国家审计法律通常是较为宏观和原则性的，而地方审计相关法律法规则是根据地方的具体情况和需要进行补充和细化。例如，《北京市审计条例》进一步明确了地方审计机构的职责和权限，规定了审计工作的程序和要求，加强对地方财政、经济活动的监督和审计。通过地方审计相关法律法规的制定，可以对地方政府财务管理、资产处置、采购等方面的审计工作提出更详细的要求和指导。从而弥补国家审计准则的不足，进一步推动国家审计法律的贯彻和实施，更好地规范和指导国家审计工作。

（二）更好地适应了地方社会经济发展的需要

地方社会经济的发展存在一定的地域差异，地方审计相关法律法规可以根据不同地区的特点和问题，明确审计的重点领域和关注点，有针对性地指导和规范地方审计工作。比如，近年来江西省在跟踪审计、政府投资项目审计、民办高校审计、农村集体组织审计等方面，各级审计机关都取得了较好的效果。因此，为适应该省社会经济和审计工作发展的需要，由江西省人大常委会制定的《江西省审计条例》，重点强调了该部分的审计工作。通过明确地方特色和重点领域的审计监督，支持地方创新和发展，促进政策协调和整合，地方审计相关法律法规能够更好地与地方社会经济发展相匹配，充分发挥国家审计在地方治理中的积极作用。

（三）进一步规范了审计行为

地方审计相关法律法规为审计行为提供了明确的规范和指导。这些法规规定了审计机构和审计人员在执行审计任务时应遵循的程序、方法和要求，确保了审计活动的准确性、合法性和有效性。例如，《重庆市审计监督条例》规定了审计机构的组织结构、人员素质要求、审计程序、审计报告的要求等。这使得审计过程更加透明和规范，减少了错误和不当行为的发生，增强了国家审计的可操作性。

（四）促进了国家审计工作的一体化

基于不同的经济条件，各省、地区的情况不尽相同，地方审计需要根据地

方的实际情况进行一定程度的调整和适应，在制度安排上也要有相应的差异。同时，各省、地区的审计法律制度具有很多地方审计工作开展的共性特征。比如，在《江西省审计条例》中强调了政府投资建设项目的审计、公众资金的审计、地方金融机构的审计等审计工作。这些专项审计工作对于其他省、地区的审计制度的完善，也具有一定的启示和借鉴意义。通过地方相关法律法规的制定，在确保地方审计工作与国家审计建设体系保持一致的同时，可以提高审计的一致性和可比性，促进国家审计工作的一体化，有利于各地区之间的横向比较和经验交流。

（五）强化了国家审计工作的执法、监督力度

国家审计法律规定了审计的基本原则和程序，但能否有效地实施还需要在地方层面进行具体的执法和监督。地方相关法律法规可以进一步明确地方审计机构的执法权限和监督职责，加强对地方财政、经济活动的审计监督。此外，地方相关法律法规可以明确审计工作的具体要求和标准，规定执法程序和执行方式，使地方审计工作更具操作性和实施力。例如，《浙江省审计条例》便对健全审计监督机制、强化审计查出问题整改上做出了明确规定。强调强化执法和监督力度，及时发现和纠正违规行为，维护地方经济的健康发展。通过规定具体的执法标准和程序，地方审计机构能够强化国家审计工作的执法、监督力度，更全面地监督相关财政活动，防范和发现违规行为，确保资源的合理配置和使用。

（六）推动了审计结果的整改和落实

地方审计相关法律法规明确了对审计结果的跟踪、整改和落实的具体要求。例如，《江苏省审计条例》针对该省的审计整改工作中面临的问题和存在的困难，在第四十三条至第四十五条、第四十九条对审计整改工作进行规范。通过要求地方政府和相关部门积极响应审计要求，认真对待审计发现的问题，并采取有效措施加以整改，可以确保国家审计的成果能够真正起到改进和提升地方治理的作用。

第三节　新时代对于我国国家审计法律规范的要求

一、在推进国家治理现代化过程中，持续拓展审计法律规范的覆盖范围

对审计法律规范而言，全覆盖和严格落实、高效执行是基本要素，需要做到深度监督和严格审查，确保审计监督部门能够切实履行法律责任，提升国家治理效率。国家审计治理职能的扩展，已经由单一的经济监督发展为综合的国家"免疫系统"，宽度与深度同时拓展，审计治理的重大变革在治国理政的新理念、新思想、新战略的形势下，审计机关人财物管理、审计管理体制和审计监督范围等方面都产生了实践变化，审计法律规范也应该实现"全覆盖"，做到有法可依。

二、围绕国家审计主责主业，提高审计法律规范对国家审计的保障作用

鉴于国家审计在维持经济活动秩序、约束和规范政府部门履职行为等方面的重要作用，进一步明确、强化国家审计法律地位，维护国家审计的独立性，强化国家审计法律法规的威慑力，必须对现行相关法规中关于法律责任的内容进行完善，均衡各主体的权力和法律责任，建立起国家审计法规与刑法等法律的有效衔接，使之具有更强的约束力和实践意义。

三、在全面依法治国格局下，细化完善审计法律规范内容

现行国家审计法律规范需要进一步明确法律责任类型、违法违规行为认定标准和责任追究机制等，为司法实践提供针对性的法律依据，提高国家审计质量。均衡国家审计过程中各主体的权力与法律责任，民事和刑事法律责任，追责机制等，地方性法规和政府规章的内容应在遵循基本规定的前提下，结合当地执法需要，进一步明确相关条款内容，使之在实践中更具指导作用。

四、审计工作高质量发展要求下，提升审计法律规范效能

构建权威高效的监督体系，完善权力监督制约机制，提升国家审计的权威性、震慑力、执行力是新时代背景下高质量国家审计的必然要求。由于我国内外部环境发生的变化，国家审计系统性风险增加，不确定性与复杂性持续上升，因此，降低面临的审计风险隐患，提高审计法律规范效能，强化审计法律规范对审计全过程的质量控制机制，督促过程跟踪检查进程，及时纠正违法乱纪行为，促进过程监督和结果监督的有机结合，切实加强审计权力制约监督体系，规范审计执法行为显得尤为重要。

第四节　新时代背景下我国国家审计法律规范仍旧存在的不足

通过国家层面发布的相关政策性文件可以看出，审计监督是应国家治理的真实实践需求而产生，可以说审计监督是我国政治体制稳定运行的直接体现，而审计相关法律是国家治理现代化的重要保障之一。为了实现国家治理现代化，除了要推动国家治理体系建设和提升治理能力，还要通过审计监督有效识别和抵御风险，切实维护国家治理秩序。但是，受到多种因素影响，审计相关法律在国家治理中依旧存在诸多瓶颈，在一定程度上影响了对公共事务的调控和引导、对公共资源的分配和支配。

一、审计法律规范覆盖领域不足

国家审计法律体系不完善，未能覆盖审计实践发展的全部领域。在我国经济社会发展水平不断提升、国家治理能力持续增强的进程中，审计法律需要做到与时俱进、同步发展，通过提升审计监督整体效果和科学配置各类公共权力，更好地服务于国家治理工作。但是，与我国审计监督水平大幅提高相比，审计法律改革速度却相对滞后。从现实情况看，目前执行的审计法律，仍然不够完善，主要体现在：新时代背景下，国家审计出现了很多新情况，导致国家审计对象、范围扩大，旧的审计法规难以适应新局势，相关的法律法规不完善，出现了有些审计事项无法可依的情况；审计过程中无法按照以往的法律规范进行，法律规范的修订跟不上实践的发展，对于审计实践的指导性滞后。

二、审计相关法律的保障性不足

国家审计的独立性未能够得到应有的保障。国家审计监督法律的实施具备独立性，不受到其他机关的干涉和束缚。但是在实际执行的过程中有时却难以保持其独立的特征，主要体现在如下三方面。第一，我国审计法明确指出，国务院负责设立国家级审计机构，地方县级政府及其以上的机关设置同级的审计监督机构，这些机构受到上级政府和审计监督机构的管理。这在一定程度上意味着审计监督机构的独立性会受到影响，对我国治理体系的完善造成了阻力。第二，审计经费需要经过同级政府的审核和审批才能够适用，但是按照审计法的要求，审计监管机构要审计同级政府的财务使用情况，导致审计经费的独立性会受到影响。第三，审计法指出，地方政府的副审计长的任免权掌握在本级政府也就是被审计对象的手中，审计人员的独立性会受到影响。

三、审计相关法律的规范性不足

审计相关法律的规范性不足主要表现在以下方面：第一，审计法律程序和标准有待完善和补充，尤其在地方治理层面上，审计监督的执行过程较为粗放，对审计监督的精确性产生了不利影响。第二，审计法律条文的阐述模糊，对特定责任缺少清晰的划分甚至出现了双重标准，使得审计监督范围和部分法律条文之间出现了不相符的情况。第三，审计法律的关键性用语表述不当，没有坚持审计原则和基本立场，缺少强制性公布审计结果的要求。

四、审计相关法律的执行效率不足

在服务国家治理、提升国家治理水平的问题上，提升审计法律效能、提高法律执行力度是十分必要的。但在审计法律执行中却存在以下问题：第一，审计相关法律的互动性缺失，在审计结果公开性方面表现不足且有一定的滞后性，无法协调利益相关者的利益诉求，导致监管治理效果不佳。第二，审计监督部门的工作形式较为单一，没有调动审计专家、民众等参与审计监督法律的制定中，导致审计法律本身存在很多需要完善的地方。第三，审计监督部门注重"审计结果"而非"审计过程"，而这恰恰影响了审计监督的成效，也让国家治理中存在的问题无法得到及时整改和有效落实。

第五节　新时代背景下完善我国国家审计法律规范的对策建议

国家审计治理需要法律提供保障，同时也是在一定的法律环境下进行的，并受到法律环境的约束。法律环境影响国家审计治理的质量，只有法律制度不断完善，审计监督制度才能不断完善，才能更加规范化、法治化。中国式现代化要求国家治理现代化，国家治理水平提升的要求是审计立法不断完善的关键。国家审计法治化是国家治理体系和治理能力现代化的重要标志，国家审计法治化建设水平是衡量国家治理能力的重要指标之一。

在目前经济社会发展势头迅猛的情况下，审计法律规范发展与建设进度仍存在不足之处，直接导致其无法与国家治理现代化建设的要求适配。这不仅影响到我国审计机关依法履职和提升审计工作水平，同时也阻碍了国家法治文明建设步伐，不利于维护广大人民群众的合法权益。健全法律法规既可以为完善社会主义经济体制提供持续的动力支持，也可以促进政府转型，以达到推动民主法治发展和规范国家审计事业运行的目的，所以在法治化建设过程中进一步健全国家审计法律规范体系、构筑稳固的法律保障是当前工作中的重中之重。

审计监督部门在服务国家治理的问题上，代表人民群众监督国家治理的过程和结果，并把真实的、公允的信息及时、准确地披露给人民群众，通过审计监督助力国家治理能力的提升，这对实现全过程民主和建设法治国家都具有重要意义。为了在国家治理视角下切实推进审计监督法律进程，既要健全、完善相关法律法规，通过优化制度设置保障、提升审计独立性和权威性，也要让审计监督发挥出更大效能，具体的推进路径如下。

一、基于深度与广度，扩展涵盖的范围

要完善国家治理体系建设，就必须拓展审计监督法律的覆盖范围，只有这样才能全方位地确保审计监督发挥其效能。从当前我国审计实践来看，应在以下几方面拓宽审计监督法律的涵盖范围。首先，针对审计监督对象，审计监督法律应当全面涵盖一切与公共财产收支活动有关的组织和个人；其次，针对审

计监督过程，审计监督法律必须对所有的监督过程进行全面、全方位的跟踪，以便及时识别审计风险并预防审计漏洞；最后，应当积极推进审计监督法律的多元化发展，通过适时转变审计监督理念，使审计监督法律由静态走向动态，并融入事前决策预防思想，从而实现多层次审计监督。除此之外，在扩宽审计监督法律覆盖范围的进程中，为确保审计监督法律责任得到充分落实，进而提高国家治理效能，就必须全面贯彻和执行审计监督法律并将其落到实处，深入监督、严格把关，杜绝浮于表面、形式的工作，杜绝应付审计监督法律规定的情况出现。

二、强化审计法治建设，保障审计独立性

根据我国目前的实际情况，审计法律规范可以直接赋予立法机关对审计监督部门的控制权，进而保证审计的独立性。人民代表大会制度是我国现行的基本制度之一，人民代表大会直接行使对国务院执政情况的监督权，因此人民代表大会也可以直接对审计监督部门进行监督，上一级政府部门对审计部门的领导权也仅限于业务方面，这样就能够降低被审计对象对审计监督部门的牵制程度，使其独立权不受干扰。另外，根据法律规定，国家主席提名国家审计长，同级人民代表大会对地方审计监督部门进行审议并备案，以确保审计人员和审计经费的独立性。此外，审计监督部门对审计经费预算和使用的详细情况实行逐级向上审批制度，以确保其在自身监督权限范围内的经费独立性得以维护。这种机制既保证了审计工作的权威性，同时也能提高其独立程度。

三、推进全面依法治国，完善具体内容

健全审计监督法律体系的规范性对于执行审计监督法律和提高国家治理能力都具有直接作用，同时这也是法的本质特征。在实现国家良治的大背景下，完善审计监督法律的规范性建设，是确保审计监督部门依法执行审计任务的必然要求。首先，要修正审计监督法律中阐述不明的部分，同时对有关部门的相关职责权限做出严谨清晰的规定，避免因表述不清造成审计监督意见出现分歧，从而使不法分子有机可乘。其次，为了确保法的缜密性，保证审计监督部门能够依据审计法规范实施审计监督活动，保障人民利益的合法权益，所有审计监督法律都必须正确使用法言法语。最后，要健全与完善审计监督法律的标准，

细化审计的监督程序。这不仅能够保证审计监督在具体实施过程中遵循统一标准与程序，做到有法可循，还能进一步促进审计监督法律机制的全面贯彻与落实，确保审计监督能优质、高效地完成，进而为实现国家良治、实现服务于民创造良好的环境。

四、促进高质量审计，加强审计法律规范效能

在国家治理现代化体系中，推进审计监督法律的执行和落实是提高审计工作质量、维护人民利益的一项必要的措施，通过分析我国现阶段的发展情况，可以从以下途径提升审计监督法律的效能发挥。首先，在当前大数据全面覆盖的背景下，加强审计监督的信息化建设，构筑审计数字化监督平台，能够有效促进审计监督效率的提升。通过数字化渠道将审计专家与民众吸纳到审计监督中来，既体现了国家治理体系的民主性，获取了民众的信赖与支持，又提升审计监督的公开性与透明性。此外，借助大数据技术进行审计监督，能够有效提升审计工作质量，确保审计结果真实可靠，从而有效降低违法违规行为发生的概率。其次，应当对审计监督流程进行优化，并提升政府机关人员的法律意识。通过细化审计监督流程能够有效提升审计监督工作的规范性，进而提升审计效率、防止审计漏洞。通过提升政府机关人员的法律意识，使之具备高阶层的法律素养，从而提升自我监督意识，自觉依法遵守审计监督法律，从源头上有效防止违法违纪行为的发生。最后，加强审计结果的应用，提升对违法违规问题的整治力度。首要之务在于加强审计监督部门的惩戒权力，提升审计监督部门的纠正能力，以确保审计监督工作能够得到切实有效的实施。另外，要建立事后责任追究机制，对审计中存在的违法违规行为应明确相应的处罚，严厉打击损害公共利益的行为，以加强组织间的协同，避免屡审屡犯现象的发生。

第五章

财政审计的国家治理效能分析

第一节 我国财政审计的发展历程及现状

一、我国财政审计的发展历程

我国财政审计是一种渐进式的发展路径，是一种自上而下展开的强制性制度变革。从1982年宪法规定审计制度开始，我国的财政审计体制就经历了一个从不断探索、整合到持续深化、完善的发展过程。这一过程不仅源于对财政审计性质、作用、职能与地位认识的深化，而且还源于对外部环境，尤其是对财政预算体制改革的掌握和调整。回看我国现代财政收支审计工作的发展路径，主要经历了从开展试点到全面部署，从"上下级审查"方式到"同级评审"和"上下级审查"并举的发展过程。主要包括如下三个发展阶段。

（一）初始阶段：1983—1988年

在这一阶段，审计的基本原则是"在组织过程中工作"和"专注于核心点和打基础"。鉴于当时审计的法律法规不完善，审计基础不完备、审计制度不健全、审计依据存在欠缺，大多数被审计单位尤其是基层财政机关并不自觉接受审计监督，执行财务审计工作遇到很大阻力。当时，地方各级审计机构的主要工作是通过协调、支持财政、税收来满足国家财政和经济发展的需要。执行审计的主要目的就是增加税收，保持国家财政纪律的严肃性，并通过发现和调查逃税、欺诈、掩盖挪用国家利润及收入等违法乱纪行为，助力完成税收任务。

审计机关有计划、有针对性地开展审计工作，逐渐打开工作局面，在处理审计问题方面取得了突破性的进展。1988年，审计署和财政部联合通过了《关于在检查地方财政收支中对经济违纪问题处理规定》，在按照审计处理决定审批时，从上级财政收缴的资金由上级财政机构留存，解决了当时财务审计处理困难的问题。

（二）财政收支审计阶段：1989—1994年

1989年，我国开始施行《中华人民共和国审计条例》，审计部门遵照条例规定，对下级政府的财政收支展开全面审计。1990年，审计署联合各地审计机关对30个省（区、市）1989年的财政收支实施审计，并向国务院提交了省级财政情况审计报告和处理意见，从此，财政审计实现了从试点到全面部署的飞跃、从依附政府稽查到实现独自执行监督职能的跨越，成功地打开了对地方财政收支执行审计的局面。同时地方各级审计部门也在财政审计方面积累了一定的审计经验，并初步探索出一套关于财政审计的基本审查思路。由于当时我国的财税体制改革才刚刚起步，税收分配制度尚未全面建立，国家跟地方税收收入主要按级别分配，在执行过程中经常出现预算级别混淆、挤占、截留中央与上级财政资金收入的问题。基于当时财政税收的这一系列问题，财政审计在该阶段的主要目标是维护国家财政收入，促进"两个比例"（财政收入占GDP的比例、中央财政收入占国家财政收入的比例）的提高。这一时期后，审计部门对宏观财政政策实施和税收征管质量等方面的审计开展了一系列探索和实践。

（三）预算执行审计阶段：1995—2002年

从1995年审计法实施开始，国家财政审计组织对财政部和中央部门预算执行审计，地方审计机关组织对本级财政预算执行进行审计，俗称"同级审"。审计署在继续组织对财政部和中央部门预算执行审计的同时，还要安排对地方财政收支的审计，俗称"上审下"与"同级审"并重的组织模式。同时审计署还组织开展了一些专项审计调查。

（四）财政审计一体化阶段：2003—2006年

2003年开始探索实施财政审计一体化，积极促进财政、企业、经济责任审计"3+1"审计格局的形成。自2004年起，审计署财政司在制定审计署年度财政审计总体方案时，不仅注重各个审计项目之间、不同审计力量之间的联系和协调，还特别注重审计目标的一体化。2005年9月，《审计署关于进一步深化财政审计工作的意见》中明确要求财政审计坚持"统一审计计划、统一审计方案、统一审计实施、统一审计报告、统一审计处理"的"五统一"原则。

(五)绩效财政审计阶段：2007—2008年

2008年，审计署发布《审计署2008至2012年审计工作发展规划》，明确使用了绩效审计的名称。绩效审计工作开始以来，确实一定程度上提升了我国财政资金的使用绩效，通过收集整理历年的审计结果公告和新闻媒体报道消息发现，我国财政绩效审计实践在重视评价绩效方面还有所欠缺。

(六)财政审计大格局阶段：2009年至今

2009年3月，刘审计长在财政审计项目培训班上发表讲话，提出构建国家财政审计大格局，必须整合审计计划，必须整合资源，必须将不同审计项目或类型实行有效有机结合，必须从财政管理体制、制度和财政绩效这个高度来整合审计信息。财政审计大格局是审计机关以全部财政资金为内容，以财政管理审计为核心，以政府预算为纽带，统筹审计资源，有效整合审计计划，有机结合不同审计类型，从宏观性、建设性、整体性层次整合审计信息的财政审计工作体系。财政审计大格局，实现了审计工作的"四个转变"：一是从关注一般预算资金向全方位关注财政性资金转变；二是从财政收入和支出审计并重向以财政支出审计为主转变；三是从以真实合法性审计为主向真实合法性审计与绩效审计并重转变；四是从侧重解决微观层面的问题向注重研究宏观层面的问题转变。

财政审计的发展历程表明，财政审计的发展是一个随着当下经济发展情况和国家方针政策走向不断完善和发展的过程，就是在这个过程中，审计署开始探索财政审计的高层次性、宏观性、整体性的实现方式。

二、我国财政审计的现状

在党中央、国务院以及地方各级政府的领导下，我国各级审计机关认真践行党的路线方针政策，敢于探索，创造性地积极执行财政审计工作，使其在整顿经济秩序、加强财政纪律、强化预算管理、深入财税机制改革、保障国民经济多年连续稳定增长等方面发挥重要作用。在实行"同级审查"后，在该模式下，审计的覆盖率越来越大，而且在审计范围不断拓宽的同时，审计重点也更加突出。审计机关为各级政府加强地方财政管理和人大有效监督提供了重要依据，充分发挥了财政审计在国家宏观调控中的保障和监督功能。

(一)"金审工程"情况

"金审工程"的总体目标是要建成对财政、银行、税务、海关等部门和重点国有企业事业单位的财务信息系统及相关电子数据进行密切跟踪，对财政收支或者财务收支的真实、合法和效益实施有效审计监督的信息化系统。"金审工程"的建设可以逐步实现审计监督的三个"转变"，即从单一的事后审计转变为事后审计与事中审计相结合，从单一的静态审计转变为静态审计与动态审计相结合，从单一的现场审计转变为现场审计与远程审计相结合。因此，"金审工程"的审计信息化建设对于财政审计的发展和进步大有裨益。

信息化建设项目支出指的是主要用于"金审工程"等信息化建设方面的支出。结合表5-1中审计署公布的年度部门决算报告情况，审计事务（款）支出自2013年至2021年显示出先增长再平稳的发展趋势，审计信息化建设项目支出的波动较大，且无规律，主要是由于"金审工程"的年度项目安排不同，各年度信息化建设项目支出差异也较大。在"金审工程"建设项目高峰期年度，信息化建设项目支出对于审计事务（款）支出也影响较大。总而言之，审计信息化建设是我国目前审计建设的重点项目和前沿方向，审计信息化能够对财政收支的监督更为精细化，为财政审计监督的发展提供科技武器。

表5-1 财政审计信息化建设情况表

公告年份	审计事务（款）支出（万元）	财政审计信息化建设项目支出（万元）	占比（%）
2013	93913.02	1221.01	1.30
2014	104699.96	3120.30	2.98
2015	135301.99	1067.63	0.79
2016	120443.04	423.13	0.35
2017	144264.95	1515.01	1.05
2018	164815.75	20602.05	12.50
2019	155477.04	4306.45	2.77
2020	152089.07	10398.76	6.84
2021	144631.79	3851.81	2.66

数据来源：根据审计署公布的2013—2021年度部门决算报告的内容整理。

（二）我国财政审计实践现状

根据近年来审计署审计公告报告，分析我国财政审计实践现状。我国财政审计的主要业务可以分为财政部门具体组织预算执行和决算草案审计、部门预算执行和决算草案审计、转移支付审计、重点专项资金审计、对下级政府财政收支审计、财政收入审计、重大政策措施落实情况跟踪审计七个大类，涵盖了我国财政运行体系的各个方面。

预算执行审计是财政审计中较为重要的部分。通过对审计署近年来中央预算执行和其他财政收支审计查出问题整改情况报告内容的整理，提炼出表5-2中列示的具体问题整改情况。整改问题的金额大体来看呈现出下降的态势，追责问责处理相关人员的数量近几年来急剧减少，体现出财政审计中中央预算执行和其他财政收支审计效益良好，问题发生率逐年降低。而制定完善相关规章制度数量起伏较大，这体现了规章制度的制定不仅可以对发现的问题进行弥补，也可以在问题发生之前举一反三、防患于未然。

表5-2 中央预算执行和其他财政收支审计查出问题整改情况

年份	整改问题金额（亿元）	制定完善相关规章制度数量（项）	追责问责处理相关人员数量（人）
2014	5794.94	5935	5598
2015	2581	2116	3229
2016	4872.5	2476	8123
2017	2955.58	2944	3299
2018	3099.81	1538	—（未单独列报）
2019	2118.08	2350	705

数据来源：根据2014—2019年审计署中央预算执行和其他财政收支审计查出问题整改情况报告的内容整理。

此外，审计署的审计公告高频出现国家重大政策措施落实情况跟踪审计，聚焦做好"六稳"工作、落实"六保"任务，重点审计减税降费、清理拖欠民营企业中小企业账款、深化"放管服"改革、乡村振兴、财政资金提质增效等方面政策措施的落实情况。由此可见，我国的财政审计在审计内容上更加注重突出重点强化服务，整改管理上更加注重实时分析和持续跟踪，围绕"全口径预算""全覆盖审计"等重点关键词，努力提升财政审计服务国家治理的水平。

三、国内外财政审计的对比

因为世界各国的历史发展、现行制度、文化特点各有不同,所以各国的财务审计都有自己的特色。本书以美国、法国和韩国为例,与我国财政审计进行对比(见表5-3、表5-4、表5-5、表5-6)。

(一)审计模式

表5-3 中、美、法、韩四国审计模式对比

	中国	美国	法国	韩国
审计模式	行政型	立法型	司法型	独立型

数据来源:魏明,邱钰茹.国家审计模式国际比较:基于国家治理视角[J].财会通讯,2014(13):121-122.

(二)成立与发展

表5-4 中、美、法、韩四国审计发展历程对比

中国	现代财政审计制度建立于1983年,在经历初始阶段、全面推进阶段后进入预算执行审计阶段。近年来,审计人员以全面贯彻执行审计法为目标,以提高审计质量水平为方向执行审计工作
美国	在美国联邦政府成立初期(1789年),根据本国宪法的相关规定,在财政部设立了六名审计员,负责财政部、海军部、陆军部、邮政部、内政部、国务部及其他部委的审计工作。但因为缺乏独立性,这种工作模式没能发挥应有的作用。1921年,美国国会根据《预算与会计法案》在国会设立了美国审计总署(GAO)。1974年,又设立一个专门机构,负责审计联邦政府各部门的预算执行情况和资金使用的有效性。2004年,美国审计总署更名为美国政府责任署,强调政府的责任审计
法国	法国审计法院在1789年资产阶级革命中被废除。直到1807年,拿破仑颁布新法令,重建国家审计法院。1814年,在法国议会成立后,审计法院与议会之间的关系逐渐密切。1822年,议会委托审计法院审计国家预算的执行情况。1869年,审计法院脱离皇帝控制,成为立法和行政部门之间的独立的最高审计司法机构。1958年,根据法国新宪法规定,审计法院的职责是协助议会审查国家财政法令的颁布执行情况

续表

韩国	自韩国政府成立后（1948年），设立审计院与监察委员会，分别负责审计和监察业务。但在实际执行中，二者的业务由于存在诸多雷同、交叉，工作开展并不容易。于是在1963年，韩国政府修改该法律，将审计院与监察委员会结合在一起，设立履行国家审计、监察职责的监察院，主要履行对国家财政财务收支决算、法律规定特定企业的账目检查、对行政执法机关及内部工作人员的职务监察。该审计体制一直执行至今

数据来源：根据文硕的《世界审计史》内容整理。

（三）审计机构和人员

表5-5 中、美、法、韩四国审计机构人员构成对比

中国	我国的审计机关是按照宪法的有关规定，由审计署与地方审计机关构成。其中审计署是我国最高审计机关，由国务院总理领导，负责全国的审计工作。另外，在县级以上地方各级人民政府设立审计机关负责当地审计工作
美国	按照美国《预算和会计法》规定，设立审计总署。审计总署独立于行政部门以外，隶属于立法部门，依据法律规定对总统及下属行政部门行使审计监督权，对美国国会负责并汇报审计成果。审计总署设立正副审计长各一名，任期均为15年
法国	法国审计法院由法院院长，审计庭长，一、二级审计官和一、二级助理审计组成。设置九个法庭，分工负责各自领域的审计事务。另设总检察长执行检察权，并由一名首席代理检察长与若干名代理检察长一同协助总检察长的工作
韩国	根据韩国宪法的有关规定，监察院虽然名义上是直属于总统的单位，但实际具有相对独立性，不受韩国政府领导。监察院院长任命由总统提名，然后经韩国国会批准才能生效。监察院审计监察的重大案件向总统报告，审计监察结果对国会负责，受国会监督。监察院下面还设有若干主管分局，主管财政金融、社会福利、产业环保、物流建设、行政安全。另外，韩国监察院还有专门负责国家重点项目审计的评价团、监督当地地方政府的自治行政局以及对特殊问题开展调查监督的特别问题调查局

数据来源：根据文硕的《世界审计史》内容整理。

（四）工作职责

表 5-6　中、美、法、韩四国审计机关工作职责对比

中国	审计署财政审计司的主要职责是：组织审计国家发展改革委分配中央财政投资、财政部安排中央预算执行情况，组织审计省级政府预算执行情况、决算草案和其他财政收支，中央财政转移支付资金
美国	审计机关的主要工作职责包括：（1）审查联邦政府财政决算收支的执行情况，将意见报告国会。（2）审查联邦政府各部门和公共机构的各项收入、支出及其经济效果，包括审计其采购和承包工程合同。（3）调查所有与公共资金的收入、支出和运用有关的事务，向国会和总统递交审计报告。（4）审查联邦公营企业的财务收支。（5）起草会计法和审计法律草案。（6）制定审计工作条例。（7）审查批准联邦各部门的会计工作条例。（8）向国会提出经济有效地使用公共资金的立法建议。（9）指导联邦各部门的内部审计工作。（10）审核总统授权国会拨款咨文副本，向国会提出报告。（11）国会交办的其他事项
法国	审计法院院长的工作职责有：（1）全面负责审计法院各项工作，首席院长在征得总检察长同意后，决定审计法院的工作组织方式、各庭分工，并根据法庭庭长的建议，制订审计法院年度工作计划。（2）主持案件的审理、顾问室、法庭联合会议、主持报告委员会和日程委员会的工作。（3）任命审计法院官员。（4）负责签署审计法院的决定和命令。（5）向有关部门通报审计法院的意见
韩国	根据韩国宪法规定，监察院的主要任务是审计国家决算的收支以及受国家与法律约束的团体的财务，监察国家行政机关及公务员履行职务的情况。韩国监察院两大任务之一的财会监督由第一局承担。另一核心局即第五局专门监督政府部门、政府投资机关和地方政府有效执行预算，对公职人员在投资、预算和财会收支等方面的审计，采取单位自查和该局直接审计的办法

数据来源：根据文硕的《世界审计史》内容整理。

第二节　我国财政审计的主要内容及特点

一、财政审计的主要内容

财政审计的对象主要是参与国家财政收支管理及有关经济活动的各级政府

和相关部门、各级财政的预算单位和其他管理分配使用财政资金的单位，主要包括：管理分配使用财政资金的本级政府及其组成部门、直属机构，下级政府和其他有关部门、单位；负责征收财政收入的税务、海关和其他有关部门、单位；其他取得财政资金的单位和项目等。这些内容都属于审计机关对财政收支进行审计监督的职责范围，体现了国家审计领域的广泛性和财政审计大格局的广泛性。

审计机关依法对政府的全部收入和支出、政府部门管理或其他单位受政府委托管理的资金，以及相关经济活动进行全面审计，主要内容包括财政预算执行及决算草案审计、部门预算执行及决算草案审计、税收审计以及政府投资审计。

二、财政审计的特点

（一）审计内容的综合性

财政审计不但要对各级财政的预决算执行情况、税收状况、其他财政收支行为、财政决策以及内控系统的真实性进行审计，还需要对其效益性、合法性进行评价、鉴定。全面把控财政经济行为，形成一个完整的体系，全面评估财政管理的总体情况。

（二）审计对象的宏观性

审计内容主要涉及财政政策、体制、制度等和国家宏观调控方面有关的事宜，关注各地政府间财政关系，还有财政政策与产业政策、货币政策等方面的搭配情况，并对涉及的宏观政策方面的问题进行审计评价。

（三）审计分析的多样性

在大数据时代，数据分析成为财政审计的主要手段。利用数据对比替换传统抽样审计，频繁应用对比、趋势、比率、因素分析等分析方式。此外，随着区块链技术和图文技术的日益成熟，现如今的数据审计已不仅仅局限在数字上。通过运用上述分析方式可以挖掘出各种审计事项间的非线性联系，从而提高审计质量。

三、财政审计的目标

财政审计开展之初，基本上是围绕国家经济工作重点和财政改革的进程而展开的,事后监督和为财政改革保驾护航是其主要特点。随着审计事业的发展和深化,财政审计的作用已不仅局限于整肃经济秩序、严格财经纪律等方面,党和政府对国家发展做出的重大战略部署使财政审计面临新的任务与挑战。

(一)总体目标

财政审计通过对国家财政收支及相关经济活动的真实、合法和效益情况开展全方位、多层次监督检查,密切关注各部门、系统财政资金的使用,加强防范财政风险的能力,促进经济健康发展,从而实现维护国家财政安全、促进深化财政体制改革、推动完善公共财政和政府预算体系、增强财政政策有效性、促进依法民主科学理财和提高预算执行效果的目标。

(二)具体目标

1. 以促进经济健康发展,维护财政安全为目标

通过调查了解中央制定的一系列保持经济平稳较快发展措施的贯彻落实情况以及实施中存在的问题,对深层次的体制、机制进行评价和分析,并相应地提出改进和完善各项措施的意见和建议,确保国家积极财政政策等各项措施执行到位,促进社会经济健康发展。与此同时,要最大化发挥审计作用,特别关注财政方面相关的风险,切实维护财政安全。

2. 以促进建立统一、完整的政府财政预决算管理制度为目标

通过对预算编报、预算执行、国有资本经营预算执行等情况的审计调查,重点反映预算不完整、项目不细化、执行不严格,向人民代表大会报告预算执行情况不全面等影响公共财政体系建设的体制性、机制性问题,揭示预算执行结果与人民代表大会批准的预算在规模及结构上存在的偏差,推动政府预算的公开透明,进一步提高预决算管理的规范性和完整性,促进规范政府预算会计制度和向人民代表大会报告制度,提高公共财政管理水平。

3. 以促进地方加强债务管理,防范财政风险为目标

审计通过揭示地方政府性债务监督管理制度不健全或贯彻落实不到位,缺乏债务风险的监控和防范机制,政府投融资机构多而乱,部门或单位自行举债,缺乏统一的债务规划和预算,更缺乏人大监督,部分债务资金违规使用、效益不高等问题,促进地方政府关注债务风险,规范债务管理,建立政府债务预算、风险预警机制和债务风险责任制度,合理确定举债规模,减少地方财政风险。

4. 以促进部门预算制度的有效运行为目标

通过对部门预算执行情况的审计，揭示行政事业单位在部门预算执行中存在的问题，遏制公务支出中的公款消费和浪费现象，规范财政财务管理，从制度层面研究并提出根本性和长远性的解决办法，规范支出行为，降低行政成本，提高行政效能，促进部门预算制度的健康有效运行。

5. 以促进落实惠民政策的长效机制为目标

通过对社保资金、公积金、廉租住房建设等民生资金和民生工程的审计，反映社会关注的民生问题的资金使用管理情况，揭露国家有关政策落实不到位，以及严重影响和损害群众利益等突出问题，提出完善政策、健全制度的建议，促进政策的落实，促进贯彻落实节约资源和环境保护的基本国策，促进提高基层公共服务能力。

第三节 我国财政审计的国家治理职能及成效

一、我国财政审计的国家治理职能

（一）掌握政府真实财务状况

在对政府部门进行预决算审计的过程中，审计机关可以掌握该单位财政资金的总体情况。通过审核财政的收入支出结构，可以掌握其年度财政预算收支的平衡情况；通过审计财政上实际可用资金和债务情况，可以掌握其财政资金的风险情况；通过分析该单位财政收入的具体去向，可以掌握其年底挂账金额的真实性。在对审计单位的各项财政资金进行审查分析后，可以帮助审计机关清楚了解各单位的真实财务状况，确保政府拨付资金的真实性。

（二）改善政府的资金使用效率

任何一个国家和政府的运作都与财政资金密切相关，国家和政府的运作其实是一个资金分配过程，从这个意义上讲，预算执行及决算草案审计不仅是国家审计的核心内容，还是国家公共资源得以有效使用的关键。对预决算展开审计可以追溯到财政资金的源头及流向，落实预算单位的经济责任，及时避免部分政府部门为获得所谓的政绩去损害地方经济可持续发展的长久利益，损伤地方经济发展的内在动力该类行为的发生，从而提高政府资金的使用效率，为服务国家治理现代化提供了经济保障和制度支持。

（三）保障国家收入有效运行

如果没有一个完整的税收制度，那么国家治理就难以实现；如果没有稳定的税收收入，那么国家运行机制就难以正常运作。税收为促进我国现代化强国建设，推动国家治理现代化提供了财政支撑。2019年我国的税收收入占预算总收入的比重达83%[①]。因此，加强税收审计对规范企业纳税行为、保护国家税收权益、提升工作人员税收服务水平都有着重要意义。

（四）推动财税改革

审计署通过开展"开发区财税优惠政策""科技创新税收优惠""所得税核定征收办法"等内容的税收审计，有力推动了土地转让政策的调整、促进了内外资企业在所得税上的合并等，有效发挥了审计部门为政府宏观决策提供服务的价值。另外，税收审计通过检查纳税义务人的税款缴纳情况、检查税务部门征税过程中的公正性、检查税收管理系统内控制度的全面性等情况，可以为当地经济发展保驾护航。

（五）推动建立廉洁政府

国家治理视角下公共财政的本质是建立阳光财政和法治财政。财政审计在保护国有资产和社会公共资源、维护现代社会公平正义、建立社会主义法治国家、深化反腐败工作、促进国家治理公开透明等方面发挥着重要作用。通过加强预算执行及决算草案审计，可以揭示相关单位不依法依规行政办事的违法乱纪行为，将三公经费、差旅费等行政成本费用都"曝光"出来，不仅有助于改善干部工作作风，提高政府的公信力，让行政执法权力在法治阳光下运行，而且有助于督促各级政府部门严格落实中央八项规定，做好勤俭节约，严禁铺张浪费，形成良好的行政作风，努力建设高效益、低成本的阳光政府、廉洁政府。

二、我国财政审计实施的成效

党的十八大以后，我国审计机关加大了对专项资金、政府债务、支付转移、"三公"经费、中央八项规定精神和国务院"约法三章"贯彻情况的审查力度，

---

① 国家统计局. 中国统计年鉴2020 [M]. 北京：中国统计出版社，2020.

持续加大对经济活动中出现的苗头性、倾向性问题和风险隐患的披露，加强对专项资金的统筹协调，提升财政资金的运用效能；规范财政管理，促进建立权责分明、财力协调、区域均衡的财政关系，促进建立全面、规范、透明、科学、约束有力的预算体系，保证政府资金的安全、有效使用。《国务院关于2022年度中央预算执行和其他财政收支的审计工作报告》指出，当前财政审计工作已较完整、准确、全面把握了扎实推进中国式现代化对审计工作提出的新要求新任务，并立足经济监督定位，聚焦财政财务收支真实合法效益审计主责主业，深入开展了研究型审计，更好地发挥了审计在推进党的自我革命中的独特作用，以有力有效的审计监督服务保障了党和国家工作大局。

（一）反腐工作达到历史新阶段

财政审计在反腐倡廉工作中发挥了积极且重要的作用。习近平总书记强调，要高度重视、充分发挥审计在反腐治乱方面的重要作用，更好发挥审计在推进党的自我革命中的独特作用。近年来，按照党中央关于深化标本兼治、一体推进不敢腐、不能腐、不想腐的部署要求，审计坚决查处政治问题和经济问题交织的腐败，坚决查处权力集中、资金密集、资源富集领域的腐败，坚决查处群众身边的"蝇贪蚁腐"。2022年度审计工作报告显示，仅从2022年年初至2023年4月，就已整改问题金额8501.11亿元，完善制度2900多项，追责问责1.4万多人。[①]

（二）强化财政专项资金管理

通过监督中央财政专项资金，提出审计建议，可以督促有关部门制定健全专项资金管理政策，保证专项资金使用效益。2021年，广西壮族自治区桂林市对2020年的23个重点项目从资金拨付到资金运用实施全程跟踪监督，旨在揭露损失浪费、效率低下、闲置沉淀等问题，促进各项财政资金使用实现相应的经济效益与社会效果。为强化财政资源统筹，促进存量和闲置资产的利用，审计局对全市395个预算单位的存量资金进行全覆盖专项审计调查，成功清理沉淀在各个单位的存量和应缴未缴资金1.26亿元；通过对35个行业和209个直属单位的国有房产资产进行清查，揭示了国有资产闲置、租金管理不良等问题，

---

① 坚持党中央集中统一领导更好发挥审计在推进党的自我革命中的独特作用：2022年度审计工作报告解读［EB/OL］.中国政府网，2023-06-28.

为国有闲置资产振兴、缓解减税降费奠定"筑基石"。①

(三) 推动财税工作取得重大进展

近年来，我国财政保障国家建设更加精准有效，与此同时，审计机关始终把财政审计作为重中之重，持续加大对财政政策的贯彻落实，财政资金管理使用的审计力度，增强国家重大战略任务的财力保障。围绕党和国家中心工作，强化审计监督，不断取得新成效。自党的十八大以来，截至2022年5月，全国审计机关共审计109万个单位，促进增收节支和挽回损失4.3万亿元。② 审计机关全面贯彻落实中共中央、国务院关于审计工作的重大决策部署，较好发挥了审计在党和国家监督体系中的重要作用。根据最新的审计报告，仅在2022年1月至11月这一时间段内，全国就已对5.3万多个单位开展了审计工作，并促进增收节支和挽回损失4010多亿元。③

(四) 推动预算公开透明

审计署公告部门在公开预算执行审计结果时，不仅仅限于揭示审计发现，更将目光投向了预算支出职能科目的具体填制和执行情况，这一举措为预算透明化的深入推进提供了有力支持。通过公开部门预算和执行情况表，审计署不仅将审计结果呈现于表面，更对各个科目之间的差异和成因进行了详尽的剖析和解释。这种精细化的呈现方式有助于政府部门更好地了解和把握预算执行的实际情况，同时审计署将审计的焦点逐步拓展，不仅仅局限于财务核对，更注重政策目标的达成情况、资源的利用效率等方面。

(五) 强化审计监督效果

财政审计立足经济监督定位，在推进审计全覆盖这一主要目标任务下，尤其对重点区域、重点领域、重点单位、重点人员开展了深度监督。这一成效在2022年的审计工作报告中已明显体现，在报告中所反映的审计项目均有一定比例的资金抽查量，反映的所有问题都有对应的财政财务数据支撑，始终做到论

---

① 桂林市人民政府办公室关于印发桂林市2021年重大项目建设实施方案的通知 [EB/OL]. 桂林市人民政府，2021-03-25.

② 新华社. 中国这十年·系列主题新闻发布丨王陆进：十年来全国审计机关促进增收节支和挽回损失4.3万多亿元 [EB/OL]. 百家号，202-05-17.

③ 李华林. 2022年已促进增收节支和挽回损失4010多亿元 审计彰显独特监督作用 [EB/OL]. 中国政府网，2023-01-16.

从事出、以事立论。例如,"中央财政管理审计"着重关注了组织财政收入、中央预算分配和投资计划管理、中央决算草案编制、对地方财政监管4个关键环节;"中央部门预算执行审计"明确了部门本级预算执行总体相对规范,并着重揭示了部门所属单位利用部门职权或行业资源违规牟利、收费或转嫁摊派的问题。通过这些举措,审计监督效果得到进一步强化。

第四节 新时代背景下我国财政审计存在的不足及原因分析

一、新时代背景下对我国财政审计的要求

在当前新时代背景下,要持续深化财政资金审计,使政府对公共财政资源使用和管理更加透明,切实保障财政安全,维护社会公众民生福祉,监察公权力运行情况,可以预防和惩治腐败,促进政府履行公共责任,确保财政支出具有可持续性。

(一)落实好相关财政政策

深化财政资金审计是落实财政政策的有力保障,加强预算管理,使财政支出计划准确可靠,帮助政府科学决策和管理,提高政府公信力。审计部门加强对预算管理的监督和财政资金审计也是适应新时代发展需要,有助于有关政策的落实,完善预算绩效管理和监督体系。

(二)提高国家治理能力

财政预算能力是国家治理能力的重要表现,即政府筹集和使用财政资金的能力。深化财政资金审计,是制约和监督国家权力高效运行的顶层设计。财政资金审计的独立性代表了社会公众对国家治理活动的监督,财政资金审计要监督财政资金的使用绩效,谨防因信息不对称引起逆向选择和道德风险问题,保障经济安全运行,促进国家治理能力不断提高。

(三)过"紧日子"的现实需求

习近平总书记多次强调要坚持勤俭节约、艰苦奋斗,对政府过"紧日子"

提出了明确要求。无论是国家还是地方都要树立过"紧日子"思想，要将节约的财政资金运用到重点领域和薄弱环节。财政资金取之于民、用之于民，每一分钱都要精打细算。当前，我国财政收支形势严峻，叠加疫情冲击后的经济现况和大规模的减税降费政策实施，压减财政支出，集中财力才能让人民群众过好日子，过"紧日子"具有现实意义。

（四）强化政府问责机制

随着我国公共财政支出走向透明，既要重视预算支出的合法合规性，还要重视预算资金使用的有效性，要建立完善的政府问责机制。在财政资金绩效审计过程中发现的问题要落实整改，责任要落实到人，对造成财政资金浪费、贪污受贿等违反财经法纪的行为进行追责，提升监督公共权力运行的实施效果。

（五）防范化解重大风险

深化财政资金审计工作，要在重大风险发生前发现苗头，精准到位，防微杜渐，保持社会经济发展的良好态势。为适应新形势、新要求，全面落实财政资金审计工作，统筹预算单位的责、权、利关系，防范化解重大风险，促进我国社会和经济发展的长治久安。

二、新时代背景下我国财政审计仍旧存在的不足

（一）审计广度和深度不足

我国财政审计的覆盖面不够宽泛，使得一些财政资金沦为审计的"盲区"。当前的财政审计工作主要集中在预算执行审计方面，主要包括了一般预算和部分国家基金预算等内容，但其在中央转移支付资金和地方财政收支方面的覆盖面严重不足。另外，审计机关在对非税收收入、社会保障预算、国家资产经营预算等财政支出的监管还不够重视，致使许多与国民生活息息相关的财政资金未能被审计监督约束。

我国财政审计的垂直链条不够长，使得审计机关无法掌握与资金运行相关的每个环节。例如，受到行政制度和审计时限等因素的制约，特派办财政审计常常会把重点放在资金的划拨、管理、运用环节中，而对资金的筹集情况和分配情况知之甚少，对绩效考核工作的评价也不到位。

（二）制度薄弱，审计评价体系不健全

审计技术方法从之前的资料查阅法、数据核对法到大数据审计法，大数据

辅助审计的使用给审计工作带来了很多便利。计算机相比人工核查的准确度和效率更高，可以一定程度上避免人工失误造成的遗漏。信息化审计在当前审计工作中已普遍应用，但相关的制度和评价体系并未跟上审计信息化的脚步。法律法规的不完备性和监管缺位使得审计工作难以充分发挥作用，导致财政资源滥用和腐败问题难以有效应对。而审计评价体系不健全，缺乏全面、客观、科学的评估标准，影响了审计工作的质量和可信度。

（三）审计结果运用渠道不畅

随着我国公共财政制度建设步伐的加快，财政预决算审计的目标也发生了改变。当前财政决算审计的目标除了对账目查错纠弊，还重点关注收支的效益性，以此确保财政拨付资金经济效益和社会效益最大化。但在实际执行审计时，审计查出的问题主要还是资金的闲置、侵占、挪用等，在发现和查处决策失误、资产浪费损失等问题上的力度不足，进而导致在综合评估财政经费的使用效果时，难以充分发挥作用，对我国财政资金的使用效益提出切实建议。

（四）审计整合能力较弱

财政审计的各个项目计划、工作方案都是各专业部门独立完成后再汇总整合，因而导致其主要目标、内容以及审计重点并不是一个完整的整体。而且由于时间不统一，各专业部门在进行财务审计时，仍是各自为政。此外，"各管一处"的部门分工制度，使得在具体执行中各专业部门的人员配置仍然"各自为阵"，无法真正实现"打破界限，协调合作"。与此同时，与各特派办的联合审计工作也没有完全展开，"上下审查""同级审查"与"交叉审查"没有进行有效的整合。

（五）审计技术创新面临瓶颈

当前我国审计部门还没有制定具体的财政审计业务指导方针，还没有建立起绩效评估体系。"审什么，如何审"尚没有一套科学的指导方法和评估制度，全靠审计人员自身去琢磨摸索。在审计方法、手段等方面出现了一些"吃老本"现象，即大多数的审计人员仍然习惯于采用传统的技术手段来执行审计。财政审计各专业部门也缺少对审计经验、审计手段和典型案例分析的培训、交流。

三、新时代背景下我国财政审计存在不足的原因分析

（一）财政改革给财政审计带来新挑战

一是因为财政改革的主要目标是建立现代财税体制。在收入方面，有效发挥收入政策作用，进一步完善现代税收制度；在支出方面，在保持合理支出强度的同时，做到有保有压、突出重点；在管理方面，持续深化预算管理制度改革，提升财政资源配置效率和资金使用效益；在调节方面，充分发挥财政调控和收入分配职能，推进经济社会健康发展；在防风险方面，统筹发展和安全，增强财政可持续性。财政改革的重点，就是审计的重点，这些方面的进一步深化使得审计范围和审计内容应产生新的重点与方向。

二是因为未充分制订财务审计的项目规划和方案。一些项目是对各个行业的年度计划和工作进行简单总结，缺乏足够的需求调研和可行性分析，计划总结看起来很随意。与此同时，上级单位制订的统一规划多，而地方自主项目较少，这就造成了缺少体现地方政府财务管理能力的系统性、针对性的审计结果，从而在某种意义上制约了财政审计的发挥。

（二）信息化手段应用不足

一是因为我国财政审计目标的信息化程度不同，当前财政审计软件系统中除了海关有审计的软件外，在其他财政审查方面，如税务、社保、农业等，尚未研制出统一的审查软件，且没有一个能够与之相适应的标准接口界面与税收征管信息、国库退库等信息进行高效交流与分享，使得财政联网审计、审计数据系统的建设还没有什么实质性的进步。

二是因为系统管理权限问题。有些数据的管理权限在被审计单位的上级单位、下级单位，审计组并没有操作权限导出所需的电子数据，故审计人员有时无法采集到所需的业务数据。另外，各单位使用的财务系统没有统一，有些财务系统和大数据平台不兼容，所以有些数据没有录进系统，从而造成系统数据缺乏不全。

三是因为审计信息还暂未实现有效整合。审计署与各地特派办，特派办与地方审计局之间在展开信息交流沟通方面还有些许落后，传递信息的载体单一，信息分享平台尚不健全，审计信息并未得到有效整合。

(三) 审计计划与实施存在差异

一是因为财政预决算审计项目的审计时间安排一般较短，开展效益性审计的专业要求又强，评价指标也不易确定，所以审计的关注点更多在会计凭证、财务报表上，根据审计结果披露财政收支过程中存在的合规性、合法性问题，而对于效益性问题披露较少。

二是因为当前财政资金的支出用途具有复杂性和多样性，以往的成本效益标准没办法适用于财政预决算审计领域，各个审计部门制定的评价标准又存在特殊性和局限性，审计人员缺乏评价标准，这些都限制了财政预决算效益性审计的作用发挥。

(四) 现行体制给财政审计带来的困扰

一是因为现行体制的约束。我国现行的双重领导审计模式，使其在整合全国范围内的审计工作资源中存在着一些问题，不利于项目的统一安排。在某种意义上，会对我国的财政审计产生一定的影响。

二是因为审计工作的独立性缺乏保障。审计机关每年都需要和同级人大常委会汇报上年财政审计的工作开展情况。而报告中揭露的大都是本级政府的问题。

(五) 审计队伍建设相对滞后

一是因为财政审计人员需要对宏观分析能力有一定掌握，需要在财政、金融、投资等方面有较好的理论知识，能够从体制层面、管理层面来分析问题、提出建议。但我国现行财政审计人员工作仍旧在传统的财务财政收支审计方面，知识架构、政策敏感性等的培养存在一定的欠缺，很难适应当前财政审计工作的要求。

二是因为在我国对财务审计工作方式进行深入探讨的同时，也出现了一些新的问题，这就要求财政审计的理论研究结果对其进行引导。但是，当前我国的财政审计理论主要是对现行法律、法规的解读，对新审计手段的探索、归纳，对当前财务会计相关的理论在审计中的应用缺乏足够的重视，从而使其"免疫系统"的作用发挥受到了较大的阻碍。

第五节 新时代背景下完善财政审计的对策建议

对财政审计相关工作的研究是一个长期的课题。深入开展财政审查是今后审计机关发展的一个重大任务。针对前文梳理出的问题，提出具体的对策措施有以下五方面。

一、以监督财政为主线，实现审计监督全覆盖

（一）把握财政改革大方向

今后财政审计工作的重点应集中在以下五方面：一是重视健全完善财税制度，强化和改进宏观调控，推动经济发展与转型；二是聚焦于深化财政体制的改革，完善我国的转移支付体系，建立起与中央、地方政府间资源配置、权力配置关系协调机制；三是注重财政支出的优化，构建稳定和提高人民生活水平的长期机制，健全反映发展需求的公共财政制度；四是注重逐步深化税收体制的建设，加强对资源的利用、生态环境的保障，着力建设促进经济社会发展的税收体制；五是注重依法行政，加强财务管理的科学化和精细化，不断提升财政管理效益。

（二）留意财政改革中的热点、难点问题

一是围绕构建一个完整的预算体系，主要围绕一般预算、国有资产经营预算、基金预算三方面。拓宽审计范围，留意政府预决算之间的差距，突出政府国债的规模和结构，摸清政府融资平台的真实状况、与财政有关的行政费用，以及财政性资金投资项目的相关情况。二是聚焦政府转移支付的效率，注重财政体系的运作，着重解决政府事权划分不清晰、不相配、一般转移支付总量和比重偏高而专项转移投资偏少等问题。三是关注民生问题，关注社会保障、救灾、住房等资金筹集、分配和使用，加大对体制机制和重大监管缺陷的曝光和打击力度。

二、促进建立健全大数据审计模式,提高审计效率

(一) 加强计算机审计人才培养

结合政府实际工作和人员现状,根据其能力进行分类,因材施教,寻求多样化培养。一方面,可以将计算机审计实践相关内容添加到日常审计业务培训中,加强审计人员对计算机审计意识和能力的培养,从而提高审计人员的计算机运用水平。另一方面,要注重经验共享,提高计算机审计工作的整体水平;还可以为具备较优学习能力的审计人员和良好计算机应用基础的审计骨干提供重点培训,通过组织他们参加高级次计算机审计培训等方法,培养出一批优秀的计算机审计能力综合人才。除了培养内部人员以外,还可以外部引入计算机人才,比如,适当增加计算机专业人才的编制,通过展开专业技能和综合能力测试相结合的办法,针对性地引进拥有高超计算机实操水平的技术人才,将其吸引入审计队伍,逐步建立计算机辅助审计工作模式,打造一支拥有过硬技术的计算机审计队伍。

(二) 加强审计数据信息化建设

首先,建立全覆盖的政府审计数据库。通过多层级的联动和部门协作,将涉及财务资金管理的所有单位统一打包入库,同时通过联网自动收集和更新数据库内单位所管理使用的资金和业务数据,实现大型数据库的动态管理和信息共享,以打破政府部门间信息不畅造成的工作障碍。经授权后,审计部门不仅可以通过数据库内的信息收集比较进行疑点审计,还可以有效降低审计部门的风险,减轻被审计单位人员的工作负担。

其次,搭建审计信息共享机制。财政审计不同项目之间,有很多信息是可以共享使用的,但由于这些信息在不同部门中,其他项目审计成员不能及时查阅,因而降低了审计组成员的工作效率,审计成本增加。因此,需要建立一个被审计单位资料数据库和审计项目的电子数据文件,以便于仅在基层审计机构授权后,便可以进入数据库内获取其所需税务、审计数据,实现大数据时代下审计数据的共享。同时,各个审计小组也可以把开展财政审计过程中遇到的困难、疑问以及好的方法等分享到平台上,与其他项目审计小组成员进行沟通,相互分享、相互提升,提高审计效率。

最后,完善信息化审计的制度体系。为了更好地开展审计工作,审计单位

应建立相配套的规章制度,明确信息化审计的操作过程。从数据的收集、存储到数据的分析、挖掘,再到审计的取证、定责,都需要切实可行的操作细则来规范信息化联网操作。

三、深度发展财政绩效审计体系,补齐审计短板

财政绩效审计对建立廉洁阳光型政府、促进国家经济发展健康运行具有重要意义,这也是公共财政制度对其的必要要求。财务绩效审计发展原则包括:(1)经济性,在确保审计效果的同时降低经费投入,节约成本;(2)效率性,让有限财政资源发挥最大社会效益,保证支出合理;(3)效果性,让资金用途获得预期的效果,使支出得当。财政绩效审计的发展应包括以下两方面。

一要建立完善的财务绩效审计评价体系。构建科学、客观、合理的评价体系是财务绩效审计进行有效审计的重要保障。财务绩效评价体系被用于评价被审计单位财务收支效益,因此,在制定评价体系时应采用定性分析和定量分析相结合的方法,在过程中体现社会性、经济性两方面的效益。对社会效益的评价采用定性分析的方式,对经济效益的评价采用定量分析的方式,使评价标准变成指导财政绩效审计工作的行动指南。

二是制定一套系统的财政绩效审计准则。制定财政绩效审计准则用于指导审计操作,是进行制度化建设的重要保障。发达国家一般都有较为系统的绩效审计准则。例如,加拿大就专门制定了《绩效审计工作指南》,主要对绩效审计的内涵、基本特征、工作规范和绩效审计的各项重要功能进行介绍分析。我国应借鉴发达国家的先进经验,起草制定财政绩效审计准则,使审计过程中的审计对象、方法、程序、目的都有明确、具体的规定,让财政绩效审计的工作有规可循。

四、深化大格局财政审计体制改革,打通审计下沉渠道

我国现行审计制度属于行政型审计制度。审计部门是政府的组成机构,听从本级政府的领导。并要求审计机关依法独立执行审计工作,这就导致了制度上的矛盾。一方面,审计机关须由同级政府领导,审计没有独立的人事权力和财政权力,哪些领导被任命、需要有多少资金是本级政府所决定的。另一方面,根据我国宪法和审计法的有关规定,审计机构应独立执行审计工作,还要定期

向本级人大常委会进行工作汇报，使得审计机关既要受行政机关的领导，还要为立法机关服务。这会让审计机关时常陷入两难的境地，从而影响审计的独立性和公正性，所以改革审计体制势在必行。

从国情出发，立法型审计模式是当前最理想的选择。一是因为立法型审计模式已经比较成熟。大多数发达国家使用的都是立法型审计模式，这有利于我国的审计制度和国际接轨。另外，立法型审计模式可以让审计机关的财政权和人事权都得到保障，帮助审计机关实现真正的独立，使审计机关可以依法独立开展财政审计工作。二是因为立法型审计模式可以适应当前市场经济体制的发展。在市场经济条件下，资源的调节和配置主要由市场主导，政府则提供公共产品和服务，将大量的财政支出用于公共领域。在立法机构的领导下，审计机关可以充分发挥监督职能，建立完善公共财政体系，从另一角度来看，这也是更进一步强化法律监管机制和手段的必要选择。改革的具体思路主要包括以下三方面。

（一）改革现行审计领导模式

可以参照国外立法型审计国家的模式，在中央层面上设立一级独立审计署，对全国人民代表大会及其常务委员会负责并汇报工作。地方各级审计机构应当参照中央政府的模式，设置独立的审计机构，同时接受上级审计机构的业务指导。审计长的聘任应由国家主席提名，然后全国人民代表大会确定。另外审计机构作为专业性很强的组织机构，可以适当增长其主要领导的任期，一般以五年为届期，可以允许连任。

（二）改革现行审计经费保障制度

审计机关作为政府组织的一员，不可避免会在经费保障上受到同级财政部门的制约，对审计工作的独立性造成影响。所以，为了给审计机关提高可以依法独立实施财政监督职能的环境，应从体制上直接理顺审计部门跟财政部门之间的关系，杜绝因经费问题而影响审计公正性、独立性问题的发生，从制度上予以解决，完善现有的审计资金预算编制制度。学习国际上通行的方法：先根据其职能、工作任务和计划，在保证审计工作可以充分进行的基础上编制预算草案；然后由财政部门单独列出，将资金预算草案报同级人民代表大会，经批准后执行。

(三) 改革现行审计监督的委托关系

在以往的审计模式中，把审计委托人与被审查人视为同一个角色，政府部门既是"运动员"又是"裁判"，导致审计机关很难发挥作用。相比之下，在立法审计模式中，国家审计机构和政府行政机构是完全剥离的关系，不存在隶属领导关系。审计机关作为独立的被委托者，接受各级人民代表大会及其常务委员会的委托并对其负责，应监督政府及其所管辖机构的经济活动。以改革的方式理顺独立经济监督机构、委托部门和公共资产管理责任部门之间的审计关系，才能真正体现国家审计"政府支出""人民监督"的本质，彰显"执行"与"监督"相分离的原则。

五、加强审计人才队伍培养，提升审计执行保障

人才队伍建设是发展财政审计的重要保证。标准的确定和人才的使用直接影响着财政审计工作作用发挥的程度。近年来，审计署发布了一系列相应的中长期发展规划和详细的人才建设条例，进行审计人才培养建设，以满足财政管理的需要。与传统审计相比，当前的财政审计工作对审计组成员提出了更高的要求，组内成员应由高水平、多专业的人才组成。所以，加强现有审计成员队伍建设，巩固确立大财政审计理念，通过多种渠道选拔各方面专业人才，努力提高财政审计队伍的审计质量建设，是促进我国财政审计可持续深入发展的重要保证。

(一) 强化"大财政审计"理念

对"大财政审计"理念进行强化，是发展财政审计的充分必要条件。关于"大财政审计"的概念主要有三方面含义：一是审计范围，即凡是以国家财政为主体的公共财政收支，涉及的领域都应在财政审计以内；二是审计形式，即强化财政审计和其他审计形式共同实施；三是审计过程，要突出开展事前、事中、事后审计的全过程。地方各级审计机关一方面可以通过各类审计方向的刊物、报纸和电视等多种媒介来宣传"大财政审计"理念，另一方面可以通过组织分析优秀案例、开展研讨会、学习班等方式总结审计中的先进经验做法，积极推动探索"大财政审计"的新路径。

(二) 多路径选拔优秀人才

伴随着经济环境的发展，财政审计对象的复杂性不断提升，审计的风险与

难度也日渐增强,急需一批综合能力强、专业技术棒的复合型人才,以解决现有财政审计组专业水平单一、财会知识有限的问题。通过多种引进渠道招揽优秀人才,积极引进数字金融、经济管理、大数据分析、法律等专业的人才加入审计队伍,对整体知识结构进行优化。同时,借助社会力量来协助工作,必要时邀请社会上所需领域的专家学者来帮助解决审计中无法完成的专业难题,填补审计队伍在部分专业知识和能力方面的缺陷。

（三）加强审计队伍自我素质建设

审计成员不仅需要精通业务知识,更需要具备良好的职业道德。有职业道德做基础,才能保证审计结果的质量,才能预防、降低审计风险,才能维护财政审计工作的公正性和权威性。因此,加强审计队伍自我素质建设变得尤为重要。建设职业准入制度,需要本着"宁遗毋滥"的原则,严格审核审计人员的进入,确保所有审计人员都能达到胜任工作所要求的职业道德和专业素质标准。加强对引进审计人员的进一步培训,定期进行审计理论培训,特别是数字金融、经济管理、大数据分析、法律等专业的新进人员,使其具备与财政审计相兼容的多学科知识结构。努力营造有助于审计团队成长的制度环境,建立、完善以绩效考核为导向的干部考核机制,探索、设计出一套科学的考评指标体系,提高评价的准确性、科学性和客观性,为审计人员未来的职业发展提供广阔的平台和良好的环境。

第六章

金融审计的国家治理效能分析

第一节 我国金融审计的发展历程及现状

一、我国金融审计的发展历程

金融审计是指审计机关依照法律、法规和政策规定,对中央银行和其他金融监管部门以及国家或国有资本控股或占主导地位的金融机构的财政收支和资产、负债、损益的合理性、合法性、效益性进行审查。金融审计是我国金融监管体系中的重要手段,其目标是维护我国金融安全,防范化解重大风险、促进金融服务实体经济,推动深化金融供给侧结构性改革、建立安全高效的现代金融体系。

近年来,随着我国改革开放进程的深入,金融体制改革不断深化,金融监管体系日趋完善,我国金融业日新月异。随着金融业的快速发展,我国的金融审计从审计范围到组织模式也在不断地创新和发展。金融审计的创新和发展,可以丰富金融审计的内容,健全金融审计体系,全方位防范金融风险。总的来说,中国金融审计的发展经历了以下四个阶段。

(一) 1983—1994 年:财务收支审计阶段

1983—1994 年,邓小平同志呼吁"要把银行办成真正的银行",在他的影响下,中国商业银行快速发展,中国的金融业进入了金融体制改革的新时期,从而打破了计划经济体制的传统模式。1983年,中华人民共和国审计署成立,并于次年发布了《关于金融保险机构审计监督工作的通知》,揭开了社会主义市场经济体制下金融审计的面纱。在这个阶段,金融审计的主要对象是国有专业银行,其主要目的是维护国家财政纪律、增加预算收入,而主要任务是发现和消除银行转移收入、违规列支费用、擅自使用贷款资金购买大型建筑和场所等违反财经法规的问题。在这个阶段,审计工作不涉及金融机构的资产和负债,也不涉及风险防范。

(二) 1995—2001年:资产负债损益审计阶段

1995—2001年,我国金融行业发展迟滞,尤其是1997年爆发的亚洲金融危机,使中国的金融业进入了一个最困难的时期,金融审计也面临着前所未有的困难。1995年,国家颁布实施了《中华人民共和国审计法》。该法是我国对审计工作的首次明文规定,作为审计工作的基本法,同时也规范了我国的金融审计。在这一阶段,金融审计按照"突出问题,力求发现重大案件线索"的要求进行,重点关注信贷资产质量、金融资产质量,以及业务往来是否合法合规、重大违法违规证据的披露,同时还需要关注金融机构内部控制制度建设情况、运行情况,强调了金融审计的重要性。金融审计在此阶段变得更全面和具体,以达到摸清金融行业家底、核实其盈亏、发现金融行业的问题,分析产生的原因,从而规范金融行业秩序,促进金融行业监管,防范金融行业风险的目标。在这一时期,金融审计重点发挥了其在规范金融市场秩序、维护金融行业发展、打击和防范行业内违法犯罪等方面的作用。

(三) 2002—2008年:风险审计阶段

2002—2008年,金融危机爆发前,随着金融体制改革的不断深入,金融审计进入风险审计阶段。在这一阶段,以防风险、提效益、促管理为主要目标,以内部控制为切入点,以调查和审计重大案件为推进力,运用审计手段,从制度和监管的角度找出原因。重点关注金融管理机构和金融机构的内部控制制度,以加强内部管理,完善制度建设,有助于预防金融风险。并且在这一阶段,金融审计的重点已转移到对金融服务的管控、对风险的规避等金融机构对内管理活动的绩效。

(四) 2008 年至今：安全审计阶段

2008年国际金融危机爆发后，全球经济动荡，我国金融行业也遭受巨大的影响，从此我国的金融审计转变为安全审计阶段。新时代对金融审计的要求重点是发挥审计的免疫系统功能，维护国家金融安全。审计署在2011年公布的《审计署"十二五"审计工作发展规划》，更是对新时代金融审计做出了详细的规划，明确了现代金融审计应当把维护国家金融安全作为根本目标，促进国家金融审计的不断优化，推动国家现代化金融监管体系的完善，增强金融行业监管，提高对金融行业系统性风险的防范。审计工作发展"十二五"规划，明确了金融审计的五项重点任务。一是加强对国有或者国有资本控股及占主导地位的金融机构的审计，关注金融创新、金融监管等发生的新情况新问题，以及关注资本市场、保险市场运行中存在的问题，识别风险，并从体制和机制的角度思考，找出发生问题的根本原因，提出相应的解决办法和改进建议，完善金融行业的机制，帮助金融行业持续健康发展。二是在对金融机构资产负债损益审计的基础上，深入研究金融机构的治理结构和内部控制制度的建立情况，有效挖掘其内部治理的信息，从而判断其内部控制制度建立是否合理、运行是否有效，以及其内部管理是否坚实。此举有利于金融机构加强管理、完善制度、依法经营，维护企业的可持续发展，提高企业的竞争力。三是对金融机构在政策落实方面加强审计，加强政策落实跟踪审计，调查金融机构政策落实情况，促进对国家宏观调控政策和其他相关政策的执行、落实，完善金融机构内部结构，建立健全内部管理，转变金融机构管理方式，提高金融机构对市场的服务水平。四是加强对金融控股机构的审计，多方位研究对金融跨行业、跨市场活动的审计方法，研究其中存在的系统性风险，推动建立健全全方位系统性风险的预警和消除体系，积极防控金融风险。五是建立综合数据分析平台，逐步完善金融审计信息系统，有效整合审计资源，完善金融审计的方法体系，改进以中央办公厅为主导的审计管理模式，实现"集中分析、分散核查、专题研究"。

纵观金融审计的发展，一方面，国家经济体制和宏观经济环境的变化为金融审计的发展创造了机遇；另一方面，金融审计的进步也为维护金融秩序和安全、促进中国经济的健康发展发挥了积极作用。

二、我国金融审计的现状

当前,我国金融审计处于风险导向审计的阶段,充分体现了免疫系统的功能,主要目的是保障国家金融安全,推动金融改革,促进金融发展。

从2003年首次实施审计结果公告制度到2021年年底,复核委员会共发布了371份审计结果公告,其中92份涉及金融领域,占比24.8%[①]。从发展趋势来看,每年的金融审计公告数量趋于增加,但总量有限,金融审计的范围也不尽如人意。从审计署发布的金融审计公告的内容来看,最初我国审计机关以国有商业银行的损益审计为主,随着金融业的不断发展,金融审计主要集中在三方面:金融机构资产负债损益审计、中央单位年度预算执行审计等情况,以及审计署移送违纪违法问题线索查处情况。其中,损益审计在数量上占优势,见表6-1。

表6-1 金融审计结果公告汇总表

审计结果公告主题		审计对象
金融机构资产负债损益审计	国有商业银行	中国银行、中国工商银行、中国农业银行、中国建设银行、中国交通银行
	其他商业银行	招商银行、光大银行、中信银行、华润银行、农村合作银行、农村商业银行、上海银行、中国邮政储蓄银行等
	政策性金融机构	国家开发银行、中国农业发展银行、中国进出口银行、中国出口信用保险公司
	保险等其他金融机构	中国太平洋保险集团、中国人寿保险公司、招商证券股份有限公司、中信和业投资有限公司、中国东方资产管理股份有限公司、华鑫国际信托有限公司、河南诚通投资担保有限公司等
中央单位年度预算执行审计等情况	金融监管机构	中国人民银行、中国保险监督管理委员、中国证券监督管理委员、中国银行业监督管理委员

---

① 参见中华人民共和国审计署网站。审计署2003—2021年审计公告。

续表

审计结果公告主题	审计对象	
审计署移送违纪违法问题线索查处情况	金融机构实体	中华联合财产保险公司、北京乐邦乐成创业投资管理有限公司、农业银行湛江分行等
	金融机构负责人	中国农业发展银行丹东市分行原行长、中国人民财产保险股份有限公司西安市高新区支公司原总经理等

数据来源：根据 2003—2021 年审计署发布的审计结果公告内容整理。

虽然金融机构的活动内容和业务范围在不断改革和创新，但对其审计的主要内容方面基本上还较为传统，使得我国的金融审计发展跟不上金融行业的需求，在很大程度上影响了对金融机构的监管。

第二节 我国金融审计的主要内容及特点

一、我国金融审计的主要内容

（一）金融审计的对象

金融审计的对象包括金融监管部门、国有及国有资本占控股地位或主导地位的各类金融机构及其领导人员、金融基础设施及相关的金融市场。2023 年 3 月，我国金融监管领域迎来重磅改革，包括组建中央金融委员会、中央金融工作委员会、国家金融监督管理总局，深化地方金融监管体制改革，中国证券监督管理委员会调整为国务院直属机构，统筹推进中国人民银行分支机构改革。随着金融监管机构改革不断推进，"一行一局一会"新格局正在加快形成，其中"一行一局一会"为中国人民银行、国家金融监督管理总局以及中国证券监督管理委员会。金融机构主要包括各类国有或国有资本占控股地位或主导地位的银行、保险公司、信托公司、证券公司、基金公司，以及其他持牌金融机构等（见图 6-1）。

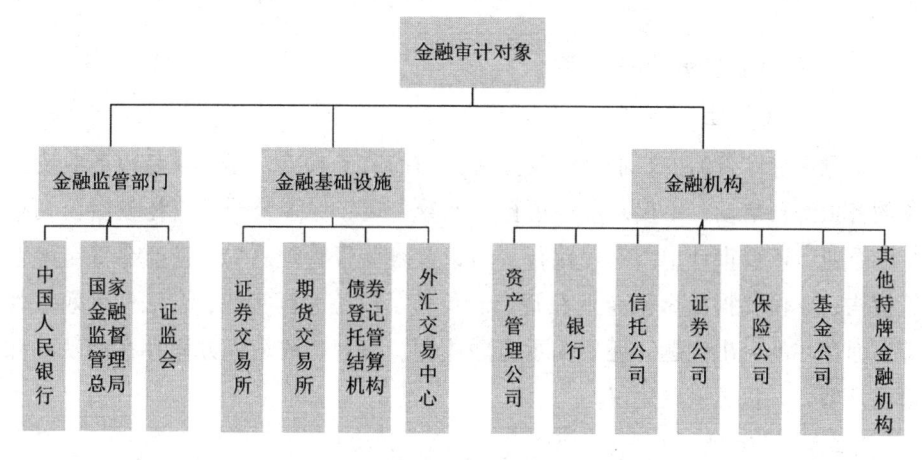

图 6-1 审计机关金融审计对象构成图

数据来源：金融审计的对象主要有哪些？[EB/OL]．中华人民共和国审计署，2014-09-22．

（二）金融审计的主要内容

一是防范风险方面，既要关注信用风险、流动性风险、操作风险、声誉风险等金融领域传统风险，更要关注影子银行风险、政府债务风险、国企债务风险、房地产泡沫风险、外部冲击风险、违法犯罪风险等近年来日益凸显的与传统金融密切相关的领域。

二是服务实体方面，既要关注对国家政策限制领域仍有大量资金投放的问题，如"两高一剩"行业、环保不达标项目、形成政府隐性债务的融资平台、高风险区域的房地产领域等，更要关注对国家政策鼓励、支持领域的资金投放不足的问题，如确有资金需求的小微、三农、民营、扶贫等方面。

三是金融改革方面，既要关注公司治理不完善、内部控制缺陷导致的单个金融机构公司管控、业务管理、财务控制等方面存在的突出问题，更要关注银行业、证券业、保险业，甚至跨行业的一些亟待改善的体制机制漏洞。

四是金融监管方面，既要关注金融监管部门的财务收支、预算绩效情况，更要关注金融监管部门间的监管协同，注重在监管盲区部分，充分发挥审计监督补位作用，清除监管死角。

五是反腐倡廉方面，既要关注金融高级领导干部的权力运行、履职尽责和廉洁从业，更要关注金融基层小官巨贪、行业潜规则和顽疾。

二、我国金融审计的特点

(一) 综合性

金融审计监督的内容不仅涉及金融机构的财务收支,还涉及与财务收支相关的各项经营活动;不仅要审计银行、证券公司、保险公司、信托投资公司等金融企业,还要审计中国人民银行、国家金融监督管理总局、证监会等金融监管机构;不仅要揭露金融企业在资产、负债、损益的真实性、合法性、效益性等方面存在的突出问题,还要揭示金融体制、法规、政策等方面存在的缺陷和薄弱环节,并提出宏观建议。

(二) 整体性

根据我国商业银行法,商业银行分支机构不具备法人资格,在总行授权范围内依法办理业务,其民事责任由总行承担。金融机构实行垂直领导和统一管理,近年来普遍实施了扁平化管理和电子信息的集中化、海量化、共享化管理。对金融企业要实施一体化审计,在做出审计结论、提出意见和建议时,应考虑整体的情况。

(三) 延伸性

金融部门业务具有广泛性,决定了金融审计具有较为突出的延伸性。对金融机构的财务收支真实、合规、效益的审计,除了需要审计金融机构本身的财务收支外,还需要延伸到与其相联系的金融业务和有关经济活动。

第三节 我国金融审计的国家治理职能及成效

一、我国金融审计的国家治理职能

金融业是现代市场经济的核心行业之一,随着经济的发展,金融业日益蓬勃、日趋复杂。为了有效地参与国家治理中去,金融审计必须在国家治理的框架下对自身进行准确定位,才能够充分发挥作用,保证金融安全,从而更好地服务国家治理。金融审计作为国家审计的重要组成部分,在金融领域充分发挥着服务国家治理的独特作用,具体包括维护金融安全、防范金融风险、强化金融管理等。

(一) 从金融审计内核出发服务国家治理

"免疫系统理论"认为国家审计具有免疫功能,预防、揭示和抵御都是免疫功能的表现形式,金融审计作为国家审计的子系统也同样具有免疫功能。我国金融审计以审计署《"十四五"国家审计工作发展规划》中提出的"防范化解重大风险、促进金融服务实体经济,推动深化金融供给侧结构性改革、建立安全高效的现代金融体系"为目标来开展工作,加强对金融监管部门、金融机构和金融市场运行的审计,揭示并解决了大大小小的问题,能够预判金融风险,并不断完善内部制度。所以,金融审计的内核就是通过预防、揭示和抵御金融风险来发挥免疫功能,从而不断完善金融监管,推动建立健全安全高效的现代金融体系。

金融审计作为政府与社会公众的沟通反馈平台,使公众能够及时了解政府金融管理机构的运行情况。审计将维护国家安全和人民群众利益作为最高目标,立足于金融监管的最高层次,从政府、市场和金融公司层面入手,严肃查处金融监管部门和其他金融机构的违规经营、涉嫌违法犯罪等问题,推动完善内部制度,有利于反腐倡廉建设,为实现国家的"善治"发挥了一定作用。

(二) 提升审计层次,从宏观上推动国家治理

金融业是现代经济的核心产业之一,在整个国民经济和市场经济运行中具有十分重要的作用,表现为金融在资源配置中发挥着调节作用,是调节宏观经济的重要杠杆,金融安全是国家经济安全的核心。为此,金融审计应从维护国家经济安全的高度确定审计目标,围绕国家经济工作的中心和金融业改革的热点开展工作。针对国家要解决的金融体系不健全、结构不合理、公司治理和经营机制不健全等问题进行审计,在不断强化监督力度中,把揭露问题、反映情况同促进金融业深化改革结合起来。注意发现和反映一些关系到全局性、倾向性、苗头性的问题,并从完善法规、规范金融秩序、强化金融监管、保障金融安全等角度揭示问题,从保障国民经济健康运行的角度提出审计建议,发挥金融审计的建设性作用,推动国家治理。

防范和化解金融风险,重点对存在风险的状况开展风险导向审计。一是增强对风险的识别功能。风险是在经营过程中发生重大问题或潜在问题的可能性,且风险始终伴随在经营发展的全过程。因此,防范风险是金融企业发展必须始

终关注的重要内容。通过运用相关审计方法和计算机技术，选准风险的存在方位，判断风险的存在概率，以增强对问题的分辨力、预测力，进而正确、及时、敏锐地识别风险，为化解风险提供导航性信息数据，增强对风险的超前应对能力。二是增强对风险的揭露功能。对于发现的风险要及时予以揭露。揭露资产不安全风险，切实指出金融资产流失给企业运行带来的危害；揭露财务管理风险，切实关注资金运行中的异常变化，跟踪延伸审计，做到纵向上查深查透，不留死角，横向上查细查实，不留空当；揭露管理程序方面的风险，指出因管理薄弱而制约企业健康运行的后果。三是增强对风险的排解功能。对发现的问题及时研究整改，提出纠正措施。同时敦促被审计单位建立复核复审制度，落实责任，严把放贷关口，从而进一步提高贷款投放的安全程度，有力地防范、化解金融风险。

（三）发挥金融审计特色，准确功能定位

一是国家金融审计是维护国家金融安全的一项重要制度安排。维护国家金融安全的制度安排很多，从金融机构内部治理体系到金融监管机构，但这些机构与体系的建立都不能替代国家金融审计作为维护国家金融安全的重要制度性安排，因为国家金融审计的独立性、综合性、穿透性等特征，决定国家金融审计对于发现重大金融风险、维护国家金融安全有着独特的优势，并发挥着重要的作用。

二是国家金融审计是完善国家金融治理的重要力量。国家金融审计利用其独立性强、接触领域广、掌握情况翔实等特点，第一，从金融宏观和金融全局的层面提出审计意见，提出完善金融体制、金融机制以及金融制度的审计建议，推动金融领域的持续改革，这既是法律赋予国家金融审计的责任，也是国家金融审计在国家金融治理中发挥作用的重要途径。第二，在推进金融治理体系完善过程中，注重揭示和反映政策、制度和管理中的问题与漏洞，揭示金融领域的重大风险，特别是随着近年来金融混业趋势加剧，交叉性金融业务越来越复杂，国家金融审计应利用其优势从功能性监管出发，揭示重大金融风险，提出防范化解重大金融风险的思路，以及解决现实金融问题的办法和措施，从而维护金融秩序以及保障各项金融改革的顺利进行，不断完善金融体系的金融治理能力。第三，国家金融审计通过对金融监管机关与部门的审计，也有利于提升国家金融监管机构的监管绩效。

三是国家金融审计是监督制约金融权力运行和反腐倡廉的重要手段。我国正处在转型时期，各领域包括金融领域都在发生着深刻的变革，这一变革与转型时期，各利益主体利用可能机会进行权力寻租现象突出。国家金融审计作为国家以宪法或者法律形式明确的权力制度安排，通过履行法定职责，促进规范金融权力的配置和运行。依照我国宪法、审计法和其他相关金融法律的规定，国家金融审计机关要对所有管理国有金融资产的机构与部门进行审计监督，国家金融审计要以责任履行和责任追究为重点，促进金融管理者依法行使权力，使权力与责任相匹配，有效发挥规范、制约和监督的作用。另外，金融腐败是对金融治理的最大威胁，我国金融审计机关在审计过程中高度关注重大金融违法违规问题，每年都查出线索并移送大量案件，成为反腐败的一支重要力量。未来，根据新时代中国特色社会主义建设要求，仍需要将国家金融审计作为监督金融权力运行以及反腐倡廉的重要手段加以坚持。

二、我国金融审计实施的成效

近年来，我国的金融审计工作不断深入推进并取得了一定的成效，不仅表现在政策落实和金融风险预警等方面，还表现在打击金融犯罪和促进监管制度的完善等方面，这些成效将有效推动金融体系的稳定发展。

（一）跟踪和落实重大政策措施

借助金融审计可以发现在重大政策措施推进过程中存在的问题，如政策措施落实不到位、相关人员不重视等。同时，也可以及时发现金融领域政策在落实过程中存在的实际困难和障碍，并从深层次剖析原因，找到政策落实的有效途径，实现重大政策措施真正落地并见实效。在此过程中，还可以依据政策执行效果促进政策措施不断完善。从金融审计的成效来看，货币政策工具的有效性得到持续提升，金融支持实体经济的能力也不断提升，特别是对民营及小微企业来说，融资难、融资贵的问题得到缓解。这些审计成果对于重大政策措施的落实与完善具有积极的促进作用。但是，在推进政策落实方面仍然存在一些问题，例如，银行融资门槛相对较高、民间金融机构借贷成本高等，这些问题均需要借助金融审计在实践中得到解决。

（二）防范和化解金融风险

聚焦防范和化解金融风险是金融审计工作的重中之重，因为金融风险将影响金融体系的稳定,也不利于金融行业的健康发展。金融审计工作的开展主要通过树立风险意识,揭示和识别金融风险,从而探索出深层次的金融问题,充分了解金融风险的特征及分布情况,为今后金融审计工作计划的制订提供参考。根据统计得出,自2018年以来信贷资源配置有所优化,宏观杠杆率总体呈现下降趋势,虽然还存在一些影响金融市场稳定的因素,但是随着金融监管政策的收紧也会逐渐得到解决。根据银保监会的披露,2015年至2020年我国银行业金融机构不良贷款率基本维持在1.9%~2.0%[①],比率相对稳定,没有出现大幅上涨。这些成效说明我国的金融审计工作是十分必要的,并且在今后发展中应当不断创新,通过审计评价来提升金融审计成效。

(三) 打击金融领域违法犯罪和惩治腐败

金融领域的违法犯罪和腐败行为不仅会造成国家财产的损失,而且会影响金融体系的稳健运行。为此,近年来我国审计机关联合多部门大力打击相关违法犯罪和腐败等行为。根据统计,1999年至2018年,借助金融审计工作查处的各类经济犯罪线索超过700件,涉案金额高达4900余亿元[②]。而相应的金融审计工作重点有以下四方面:(1)以银行信贷资金安全为基础,查处违规放贷等行为,着力保证金融安全;(2)对于金融机构领导人员的利益输送等行为,全面查找审计线索,严厉惩治腐败行为;(3)为了维护社会的安定和团结,重视非传统金融业务,例如非法操作证券市场等违法行为;(4)实现金融审计工作范围的延伸,进一步查处金融领域的违法犯罪行为,从根源上杜绝相关人员的错误思想。

[①] 银保监会:2020年末不良贷款余额3.5万亿元 不良贷款率1.92% [EB/OL]. 和讯网,2021-01-22.

[②] 近年来,金融审计在打击金融领域违法犯罪和惩治腐败方面取得了哪些成效? [EB/OL]. 中华人民共和国审计署网站,2014-09-22.

第四节 新时代背景下我国金融审计存在的不足及原因分析

一、新时代背景下对我国金融审计的要求

党的十九大到党的二十大的这五年，从"六稳"之一的"稳金融"工作，到新修订审计法对金融审计监督职责的完善，再到全国审计工作会议围绕宏观政策深化金融审计，不难看出，不发生系统性金融风险依然是金融审计最主要的目标，始终坚守底线思维、坚持目标导向是金融审计的根本，用好研究型审计工作是金融审计的成事之道，坚持守正创新是提高金融审计监督质效的重要手段。

党的二十大报告提出要防范化解重大风险，保持社会大局稳定，要深化金融体制改革，加强和完善现代金融监管，强化金融稳定保障体系，守住不发生系统性风险底线。[①] 金融审计作为金融监管体系中的重要一环，必须把防范化解重大风险作为首要任务，及时揭示和防范系统性金融风险，维护金融安全，这为金融审计之后的发展趋势确定了以下重点方向。

（一）维护"两个确立"，彰显金融审计政治属性

要做好金融审计工作，首先要把政治信仰贯彻始终，将党中央对审计工作的统一领导作为推动新时代金融审计事业高质量发展的政治纲领，心怀国之大者，矢志国之重器，将党中央对金融审计工作的重要指示转化为工作思路和经验，以实际行动贯穿决策部署。

（二）读懂党的二十大报告，强化金融审计监督职能

围绕党的二十大报告提到的"深化金融体制改革，建设现代中央银行制度，加强和完善现代金融监管，强化金融稳定保障体系，依法将各类金融活动全部

[①] 习近平. 高举中国特色社会主义伟大旗帜 为全面建设社会主义现代化国家而团结奋斗：在中国共产党第二十次全国代表大会上的报告［EB/OL］. 中国政府网，2022-10-25.

纳入监管，守住不发生系统性风险底线"①的要求，金融审计既要贴近国内金融市场的事实、把握金融体制情况，也要建立金融监管协同机制，坚持以研究型金融审计为导向，常态化开展审前调查，踔厉奋发、勇毅前行，将党的二十大的会议精神转变为审计热忱、转换为下一步审计计划的思路。

（三）拓宽思路想方法，打造创新型金融审计

习近平总书记在党的二十大报告中指出"创新是第一动力"。要把党的创新理论锤炼成金融审计的理想信念与审计修养，树立"透过政策找思路，透过思路想方法"的审计意识，既要从内部积极探寻大数据金融审计的运用，也要从外部发掘金融审计协同机制，与"一行两会"（中央银行、银保监会、证监会）形成监管合力，共同维护金融市场秩序。

二、新时代背景下我国金融审计仍旧存在的不足

随着金融业与国际经济逐步接轨和国民经济的全面发展，金融活动日趋复杂，金融机构的创新业务服务不断涌现，审计工作的社会经济环境也在发生变化。目前金融审计虽取得了一定的成效，但仍存在以下不足之处。

（一）完善法律法规依据

金融审计要以法律为准绳，依法审计，依法处理，而在当前防范金融风险的新时期，金融审计的相关法律法规在审计工作的发展中相对滞后，有关制度、法规变化范围广，时空跨度大，且大部分法规是在十八大之前制定的，有些针对性不强，一款多意，适用对象不明确，还出现了一些空挡和漏洞，不能充分规范新时代下的金融活动，不能满足多变的金融环境的需要，不能适应当前的经济形势，不能解决当前市场经济中新出现的金融问题。在金融审计的过程中，金融审计法规的滞后阻碍了审计业务质量的提升。

（二）金融审计技术方法滞后

目前，金融类企业电子化、网络化发展迅速，但地方审计机关的计算机审计尚处于探索阶段，各地区在计算机配置、计算机培训以及计算机人才的配备

---

① 习近平. 高举中国特色社会主义伟大旗帜 为全面建设社会主义现代化国家而团结奋斗：在中国共产党第二十次全国代表大会上的报告［EB/OL］. 中国政府网，2022-10-25.

等方面发展不平衡,审计技术与方法较为落后。在目前的金融审计工作中,计算机审计应用不足,利用计算机审计时调取数据程序复杂,调取手段较少,很多审计人员不具备审计工作相应的计算机审计水平,主要依靠计算机中心专业人员来操作,耗时较长,数据常出现错误。另外,审计人员的计算机审计水平普遍停留在对财务核算系统、贷款业务数据的分析和查询,计算机深层次的关联分析运用水平不高。由于无法利用计算机系统进行有效审计,因此对计算机系统产生数据的安全性、真实性也无法做出客观评价。

(三)金融审计职能缺位

金融审计在一定程度上可以发挥"免疫系统"和"治理"的功能,防范金融风险,维护金融安全,推动金融机构内部制度的健全,促进金融发展。但同时也很容易发现,审计结果有一定的片面性。审计所涉及的金融机构层次较低、数量有限,建设性作用发挥不够;审计公告中关于审计发现问题的整改情况的内容不够具体,有相当一部分的地方金融审计项目未在政府信息公开平台上进行公示;对被审计单位的责任追究没能确定和追究责任的人员主体,造成有关整改内容不能符合民众对知情权的预期等问题,在以后的审计事项之中依旧需要不断改进。

(四)金融审计深度不够,力度不足

一是注重账面本身状况的审计,而忽视对实物情况和实际状况的审计查证。例如,我们经常提倡的真实性审计,普遍认为只要账表、账证、账账、账实相符就应该是真实的,实际情况则不然。就拿银行存款来说,可能经过账表证单的审核,甚至函证,一切都很正常,然而,这笔存款是否被质押、是否提供了担保、目前有没有支配权,我们在很大程度上忽视了。实物资产也存在一样的问题,而被审计单位存在的深层次问题,甚至违纪违法问题,往往就出在这些方面。二是查证问题停留在问题的表面,而忽视对深层次、隐藏性问题的追查和揭露。比如,我们经常反映的被审计单位虚列支出、票据不合格、违规发放贷款或购置固定资产等问题,既然是虚列了,那么套取的资金用途是什么,是否存在私设"小金库"、贪污、私分、挪用等问题?票据不合格,那么不合格的票据是怎么来的?入账后套取的资金去向是否存在更深的问题?既然是违规放贷或购置,为什么还要去做,问题的背后有没有其他问题?我们的实际工作中很少深入追查这些问题,这就使得我们的审计工作总是停留在表面上,被一些问题的表面现象所迷惑，从而导致审计质量不高，深度不够。

三、新时代背景下我国金融审计存在不足的原因分析

（一）相关法律法规滞后

法律制定是国家的一项专有活动，是一种严格依照法定程序进行的活动，既包括法的创制活动，也包括法的修改、补充、废止以及认可。中国是成文法国家，由于当前金融审计法治建设不甚成熟，所以法律法规的制定和修改往往落后于现实，具有普遍滞后性。审计法及其实施条例虽然规定了国家审计机关应对中央银行财务收支、国有金融机构资产负债损益的真实合法效益进行审计监督，但对与此相关的经营活动如何进行审计监督，尚未从法律上提出明确界定的建议。

（二）计算机审计研究不够重视，投入匮乏

地方审计机关应用计算机进行数据分析能力的平均水平还比较弱。目前，金融企业信息化程度高，拥有海量业务数据，但是审计队伍里真正能够熟练运用计算机语句进行数据分析的审计人员也只有一两个人，没有形成数据分析团队。再者是对审计结果总结分析还不够，审计工作水平有待继续提升。审计实施过程中，偏重查账找问题，只看重工作效果，对改革发展中的一些新情况、新问题研究不够深入，对审计发现问题的产生原因、被审计单位在管理体制机制制度、生产经营中遇到的困难及绩效等方面，审计关注得还不够，没有采取多种方式深入调查分析研究，对促进解决问题、深化改革的建设性作用发挥不够。

（三）审计职能不明影响发挥免疫作用

近几年，金融审计在金融行业中遭遇的风险情况虽然大部分都体现在金融机构，但从根本上分析，却是体现在经济体制、金融体制还有监管体系等。为此，金融审计在监管金融机构的同时，也应该对金融监管机构再监管。但是，当前金融审计的重点对象依旧是金融机构，对金融监管机构进行审计的项目却不多，地方审计局除了对地方金融机构进行审计以外，未对其他金融监管机构实施过审计，不管对其本身的财政收支审计或是对其监管机构开展的再监督，都在实际条件下有一定的不足，这造成了地方审计在金融监督这一方面的缺位，不利于发挥金融审计"免疫系统"的职能。并且金融监管部门职能的限定依旧

较为模糊，很有可能造成监管的空白或重复，导致重复监管、监管盲区、监管力度不够等现象。

（四）审计人员观念落后，专业能力欠缺

在金融体制不断改革的过程中，有部分审计人员金融审计观念陈旧，缺乏创新精神，仍用传统的观念分析今后的金融审计工作，认为只按一般审计的老方法，重点审计财务收支与会计核算方面的问题就行了，对合规性及表外业务等经营中存在的具有风险隐患的问题没有进行深入挖掘与钻研。随着金融体系的完善，金融审计将越来越扩展到金融业的各个环节。一方面，要依据国家政策，强化对金融部门的管理行为和经营活动的检查监督；另一方面，还必须遵循市场规则，维护各金融机构的平等竞争。从我国的实际来看，从事金融审计工作的人才整体素质不够高，从而降低了通过审计来发现问题的概率，也使得金融审计工作创新的人才支撑相对不够。并且，我国大量优秀的审计人才被国外会计师事务所聘用，国内事务所则由于竞争实力等方面的原因，难以招聘到大量业务素养高的人才，从而出现人员素质相对不高的局面。

第五节 新时代背景下完善金融审计的对策建议

金融审计在防范和化解金融风险、促进金融服务实体经济、查处和纠正金融领域违法违规行为、协助建立健全政策等方面发挥了重要作用，但与经济发展和社会需求相比，仍有许多方面需要改进。

一、健全金融审计法律法规

要想树立金融审计工作的权威，就要加快审计法治建设，完善金融审计相关法律法规，结合金融审计中存在的问题，推动完善宏观金融管理、地区性风险防控、金融机构不良经营、财务活动、资金运作等相关活动法条，完善审计法、中国人民银行法、证券法等法律法规，或者尽快制定金融审计准则、金融审计操作指南以及电算化审计规范等指导性文件，使金融审计有法可依，提高法律法规的针对性与适用性，从根本上增强审计的权威。

二、改进金融审计技术方法,探索创新型审计模式

在计算机审计中,要重视健全科研与实践相结合的审计技术方法。一是推行现代风险导向审计,突出审计重点。二是打造金融业务数据库,及时搜集金融风险预警指标的信息,及时关注导致金融风险的苗头性问题,开展金融风险环境的经常性调查与分析,并及时向政府决策机构等相关部门发出预警信息,将金融危机消灭在萌芽状态。金融审计应该探索创新型的审计模式,变被动为主动、实现事后监督向事中、事前监督的转变。传统的审计方式更多地停留在对已经发生和完成事项的事后监督、检查,侧重于对已经形成的漏洞和突出的问题进行审查并提出意见。这种传统方式明显滞后、被动,不符合风险控制与管理的要求。因此,创新审计方式成为改进我国金融审计的有效途径之一。同时,及时改进审计手段、全面开展计算机审计也是金融审计发展的重要途径。首先,积极开发应用计算机辅助审计软件;其次,大力培养计算机辅助审计人员;最后,与金融机构联网尝试在审计人员的办公室随时跟踪和监督金融机构的业务和财务收支情况。

三、强化审计职能,完善金融审计管理体制

在金融机构跨区域、跨行业高度发展的今天,为了促进金融审计防范和化解金融风险这一职能的发挥,可以建立信息共享平台,完善信息联动机制,帮助审计部门及时了解各地方的金融风险,提高审计部门对于风险宏观性、全面性的把控能力。为了强化其"免疫功能",可以建立完善金融安全网,使审计部门有效地发现和揭露金融机构的潜在风险,能够察觉到金融监管体系中可能存在的监管盲区,实时跟踪金融业的最新动态;同时,还应该强化金融监管机构再监管,从监管体系的角度上及时发现金融风险,与监管机构共同合作化解金融风险,在法律法规、金融秩序、经济体制等方面的金融监管层次上提出建议和意见,推动金融秩序的规范化。具体来说,可以从以下三方面对金融审计管理体制进行完善。

一是做好审后联动,促进成果共享,形成监督合力。与金融监管部门、内审协会建立良好沟通机制,对金融审计中发现的问题及时进行沟通会商、分析研判,确保移送的问题事项后续快速、精准落实,提高审计整改率。

二是做好审后跟踪，督促审计整改落到实处。将审计查出的问题按照立行立改、分阶段整改、持续整改分类提出可操作性强的整改要求，形成问题清单，实行台账管理，层层压实整改责任，对照问题分阶段落实整改情况、了解整改进度，坚持推动揭示问题与解决问题相统一，督促审计整改落到实处。

三是做好审后提炼，推动研究与成果转化相融合。审计项目结束后，从项目的前期准备到审计现场的组织管理再到方案的具体实施，进行全面复盘，提炼固化经验，反思不足。对审计方法、思路及技术手段等方面进行认真回顾梳理，对大数据审计思路和方法进行总结归纳，形成审计案例，为下一次金融审计项目实施打下良好基础，推动审计成果更好转化为工作效能。

四、培养高素质金融审计人才

高素质的金融审计人才，不仅有坚实的基础能力，掌握财务、审计和信息技术，能够解决微观经济问题，而且还要有政策和风险敏感性，不断吸收新的知识，能够解决中观和宏观经济问题。他们不仅要能回答"怎么做"的问题，而且要能回答"为什么做"的问题。这也需要更加重视对审计管理人员的培训和指导，不断提高审计管理人员的技能和水平。

金融业是一个知识密集型行业，金融审计人员必须是知识广、能力强的"四手人才"。一是加强宏观分析能力培养。金融审计必须着眼宏观，及时反映宏观经济政策的运行效果。二是加强数据挖掘能力培养。金融业的业务数据标准，为数据分析和挖掘创造了先天条件，有意识地将科学的数据分析运用到审计工作中，提高审计效率。三是加快金融业务知识更新。金融创新一日千里，审计人员更应该做到"魔高一尺，道高一丈"。

第七章

国有企业审计的治理效能分析

第一节 我国国有企业审计的发展历程及现状

一、我国国有企业审计的发展历程

国有企业审计是指审计机关依据法律、法规和政策规定,对国有企业以及国有资本占控股地位或主导地位企业的资产、负债、损益的真实、合法和效益情况,进行的审计监督。维护国有资产安全是实施国有企业审计的重要目的,同时,加强国有企业审计能够促进国有企业的科学发展,还有助于促进宏观经济政策的落实,转变发展方式,加强对国有企业及其管理人员的管理、防范和控制重大风险,促进反腐倡廉。

中华人民共和国审计署于1983年成立,自成立以来,始终坚守党和国家的主要政策方针,致力于促进国有企业的改革与发展,通过开展国有企业审计,以加强国有企业的管理,促进国有资产的保值增值。随着社会经济的持续发展,国有企业审计的内容和重点也不断地发生着变化,其内容和重点从关注财务审计、严肃财经纪律发展到关注资产、负债、损益情况,经济效益情况以及经济责任情况的审计,旨在保全国有资产,改善国有企业治理模式,促进国有企业的稳健经营,进而确保国家在相关方面的重大方针政策得以贯彻落实。

(一)1980—1990年:财务收支审计阶段

20世纪80年代,我国的经济体制改革逐步发展,国有企业的自主权逐渐扩大，但此时审计机关对国有企业开展的审计力度小、覆盖面窄，而且一些国有企业本身也缺乏自我监管能力，使得违反财经法规的现象日益增多，企业经济效益低下。这一时期，国有企业审计的内容和目的主要是对企业进行检查，纠正错误，以恢复财务平衡，促进企业严格遵守财务法规，提高经济效益。

（二）1990—2000年：资产负债损益审计阶段

20世纪90年代，我国建立了社会主义市场经济，国有企业的改革和发展进入加速阶段。国有企业审计的内容和重点逐渐从传统的以纠错查缺为主的财务收支审计，转向以资产、负债、损益的真实性为基础，强调经济责任的审计。将企业会计信息、重大经济决策、内部管理和遵守财务法律法规情况作为审计重点，客观评价国有企业领导在任期内的经济责任，以促进企业加强经营管理，确保国有资产保值增值。

（三）2001—2012年：经济效益、经济责任审计阶段

进入21世纪以后，我国国有企业实施了改革发展战略，建立了现代企业管理制度。由此，国有企业审计的内容和重点逐步扩展为审查财务收支的可靠性、合法性和效益性情况。审查是否建立和执行了适当的内部控制制度；审查国有企业管理人员遵守党和国家有关经济政策和决策、遵守有关法律法规、遵守财务纪律的情况；审查国有企业维护和加强公共资本的情况。

（四）2012年至今：审计"新要求"阶段

党的十八大以来，我国进入了中国特色社会主义新时代，国家经济发展由高速增长阶段转向高质量发展阶段。在新时代进程中，坚决贯彻落实党中央和国务院对国有企业的新要求，是国有企业审计工作的重点审查内容，同时也是对国有企业审计的新要求。对国有企业以及国有企业审计的"新要求"主要包括加强国有企业监管、维护国有资产安全、实现国有企业审计全覆盖、加强国有企业领导人经济责任审计等。国有企业审计的实施旨在发挥审计在国家治理体系中的监督作用，以促进国有企业对党和国家重大方针政策的贯彻落实，加强国有企业的廉政建设。此外，加强国有企业审计，还有助于深化国有企业改革，提高国企做大做强的能力，发挥国企在国家经济发展中的支柱性作用，确保国有企业的持续健康发展。

国有企业的审计工作与国有企业的发展同步进行。国有企业在国家政治和国民经济发展中发挥着至关重要的作用，与国民生活息息相关。加强国有企业

审计，有利于保障国有资产的经济价值，有利于国有企业的改革，有利于促进国民经济的持续健康发展。党中央、国务院高度重视国有企业审计工作，目前已经发布了多部与国有企业以及国有企业审计相关的文件，如《中共中央、国务院关于深化国有企业改革的指导意见》《中共中央办公厅、国务院办公厅印发〈关于完善审计制度若干重大问题的框架意见〉及相关配套文件的通知》、中共中央办公厅、国务院办公厅《关于深化国有企业和国有资本审计监督的若干意见》、《国务院关于加强审计工作的意见》等，这些文件都对国有企业改革以及国有企业审计做出了明确规定，重点提出应完善国有企业审计制度，实现国有企业审计全覆盖，包括对财务、内部控制以及国有企业领导人经济责任审计的全覆盖，以保障公共资金的使用效益和国有资产的保值增值。

二、我国国有企业审计的现状

（一）国有企业审计占比情况统计

《中华人民共和国审计法》对国有企业的审计职责做出了明确规定，即审计机关应当承担对国有企业以及国有控股企业进行审计监督检查的职责，还应当履行再监督的职责，对于纳入审计范围且由社会审计机构审计并出具审计报告的国有企业，还应当对此国有企业再次实施审计。国有企业的资金来源于国有资本，其经营效果直接反映了对国有资本的运行效益，由国家审计和社会审计合力监管。通过审计署官网每年发布的公告，可以发现国家审计和社会审计的初始交接点即审计机关对社会审计报告的再核查，最早的实例就是2005年审计署报告的关于对16家会计师事务所业务质量检查的结果。此外，关于审计机构历年实施审计的结果也在审计署官网上予以公布，最早可追溯到2004年，审计署公布了中国工商银行在2002年的资产负债损益的审计结果，接着陆续公布了对国有商业银行、保险公司等审计的结果，而对于国有企业审计，报告公布的则是有关于节能减排、绿色环保的调查情况。由此可以看出，审计机关对于国有企业的审计监督主要强调对重大政策落实的监督，对其他方面的审计涉及较少，未形成常态化审计监督。

从近些年的审计实践来看，审计委员会自2010年起开始以单个审计公告的形式向公众披露选定国有企业当年的审计情况。通过人工资料收集发现，2019—2022年没有与国有企业审计有关的单个审计公告，截至2018年12月底，汇总发现已有343份公告在审计署官网发布，本书综合统计2010—2018年间国有企业（包括非金融类央企和金融机构）的审计情况，共计296份公告，结果详见表7-1。

从表7-1所列公告占比情况来看，按照国资委公布的中央企业名录，截至2022年年底，现有中央企业数量98家，由于国有企业体系较大，合并或分立情况几乎不可能发生，因此数量较为稳定。根据相关数据可以推算，2016年之前国有企业审计的覆盖率约为1/8，于2018年上升至约1/3，这表明在一系列方针政策的推动下，国有企业审计的覆盖率逐步扩大，同时社会审计与政府审计协作模式也为扩大国有企业审计覆盖率提供了助推力。但从审计的国企数量来看，基本上每年不会超过15家，这表明目前对于国有企业的审计仍旧有限，主要原因可能在于对国有企业的审计周期较长，且政府审计的资源有限等。

表7-1 审计署对国有企业的审计情况统计表

公告年份	审计公告总数	金融机构	中央企业	公告占比（%）
2010	22	3	6	0.41
2011	38	2	17	0.50
2012	35	2	15	0.49
2013	32	3	10	0.41
2014	23	3	11	0.61
2015	34	3	14	0.50
2016	31	5	10	0.48
2017	32	0	20	0.65
2018	50	3	35	0.76

数据来源：根据2010—2018年审计署发布国有企业审计结果公告内容整理。

（二）国有企业经济责任审计覆盖现状

审计全覆盖是新时代对国家审计的明确要求，在国有企业审计中的审计全覆盖要求是指审计不仅应当包含对国有资本使用效率效果的审计，还应当包含对于领导人经济责任的审计。《党政主要领导干部和国有企事业单位主要领导人员经济责任审计规定》（2019）要求企业应进一步加强和完善对企业主要领导人员的经济责任审计，进而完善国有企业审计制度。经济责任审计作为我国国家审计的独有特色，重点是对企业领导人员履职情况进行审计，通过审计其履职情况进而反映企业的管理情况以及企业运行效益情况。从表7-2的数据看，经济责任审计覆盖率最高的是全资企业的领导人，而对于其下属企业或者二级单位的审计覆盖率仍旧较低，暂未达到审计全覆盖的目标。[①]

表7-2 经济责任审计对象的覆盖现状

审计范围	全资企业董事长/总经理	控股企业董事长/总经理	实际控股企业董事长/总经理	高风险经纪业务部门负责人	下属事业部负责人
企业比例（%）	80.5	65.6	51.6	40.6	41.4

数据来源：袁亮亮，罗党论，郭蒙. 新时代国有企业内部审计：现状、发展与挑战——来自问卷调查的经验证据[J]. 财会月刊，2021（21）：92-99.

（三）国有企业内部审计的情况

国有企业内部审计作为审计的一个分支力量，其对于企业管理有着举足轻重的作用。企业内部管理的情况，往往直接决定着企业能否实现长久发展，以及是否有预防和控制风险的能力。据调查，目前国有企业内部审计受到的重视不足，主要原因是国有企业内部资源有限，很难真正实现审计全覆盖。具体情况如表7-3所示，92%的国有企业认为难以实现审计全覆盖的原因主要是审计人才资源紧缺，特别是全面型人才稀缺。国企自身的架构使得审计人员有限，大多数情况需要依靠社会审计力量协助，加之大数据技术的迅速发展，对审计人员的要求更高，需要其同时具备政治敏锐性、法律等多方面专业知识。45.1%的国有企业认为，国有企业内部审计方法过于单一，不能与快速发展的企业经济现状相匹配，内部审计的实施还停留在传统的审计手段上，缺乏能够信息化数据的使用。24.9%的国有企业认为，难以实现内部审计全覆盖，主要是因为领导重视不足，无法有效实施内部审计，这大大降低了内部审计的实施效率和效果，阻碍了内部审计的全面开展，抑制内部审计全覆盖。21.9%的国有企业认为，审计经费资源不足，导致内部审计资源紧缺，使得国有企业不具

---

① 袁亮亮，罗党论，郭蒙. 新时代国有企业内部审计：现状、发展与挑战——来自问卷调查的经验证据[J]. 财会月刊，2021（21）：92-99.

备全面开展内部审计的能力，更难以满足内部审计全覆盖的要求①。

表7-3 国有企业认为实现内部审计全覆盖的困难

难度评价	企业比例（%）	主要困难	企业比例（%）
非常困难	16.9	审计人才资源紧缺	92.0
比较困难	53.1	审计方法过于单一	45.1
一般	26.3	领导重视不足	24.9
比较容易	3.5	审计经费资源不足	21.9
非常容易	0.2	—	—

数据来源：袁亮亮，罗党论，郭蒙.新时代国有企业内部审计：现状、发展与挑战——来自问卷调查的经验证据[J].财会月刊，2021（21）：92-99.

从国有企业内部审计的现状来看，主要存在审计工作不够细致、审计的质量难以保证、审计的效率和效果有待提高等问题。根据"凡审必严"的审计要求，国有企业应当建立适当的内部审计体系以及全面有效的内部审计质量控制制度，以提升审计的效率效果，有效进行风险防范，保证企业的持续健康运营。

第二节 我国国有企业审计的主要内容及特点

一、我国国有企业审计的主要内容

（一）国有企业审计的对象

国有企业审计的对象主要是国有企业、国有资本占有控股或主导地位的企业以及国有企业和控股企业的法定代表人。根据公共资本结构的战略调整，国有企业的审计对象具体可分为两大类。一类是由公共资本主导的涉及经营性企业，主要是指公共管理部门和公共服务或基础产业。这些企业的经营内容主要包括水、电、气、公共交通和市政建设。另一类是非经营性企业，主要是指具

---

① 袁亮亮，罗党论，郭蒙.新时代国有企业内部审计：现状、发展与挑战——来自问卷调查的经验证据[J].财会月刊，2021（21）：92-99.

有强烈政治倾向和宏观经济特征的国有企业，其主要经济活动是投资和融资。

(二) 国有企业审计的主要内容

国有企业审计是发挥国家治理职能的重要组成部分，其审计内容主要包括：审查国有企业经济效益，揭示其经营活动中存在的问题，防范交易风险，保障国有资产安全；审查国有企业对国家重大政策的落实情况，促进国有企业体制改革，建立健全国有企业权力运行机制，保障国家相关政策的有效落实；审查国有企业内部治理情况，促进企业内部治理结构的完善；审查国有企业自主创新情况，促进企业创新能力的提高，提升国有企业的核心竞争力。通过国有企业审计揭露国有企业在持续稳定发展中的重大困难和风险，以维护国家经济安全，保障国有企业经营发展，有效发挥审计的"免疫系统"作用。根据不同的审计重点，审计的主要内容有以下三方面。

1. 财务决算审计

财务决算审计主要是对企业的资产、负债和损益进行全面审查，目的是核实国有企业资产的健全、合法和经营效益，以及资产的保值增值。财务决算审计的审计内容包括：针对国有企业的应收账款和各类存货、长期股权投资等占比较高的资产，重点核实相应的政府文件是否真实、齐全，是否专款专用，有无违规使用的情况出现；针对应付账款、借款和其他债务，重点检查相关合同和文件，审核负债是否真实、原因是否明确，评价其偿债能力以及有无担保行为和诉讼行为，是否存在潜在损失等；针对国有企业的收入，审查是否真实、可靠，是否存在虚构收入或者隐匿收入的情况，是否存在对成本进行乱摊、多摊，导致虚盈或虚亏的情况。通过对各类资产进行审计，能够深入掌握企业的经营状况、收入构成，以及企业的资金状况。通过对资产流动率、盈利能力、偿债能力等进行充分分析，能够掌握企业的可持续发展能力。通过了解企业与经营、财务相关的基本流程，能够查明是否存在重大违规事项，进而改善国有企业经营现状。

2. 经济责任审计

经济责任审计是审计机关（审计机构）通过对党政机关领导人员或国有及国有控股企业及其所在地区、部门、处室的财政预算收支及相关经济活动进行监督、鉴证和评价，以及对党政机关领导人员或企业管理者履行经济责任情况进行审计的活动。国有企业经济责任审计重点关注企业决策层的经济责任指标，同时考察国有企业执行国家宏观经济政策和履行社会义务的情况。经济责任审计对国有企业战略结构调整、发展战略性新兴产业、提高核心竞争力、加强自主创新、落实节能减排等重要宏观经济决策和措施的落实情况进行重点关注，同时对企业经营管理活动与国家政策的关系进行深入分析，以促进国家政策和相关法律的落实。

3. 内部审计

随着审计范围的不断扩大和深化，内部审计不能仅仅局限于财务会计流程内的审计，还要对经营过程中的制度执行情况和管理决策的变化进行审计。因此，内部审计必须以扎实的制度、规范的管理、科学的决策、明确的责任为参照，打破"以账看账"的传统做法，对企业管理、效益进行监督。企业内部审计重点主要包括治理结构、授权和审批程序、会计控制、风险控制等多方面。企业内部审计要加强对重要业务领域和关键环节的监督，完善对重要决策、重大项目、资金使用、资源使用等方面的责权监督，促进国有企业权力结构正常运行；审查影响国有企业科学发展的未决争议和重大风险，确保国有企业的经济安全，推动深化改革，完善现代企业制度，建立健全国有企业管理机构和内部控制制度，以提升国有企业的内部管理。

二、我国国有企业审计的特点

国有企业审计历经近30年的发展，已经成为中国特色社会主义审计制度体系的重要组成部分，目前我国国有企业审计的特点主要体现在以下三方面。

（一）审计更侧重于国有资产保值增值

国有资产的保值既是维持社会简单再生产和进一步扩大再生产的基本前提，同时也是企业实现可持续发展的先决条件。对国有企业进行审计是为了确保国有企业的保值增值，这有利于维持企业的经营规模和生产能力；有利于企业升级有形资产，从而提高公共资产的运营效率，增加公共资产的积累；有利于对公民权益进行保护，维护法人财产权和企业自主经营权，明确国家在经济中的作用。此外，政府税收的一个重要来源是国有资产收入，而税收收入和税收支出是财政不可分割的两大重要方面。通过利用税收支出，政府可以达到稳定社会、控制和引导经济发展方向的目的。同时，税收支出也可以加强政府对公共物品的控制，提升公共物品在社会中的主导和控制地位。宪法明确规定，国有资产所有权属于人民,保全国有资产就是保全人民的资产,这对促进社会稳定团结具有重要意义。因此,国有企业审计作为保护国家资产的有力工具之一,更应注重国有资产的安全性,这是确保国有资产不流失、社会稳定和经济发展的重要途径,是实现资源可持续利用和社会发展的必要措施,也是中央企业的重要政治历史责任。

(二)审计的内容复杂,涉及面广

我国国有企业审计通常不单指财务审计或内部审计,而是由不同类型的审计混合组成的,目的是实现对国有企业的监督。由于国有企业通常是大型复杂企业,国有企业审计所涉及的内容也相对复杂,且涵盖范围广,因此在实施国有企业审计时应协同纪检、监察、人事、国资等部门进行审计,以提升审计的广度与深度。此外,国有企业审计工作政策性强、要求高、风险大,必须通过建立可靠的规则和制度来规范操作,以确保审计质量。在实施审计的过程中,必须提升企业人员的配合意识,以确保在对企业进行监督和检查时,企业人员能够积极配合审计工作,减少审计阻力,从而使审计中发现的重大问题能够得到妥善解决,进而保证国有企业规范有序运行。

(三)多种审计方式相结合

审计机关成立以来,国有企业改革和管理任务的开展,深化研究了绩效审计、国有资产安全审计、经济责任审计等多种形式相结合的审计实践。针对审计深度不足的问题,审计署和地方审计局在实践中调查总结了一些有效对策,如将经济责任审计与财政收支审计相结合;在天津、甘肃等省市,将国有企业经济责任审计与企业资产、负债、损益和专项资金审计相结合;在上海,考虑到现有的市、县级国有企业以大型企业为主,活动和经营方式多样,采取国家审计机关、内部审计机构和社会审计机构分工合作的方式,统一管理、统一组织,同时审计工作分层次、分步骤进行,进而扩大审计覆盖面,以便达到更好的审计监督效果。国有企业审计多种审计方式结合的特点有助于全方位、深层次地剖析国有企业的经营状况与国有资产的使用情况,进而促进国有企业的良性发展。

第三节　我国国有企业审计的国家治理职能及成效

一、我国国有企业审计的国家治理职能

国有企业审计要紧紧围绕国有企业深化改革、提质增效、防范风险、转型升级等重点领域，依法依规切实履行职责，不断提高国有企业审计工作的敏锐性、前瞻性和时效性，进一步突出审计"促改革、防风险、促发展"的工作目标。既要做到"查病"，还要"治病""防病"。在预防、发现、解决问题中促进改革创新，不断发挥审计"经济体检"的作用，为国有企业的发展保驾护航。

（一）聚焦投资、运营和监管国有资本情况开展审计

对国有资本投资项目、运营公司的创立和经营情况开展审计工作，加大对权力聚集的关键岗位和资本密集、资源富集、资产集约等关键领域、重要环节的审计力度。对国有资本预算的编制是否合理、执行是否有效和绩效是否达到预期以及制度完善情况进行重点审计；对国有资产监管机构资本运作开展审计，特别关注国有资产监管机构资本运作的规范性、资本回报是否提升、资本安全的维护举措以及国有企业经营目标制定的科学性与合理性、考核评价体系的健全性和过错追责等情况，并密切关注其相关职责的是否履行。

（二）聚焦深化国企改革、防范化解重大风险情况开展审计

以"1+N"这一国企改革的顶层设计政策体系和国有企业改革三年行动方案决策部署为指引，审计工作重点主要聚焦在以下四方面：一是混合所有制和自然垄断行业方面，重点审查改革中的总体情况及相关措施；二是国企法人治理结构方面，重点审查董事会、监事会、经理层的履职情况，建立健全决策执行监督机制，以促进董事会规范运行；三是市场化经营机制方面，重点审查国有企业市场竞争能力和经营效益情况；四是对国有企业的研发支持方面，重点审查对科研资金投入、科技成果转化和技术攻关等工作情况。除此之外，还要对国有企业的资产负债损益情况进行审计，以国有企业财务状况的真实性、合法性和效益性为重心，以防范企业的债务风险、金融业务风险、市场风险为目标，通过对国有资产处置、盘活存量资产和债务规模、风险防范设计等情况开

展重点审计,从而发现国有企业经营中存在的重大隐患和制度等方面的薄弱环节。

(三) 聚焦落实中央重大政策措施情况开展审计

紧密跟踪国企在推进深化改革、"瘦身健体"、提质增效、创新驱动发展、全面优化布局、解决产能过剩问题等方面的政策措施贯彻执行情况。同时,也要重视实施"走出去"战略、推动"一带一路"等重大专项任务和相关目标责任制完成方面的进展情况;密切关注中央八项规定精神及其实施细则和廉洁从业规定的执行情况;重点关注国有企业领导人员在遵守法律法规、规章制度,恪尽职守以及承担经济责任等方面的履职情况。此外,还要强化对国有企业在资金分配、重大投资决策和项目审批、重大物资采购和招标投标、贷款投放和证券交易、国有资产和股权转让、土地和矿产资源交易等方面的审计力度,要将揭示以权谋私、贪墨渎职及内幕交易等违法行为作为国有企业审计的重中之重。

(四) 聚焦贯彻落实"三重一大"决策制度情况开展审计

着重审查国有企业各管理部门在重大决策中的责任落实情况;着重审查国有企业发展战略制定、实施及成效的情况;重点审查国有企业重大投资决策,资产管控和整体业绩情况,尤其要密切关注在大额资金运用、资本运作、投融资合作、剩余资产处置、重大物资采购、工程项目招投标等关键事项的控制情况。此外,要对决策事项进行紧密监控,以确保其相关计划安排、组织实施以及结果运用符合国家相关法律法规,与国家相关政策相协调,并与国有企业的实际发展情况保持一致。具体应关注决策事项是否存在盲目性、违法性、专断性以及随意性等问题;决策实施后的效果如何,是否达成预期目标;是否存在由决策失误而导致国有资产的损失与浪费、生态环境的严重破坏以及重大安全生产事故等严峻后果。

二、我国国有企业审计实施的成效

国有企业审计在保障国有资产保值增值、提高国家经济效益、加强国家治理,以及维护国家市场秩序等方面起着至关重要的作用。对国有企业的审计监督,有助于提升国有资产的使用效益,进而促进国民经济的健康可持续发展。

（一）推动完善国有企业体制改革

对国有企业审计的不断深化，发掘其管理体制存在的不足，不断完善国有企业制度改革，特别是审计结果的运用机制，与审计发现问题的整改问责机制相结合，对于国有企业的深化改革具有重要的督促作用。围绕国企改革"1+N"制度体系和三年行动方案决策部署，审计关注重点在于混合所有制和自然垄断行业的改革、完善国有企业法人治理结构、健全市场化经营机制，以及国企科研投入、科研成果转化、关键技术创新攻关等情况，以推动优化中国特色现代企业制度，增强企业科技革新能力。

（二）保障国有企业的国有资产安全

自党的二十大以来，国有企业审计坚决贯彻落实党中央和国务院的有关规定，按照习近平总书记重要指示批示和党中央决策部署，以维护国有资产安全为基础，促进国有企业科学发展为目标，不断加强国有企业资金审计和国有企业领导干部权力和经济责任的审计，以保障国有企业资产安全并促进国有企业的科学发展。通过审查国有企业对国家重大政策措施是否贯彻落实，以促进国家政令顺利实施；通过审查国有企业经营与发展中的风险和隐患是否得以披露、反映，以确保国有资产的安全；通过从制度、机制等角度发现问题、分析原因并提出建议，以推动深化改革；通过对国有资产运营相关权力和责任等进行监督和制约，以健全权力监督和制约机制；通过对国有企业财务收支行为的真实性、合法性和效益性进行全面监督，以推动企业经营管理制度的建设；通过对重大违纪、违法和违规问题进行披露和处理，以推进我国廉政建设的进展。审计署2022年公告，报告了一些国企负责人利用强势地位或国企光环，对外以国企名义承揽业务，私下却中饱私囊、个人侵占的现象。

（三）贯彻落实国家宏观经济政策

作为国民经济的支柱，国有企业担负着促进国民经济持续高速稳定发展、调节社会经济结构、推动经济发展方式改革以及建设社会主义和谐社会等诸多责任。国有企业在实现宏观经济政策的贯彻落实过程中扮演着至关重要的角色，其所凸显的示范效果有助于促使各行各业加速相关政策的执行和落实。按照审计署的审计发展规划的具体要求，我国的国有企业审计，关注国有企业战略性结构调整，发展新兴产业，提高核心竞争力，增强自主创新能力，更要关注绿色环保、节能减排以及产业振兴等方面，着重强调对国有企业宏观经济政策的落实情况进行跟踪审计,加快全社会对国家经济宏观政策的执行和落实。

(四)促进国民经济的健康发展

国有企业的健康发展能够有效提升我国国际竞争力,推动人民生活水平持续提高,保障我国经济长期平稳快速发展。国有企业审计免疫系统作用,能够在审计中揭露问题,预防风险,促进国有企业科学发展,同时促进国民经济的健康发展。国家审计充分了解企业的运作方式,这不仅能够加强对国有资产的保卫,而且可以在审计过程中,提前对经济运行中存在的风险进行预警,以提升企业的风险感知力。国有企业审计可以对企业发展过程中出现的问题进行预防、揭示和抵御,进而为政府及有关部门提供合理有效且适配度高的意见,这有助于国家政府相关机构合力利用资源,解决问题,消灭问题,建立良好的市场经济基础,助力国民经济高效发展。

(五)推动维护全民利益

国有企业是我国公有制经济的一种特殊模式,是国民经济的重要支柱。国有企业审计,主要反映国有企业的财务收支状况,通过对其财务信息的真实性、可靠性等进行核实,以保卫全体人民的共同利益、加强国家治理效率,这是国家治理的客观需要。审计的产生与发展,是以受托经济责任关系为基础的。在我国依据国情将国家审计的目标确定为推进法治、保障民生、推动改革与促进发展之后,起初的受托经济责任就逐渐扩展成为受托责任,它不仅包含了受托经济责任,还包含了受托社会责任,将审计的受托责任从个别受托者对个别或特定财产的责任,扩展到了对国有资产以及社会群体的责任。此外,政府职能也随之由管理型向服务型转变,开始强调"以民为本",将保障人民利益确定为审计的首要目标,以维护全民利益,进而确保国家经济安全。因此,在国有企业审计实践中,必须有效发挥其监督职能,对国有企业财务收支的真实性、合法性和效益性进行监督,以维护国有企业经济发展,保障国民利益,这是党中央和人民赋予国家审计的责任。国有企业在国民经济中具有至关重要的地位,加强国有企业审计,也是国有企业审计参与国家治理的重要措施之一,其目的是更好地发挥其对国家治理的积极作用。

第四节　新时代背景下我国国有企业审计存在的不足及原因分析

一、新时代背景下对我国国有企业审计的要求

国有企业审计作为与国有企业发展同步进行的重要环节，随着国有企业的不断壮大和成熟，国有企业审计工作也在不断提升和完善。通过国有企业审计，可以对国有企业的经营状况、财务状况、风险管理等进行全面的评估和监督，为企业的发展提供有力的支持和指导。"十四五"时期作为我国成功实现第一个百年奋斗目标后的第一个五年，标志着我国经济已进入高质量发展阶段，但发展不平衡与不充分仍是现阶段发展中存在的重要问题，国有企业审计工作面临新形势，就有了新任务、新目标和新要求。在新时代背景下，加强对国有企业的审计监督，有助于监督企业依法依规运营，保障国家财产安全，深化国资国企改革，进而维护国家和社会的利益。

一是应深化国有企业审计监督，促进国有企业建立和完善现代企业制度，提高国有经济核心竞争力。审计机关在对国有企业进行审计的过程中，将服务与监督有机结合，深入分析企业在经营和发展过程中所面临的制约因素与障碍，揭露影响企业深化改革和发展壮大的问题，深度挖掘本质原因，并提出可行的解决路径与对策。着力解决好制约国企健康发展的内外部矛盾，加速建立现代企业制度，包括完善公司的所有权结构及治理结构等，建立国企高层领导人员分级管理制度、实行适应社会主义市场经济的企业薪酬分配制度以及对企业内部人事制度进行深化改革，以确保国有企业产权明晰、职责分明、政企分开、科学管理。

二是应深化国有企业审计监督，将推进国有企业转型升级、优化经营机制、提升经济效益作为审计目标。企业作为市场经济主体，其核心任务就是实现更高的经济效益。因此，国有企业审计就应将深入分析企业效益状况作为审计工作中心，并针对国企运营管理方面提出有效建议，帮助企业开发自身潜力、改善经营管理、降低成本，以促进国有企业进一步与市场经济相契合，实现国企经济效益和社会效益的深度融合。通过增强国有企业经济活力，推进国有经济战略性结构调整，从而达到提高经济效益、实现国有资产保值增值的主要目标。

三是要进一步防范国有资产流失与提升抗风险能力。强化监管是确保国有企业健康发展的重要保障措施。新一轮国企改革，明确把强化监管作为重要内容。国有企业审计作为国有企业监管的一个重要举措，对国有企业运营管理而言意义匪浅。在国有企业的改革发展进程中，必须进行审计监督，建立完善的国有资本审计监督体系和制度，以确保企业国有资产审计监督全面覆盖。审计机关通过加强对企业关键业务的审计，发现问题和潜在风险，以提出相应的改进和优化建议，帮助企业规范操作流程，提高管理水平和效率；通过加强对改革重点领域的审计，可以推动改革进程，确保改革政策的有效落实，进一步促进国有企业廉政建设；通过加强对国有资本运营重要环节的审计，可以确保资本运营的透明度与合规性，维护国有资产所有者的权益。此外，审计还可以通过加强对境外国有资产的监督，发现境外资产运营中存在的问题和风险，并提出相应的改进措施，防止国有资产的流失。

四是要健全集中统一的国有企业审计工作体制机制。国有企业审计工作涉及党和国家事业全局，必须在党中央集中统一领导下开展。党的十九届三中全会要求构建并完善全覆盖的审计监督体系，保障审计机关能够更好地利用审计监督的职能。在国有企业审计工作中要以新时代背景下的要求和使命为指引，遵循新时代习近平总书记和党中央对国有企业审计的要求，丰富审计手段，加强审计管理，改革和完善集中统一的国有企业审计体制。

二、新时代背景下我国国有企业审计仍旧存在的不足

随着我国经济体制改革的深入，许多国有企业都从传统的单一国家所有制结构转向以国家独资、国家控股、国家投资等多种所有制发展为特征的混合所有制改革，并出现了一系列国际化、跨地区、跨行业、多利益相关者结构。复杂的形式使得国有企业的发展以及国有资产的保值增值充满了挑战，就目前的发展现状而言，国有企业审计在应对国有企业当前发展形势以及解决相关问题方面仍存在以下不足之处。

（一）审计下沉程度不足

目前，国有企业审计的覆盖面较窄。国有企业审计在省、市、县三级审计

机关中的覆盖情况，呈现倒三角的分布结构，即表现为省级审计机关审计的国有企业覆盖面最广、数量最多，市级次之，而县级审计机关则很少或者几乎不会去审计辖区内的国有企业，且一般县级的国有企业都只是国有企业的分支机构或下属单位。这直接会导致省、市、县三级审计机关审计覆盖面不足，审计资源利用率低下，审计执行与企业改革之间的矛盾突出等。此外，现有的审计队伍也无法满足国有企业审计工作量日益增长的需求，以及对国有企业深入审计的要求。

（二）内部审计协同作用弱

现阶段部分国有企业的内部审计基础薄弱，审计力量不够均衡。一些企业管理者对内部审计的作用认识不足，对审计行为存在偏见，因此拒不配合内部审计调查，从而使内部审计工作难以开展。有的企业虽然成立了内部审计机构，但审计人员的专业素养不足，内部审计机构"不够活跃"或"长期处于恢复期"，使得内部审计机构"名存实亡"。除此之外，很多企业的内部审计机构完全依赖社会审计人员的工作结果，其往往只负责与外部审计机构联系，并不组织、参与审计工作，这导致内部审计在企业管理中并未发挥其职能作用，形同虚设。

（三）审计成果利用率低

对国有企业进行审计，其审计内容通常包括企业的损益状况、资产状况以及负债情况等，审计目的是得出合理、有效的审计结果。上述所说的审计结果是了解当前国有企业经营情况的主要依据，同时也是企业未来财务收支管理以及投资决策的重要参考。然而，目前许多国有企业在进行财务决策时，仍将信息报告和财务报表作为主要信息来源，而审计工作成果所起到的作用也仅仅是作为参考依据出现，并未对其进行充分合理的利用。甚至在某些国有企业中，审计工作仅仅是"表面工程"，而且审计工作开展时间跨度大的限制，导致其无法为短期决策提供依据。此外，很多国有企业对审计结果的分析与利用不够重视，这直接导致审计工作成果不能得到及时有效的反馈，因此，企业中存在的问题就无法得到动态调整与追究，很多财务问题无法得到解决，就会直接影响企业的经济效益。

（四）审计技术更新进度慢

随着企业规模的扩大以及产业链条的延伸，审计范围变得更为广泛，审计内容也越来越复杂，我国的审计技术随之迎来了新的挑战。现阶段国家现代化发展进程逐步加快，因此对审计人员综合能力和技术水平的要求也进入了一个更高的层面，即审计人员不仅需要根据实际情况制定具体的审计方法，还需要在处理突发情况时能做到灵活应对，并且能够及时发现会计信息中存在的潜在问题和漏洞。除此之外，审计人员还需要合理整合信息技术、大数据技术和云计算等，以确保审计工作有序进行。目前我国大部分审计仍停留在手工审计阶段，逐渐与时代的发展脱节，这种工作方式使得审计效率和质量都大大下降，如果有部分企业采用特殊手段和技术来规避审计检查，使用传统审计方式就难以发现问题并进行纠正。因此，审计技术的创新与发展是我国国有企业审计目前应当关注的重点领域。

三、新时代背景下我国国有企业审计存在不足的原因分析

（一）审计的深度和广度上面临着新的挑战

从广度上看，国有企业是我国经济的支柱产业，近年来国企不断扩张，规模逐渐变大，在各行各业都占据了重大比例，包括石油、化工、机械、电子、金属、通信、建材等行业。由于经营范围和经营模式不同，国企涉及的行业面广泛，不同的国有企业其会计特点各不相同，这给审计人员实施审计工作增添了难度，要求其不仅掌握不同行业的会计特色，还要熟悉不同领域，对审计人员的专业素养提出了更高层次的要求。从深度上看，部分国有企业逐步向产业链下游发展，以获取更多利润。以一汽集团为例，其经营内容不仅包括汽车生产，还包括模具开发、汽车零部件生产等相关环节，在对其进行审计时，就要求审计人员必须深入了解汽车行业，了解其上中下游产业链的特点、生产流程以及技术等多个方面，只有足够了解掌握企业的全面情况，才能更好地运用分析性程序对其进行审计，避免潜在风险的存在。

（二）制度薄弱，未建立完善的审计评价体系

我国审计制度存在的问题主要表现为标准不明、内容宽泛、针对性不强以及未建立完善的审计评价体系等。由于审计过程得不到相关制度的保障，审计的真实性、合法性就会受到质疑，这在一定程度上损害了政府审计机关的权威性和公信力。另外，在评价指标方面，目前对公共实体责任主体进行的经济责任审计往往只是简单地列出责任主体的财务评价指标和经济技术指标，不同部

门、同一行业的不同经营体制，甚至同一企业在不同时期都没有可比较的依据，这就导致无法对结果进行综合分析。在经济责任方面，直接责任和间接责任、决策的集体责任和个人责任、操作失误的责任和故意失误的责任在分配上没有设立统一标准，难以区分。在政策制定和实施方面，由于企业战略制定、产品开发和生产经营都在不断变化，因此，避免短期效应，制定适合企业长期发展的政策是保证国有企业审计有效实施中的重中之重。

（三）未打通审计结果运用的渠道

审计成果的有效利用与各部门之间的协调配合以及对审计成果的认可度密切相关。但由于国有企业审计查出的问题涉及重大经营决策或商业机密，审计结果无法公开，仅能在管理部门及相关职能单位之间共享审计取证、审计报告以及重大问题的移交处理，审计成果的影响范围和适用性有限。同时，部门管理者对审计工作抵触情绪明显，认为查处审计问题是否定自己工作业绩的行为。因此在面对审计问题时，领导者往往采取避重就轻、敷衍塞责等手段逃避。除此之外，国有企业纪检监察、组织人事等部门之间的协同协作亟须增进，未形成监督合力，制约了审计成果运用的深度和广度。

（四）审计的技术方面面临着新的挑战

随着信息技术的发展，国有企业体量持续发展、产业链不断延伸，对企业的管理需求而言，以往的财务会计方式已无法满足。目前多数国有企业通过使用信息化财务系统或ERP系统来实现会计电算化，以满足日常经营管理的需要。但是，目前只有用友、金蝶、四方以及讯达等大型财务核算程序得到了广泛应用，而ERP系统的开发依旧主要倚赖国外开发商，我国国企内部资源无法支持自行开发财务软件系统，如SAP、ORACLE、QAD等被大型国企广泛使用的ERP系统，都是基于大型数据库支持的且其数据库结构极其复杂。虽然我国审计署自行开发的AO系统，可以打开基本的财务软件系统，但是目前大数据仍旧处于发展阶段，数据库不断更迭，市场上的软件系统频繁进行更新，该系统并不能满足大型国有企业的审计需求。而且SAP、ORACLE、QAD等ERP审计系统结构复杂，审计人员很难在较短的时间内既摸清财务系统同时又完成审计工作。因此，应当培养审计人员创新型审计技术的应用，熟练掌握利用IT技术提高审计效率的能力，进一步加强审计信息化建设。

第五节　新时代背景下完善国有企业审计的对策建议

按照新时代深化国企改革的要求，借鉴国外审计机关对国有企业审计的历史经验，进一步完善我国的国有企业审计，应当遵循由"管企业"向"管资本"转变的政策要求，明晰我国国有企业审计的目标和重点，坚定我国国企审计的定位，建立健全新时代国有企业审计监督体系，全面推进我国国企审计监督的全覆盖。根据审计法的规定，应当对国有企业财务、经济责任等方面实行"全面审计、突出重点"，国有企业审计重点关注宏观政策和重大决策的执行和落实情况，监管国有企业资本的投资运营情况、社会效益的实施情况等，调节企业运营成本，维护国有企业运行；关注领导干部在任期内执行经济和财务管理制度的情况，加大对国有企业领导人任期内经济责任的考核，完善国有企业领导人权力的制约，建立健全国有企业审计监督制度；重点关注国资监管部门履行监管职责，推动监管部门职能转变、优化管资本方式，促进优化国有资本布局、规范国有资本运作、提高国有资本配置和运行效率；最后，进一步执行对国有企业对公共资本投资活动的专项审计，保障国有资本的安全运营，做好国有资本经营预算的审计，提升国有资本经营预算执行绩效。

一、以管资本为主线，实现审计监督全覆盖

根据中共中央、国务院关于公共资产管理体制改革的精神，公共资产监管机构的职能、公共资本许可管理制度、公共资本流动的优化配置、公共资产运营的集中统一监管等公共资产管理体制应从国有企业管理转向公共资本管理。审计机关的主要工作则应聚焦在资本管理上，以资本为纽带，以产权为基础，明确审计监督的方向和重点。

通过对制定国家发展规划、产业政策和国有企业资本绩效管理标准的政府机构进行审计，以确保国有企业资产管理制度的政策制定、国有企业许可和资本管理的改革、国有企业资本投资和运营的重组和组建作为主要目标得到落实。通过对国资委、有直接关联企业的部委、有直接关联企业的协会或商会等公共资产监管机构进行审计，检查其在建立健全公共资本流入和流出机制、制定公

共资本投资负面清单、管理公共资本处置、规范投资等方面的资本融资责任。对于在政府直接许可履行资本融资，或在国有资本监管机构的间接允许下进行资本融资，从而进行资本投资和运营的企业，对其进行审计时，重点关注涉及国家安全和国民经济的经济活动和关键领域，以及其通过资本融资、投资运营的情况，以促进国有企业改革和升级转型，优化国有资本结构，保障国有资本安全；重点审查国有企业为保障国有资本合理流转、国有资产保值增值等所采取的方法是否合理、规范，是否采用有效的措施提高国有企业的运营效率，进而提高国有资本的回报率；此外，还可以根据政府监管机构的授权，监督出资人权力的行使情况，监管出资人的经济责任执行的效率效果等。

目前，我国开展了一批国有企业审计试点活动，根据国有企业自身的改革情况，分别组织对直接授权模式和间接授权模式的国有企业实施审计。评估控股或占主导地位的国有企业的财务状况、资本运营和内部监管情况，保障国有企业持续稳健发展，维护国有资产安全。另外，还评估了非国有控股或者非主导地位的企业对国有企业参股的必要性，以确保国家政策目标的实现。

二、完善法律法规和制度，加强国有企业内部审计

建立健全国有企业内部审计制度体系，实行党委或者主要领导人直接负责的国有企业内部审计监督体系，不断健全和完善直接领导下实施的国有企业内部审计工作制度，强化对国有企业内部审计的指导，重点领导对内部审计的设计、统筹协调和督促落实。在不断完善国有企业内部审计的制度和各项规定的基础上，针对国家政策跟踪落实、国企改革重点内容、国有资产保值增值以及境外国有资产的监管等重点事项和重点领域，持续发掘问题、寻找对策、补齐短板，为构建符合我国国情的国有企业内部审计制度体系添砖加瓦。坚持"应审尽审、凡审必严"，对党和国家关于国有资产监管的重要政策和要求落实情况、国有企业改革重点任务落实情况、管理人员经济责任履行情况、国有资本管理、使用和运营情况等进行全面、规范的各类审计监督，重点关注深化国有企业改革过程中的苗头性、片面性、典型性问题。积极推进内部审计监督工作，做到无死角、全覆盖。

三、防范重大经济金融风险，深化国有企业审计整改格局

持续推进国有经济布局优化和结构调整，推动聚焦主责主业，增强国企核

心竞争力和抗风险能力。要始终把揭示风险隐患摆在更加突出的位置，督促健全细化"三重一大"决策机制及操作规程，严格规范国企金融业务，对违规决策造成重大损失的典型问题，提级追责、穿透治理，及时揭示国有资产管理中存在的影响国有资产安全的问题，推动有效防范各类风险连锁联动，积极主动应对不稳定不确定因素，同时在国有企业审计工作中坚持边审计、边建议、边督促整改，进一步树立国有企业审计整改工作权威、提升审计效率，深化全面整改、专项整改、重点督办相结合的审计整改总体格局。有关部门按照工作职责，牵头开展专项审计整改，加强各类监督贯通协同，有效形成整改合力。要建立健全国有企业审计与纪检监察机关的贯通协同工作机制，将国有企业审计中查出的重大问题线索及时移送、及时查办、及时反馈，深化国有企业审计整改格局。

四、加强审计信息化建设，提升审计工作效率

当前，我国国有企业审计领域信息化建设尚未普及，直接影响了审计工作效率的提升。对此，国有企业应当采取针对性措施，以促进信息化建设的完善和普及，如加大对审计工作的资源支持力度、对相关软硬件设施进行改造升级、提升内部管理人员对企业信息化建设的关注程度，使企业资源向审计工作倾斜等。通过加强信息化建设，审计人员可以迅速获取相关信息，减少人为失误，从而大幅提升审计工作的处理效率，这是提高审计工作质量的重要保障。此外，国有企业的信息化建设也有助于促进信息流通。

五、重视对审计结果的运用与管理制度完善

在国有企业审计工作的建设和完善中，要想使得审计工作职责明确，就需要更加注重对审计结果的应用和管理。只有这样才能促成审计成果更好地与实务相结合，进而助力国有企业的经济决策，促进国有企业持续健康发展。在目前的审计实践中，根据审计成果可以对企业战略目标进行改进和调整，这对企业发展的战略方向起到了关键性作用。国有企业应基于自身的组织结构，综合考虑审计结果的应用和管理制度，将审计结果应用于审计实践中，从而实现国有企业内部有效监督和管理。在对审计结果运用与管理制度优化的过程中，需要重点把握审计工作制度体系的客观性和全面性。审计工作的结果既可以用于

对财务经营状况进行审查，了解企业的财务经营状况，也可以在国有企业重大经济问题的决策中为其提供助力。因此，审计结果的运用与管理制度的完善是当下国有企业审计工作的一项重要任务，而这一任务的实施，还应站在国有企业战略高度，对国有企业审计工作的结果给予足够充分的重视，并将审计结果纳入国有企业重大战略决策和经济决策的考量中。

第八章

资源环境审计的治理效能分析

第一节 我国资源环境审计的发展历程及现状

一、我国资源环境审计的发展历程

资源环境审计是中国特色社会主义生态文明体系的重要组成部分，对于解决当前资源环境相关问题、推动我国现代化环境治理体系构建、加快美丽中国建设具有不可替代的保障和监督作用。近40年来，我国资源环境审计工作伴随着国家治理能力和治理水平的不断提升，先后经历了起步、探索、发展、提升四个阶段（图8-1）。

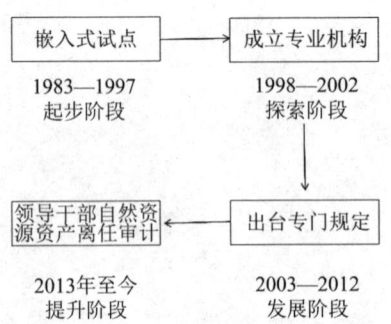

图8-1 我国资源环境审计发展历程

数据来源：我国资源环境审计的发展历程 [EB/OL]. 中华人民共和国审计署，2010-06-07.

(一) 1983—1997 年：起步阶段

起步阶段虽然尚未明确"资源环境审计"这一准确概念和具体工作环节与流程，但自我国审计机关成立起，审计工作的审计对象和审计内容就涵盖了资源环境领域。这一时期的资源环境审计主要作为其他审计业务的附属活动，嵌入其他审计活动的开展过程，并且这时的资源环境审计对象主要围绕各类环境保护资金的使用情况以及环境保护项目的进度，而没有更多地关注环保政策的执行等方面。

(二) 1998—2002 年：探索阶段

1998年，审计业务内容拓宽的同时，审计技术也得到了长足发展。审计署为了便于开展资源环境审计的相关工作，设立了农业与资源环保审计司，其专门负责开展审计工作。农业与资源环保审计司的成立标志着我国资源环境审计事业进入了新阶段。与此同时，地方各级审计机关依照审计署的指示也陆续成立了基层组织机构。

当时，受审计业务国际化的交流、合作力度不断加大的影响，我国资源环境审计的国际化趋势日益明显。为了适应这一时期的发展需求，审计署将资源环境审计的工作内容细分为环境污染治理和生态环境保护两方面。自2000年我国审计长当选亚洲审计组织环境审计委员会主席开始，我国审计正式打开了迈向国际的大门。两年后，我国审计署成功入选了世界审计组织环境审计委员会执委会公布的成员单位之一。这一系列国内发展成果与国外交流成果足以体现出我国资源环境审计在这一阶段的探索与进步。

(三) 2003—2012 年：发展阶段

2003—2009年，我国资源环境审计事业迎来发展黄金期。这一时期，审计署从资源环境审计的角度出发，成立了专门负责各专业审计有关人员配置和相关行业业务规划的环境审计协调领导机构。得益于这一举措，该时期的资源环境审计事业逐步发展成一项综合性、系统性、多元化的审计业务活动。

除专门机构和人员的设置与安排，此时审计署还积极开展了一系列相关的实践活动，资源环境审计也摆脱了单一的审计模式，逐步将生态环境审计拓展细分为土地资源、矿产资源、水资源、大气污染等多门类审计。2008年，我国审计署出台的五年发展规划明确将资源环境审计列为国家重大审计之一，力求构建契合我国发展现状的资源环境审计新模式。为了进一步保证各级审计机关在进行资源环境审计相关工作的过程中有据可依,审计署于 2009 年发布了《审计署关于加强资源环境审计工作的意见》。这些审计文件的出台和审计实践活动的开展,为资源环境审计的进一步发展注入了强大动力。

(四) 2013 年至今:提升阶段

党的十八大以来,以习近平同志为核心的党中央对生态环境保护的重视程度逐渐加强,明确要大力落实领导干部任期内生态文明建设的责任制度。为此,党的十八届三中全会通过了《中共中央关于全面深化改革若干重大问题的决定》,该决定明确部署了领导干部自然资源资产离任审计的有关工作。

2015 年以来,根据党中央、国务院决策部署和《中共中央办公厅 国务院办公厅关于印发〈开展领导干部自然资源资产离任审计试点方案〉的通知》等要求,审计署应将工作重点放在建立健全规范合理的领导干部自然资源资产离任审计制度,将"边试点、边探索、边总结、边完善的工作方针"落到实处,使得我国资源环境审计体系与审计能力得到进一步完善与发展。

中央全面深化改革领导小组于 2017 年 6 月在第三十六次会议上通过了《领导干部自然资源资产离任审计规定(试行)》。同年 9 月,中共中央办公厅、国务院办公厅随即印发了《领导干部自然资源资产离任审计规定(试行)》。至此,该项工作在相关制度的依托下,逐步以点到面拓展开来,并不断走向规范化、合理化、科学化的方向。

领导干部自然资源资产离任审计制度的建立,标志着我国相关审计工作实施的效率效果得到了全面有效的提升,使得我国生态文明治理体系进一步完善。

二、资源环境审计的界定

资源环境审计是以我国科学发展观及可持续发展战略为指导,在资源开发、环境保护管理等方面,由国家审计机关监督、评价或鉴证政府有关部门或企事业单位所进行的审计。资源环境审计的工作主要是以实现我国可持续发展战略目标为核心,进而考察政府相关部门是否能够保证资源的利用效率以及对环境保护工作的重视程度,并承担相应的责任。

三、资源环境审计目标的国际比较

资源环境审计主要服务于国家环境治理,但由于不同的国家存在着体制的差异，因而其各自的资源环境审计目标侧重点也有所不同。

在英国，审计署须向国会下议院设置的环境审计委员会及环境、食品和农村事务部提交政府相关部门在可持续发展和环保等方面的报告。英国审计署将可持续发展、大型长期项目及环境税务的财务审计作为该审计的重点关注对象，并将财政是否资金合理配置、资金投入效果作为其资源环境审计的主要目标。

加拿大的资源环境审计工作开展情况由环境与可持续发展专员代表审议长向议会报告，专员还对审查并评价联邦政府的可持续发展战略的落实情况负有责任，并对联邦政府实现联邦可持续发展目标程度进行跟进报告。

澳大利亚的环境资源政策重点以保护生物的多样性为主进行制定及实施。澳大利亚政府最核心的环保法律是于1999年颁布的《环境保护和生物多样性保护法》（EPBC法案），该法有关规定明确表示所有预计会给国家环境造成恶劣影响的行为的落实与开展都必须事先经历评估程序与部门批准。因此，澳大利亚审计署以法案相关规定为依据，将评估环境部门对重大影响行为是否进行了有效管理作为该审计的审计目标。

相比之下，我国的资源环境审计目标更为全面，其目标的具体内容主要体现在以下三方面：一是不断完善我国资源环保的立法体系，时刻保持高质量的法治建设和执法水平；二是确保资源环保治理监督体系的完善与标准，进而保证管理水平的规范化；三是保证该项专项资金使用的合理性、合法性和效益性；四是提高相关部门单位的社会责任感，进而保证资源环保意识得以深入人心。

四、我国资源环境审计实践现状

结合近年来审计署审计公告，从审计内容和审计对象两个维度分析我国资源环境审计实践现状。

通过对2016—2022年（截至2022年审计署第1号公告）的审计署公告整理分析，可以将审计内容分为经济效益及生态效益两个维度。在所统计的11个审计项目中，不仅有污染防治审计、环保专项资金审计、自然资源资产审计等传统审计项目，还包括重点区域、生态保护区审计，例如，针对长江区域及环渤海区域等重点生态区域的审计。[①] 这说明我国资源环境审计内容广泛，涵盖资

---

① 参见中华人民共和国审计署网站，审计署2016—2022年审计公告。

源环境保护的方方面面。

此外，审计署审计公告高频率以"项目"为主题，这反映我国在审计内容方面注重环境治理项目的审计。同时，审计公告中对"资金"的关注程度较高，注重资金使用效益的审计。由此可见，我国资源环境审计不仅注重经济效益审计，还注重对生态保护责任落实、污染防治、生态修复等生态效益的审计，审计内容上双轨并行，既注重财政资金使用与管理，又注重资源环境保护主体责任落实。详见表8-1。

表8-1 2016—2022年审计署公告资源环境审计项目

序号	项目	审计内容	
		经济效益	生态效益
1	1724宗矿业安全审计	矿产资源资金征收、管理和使用情况	资源资产保护责任落实
2	883个水污染防治项目审计	水污染防治专项资金使用情况	项目效果、水污染防治规划与预算资金匹配情况
3	18个省节能环保重点专项资金审计	节能环保专项资金情况	节能减排政策落实、新能源汽车补贴政策落实
4	长江经济带生态环境保护审计	生态环境保护相关资金管理使用情况	落实习近平总书记有关长江经济带生态环境保护重要指示情况
5	8个省矿产资源开发利用及相关资金征管审计	矿产资源价款等费用情况	资源资产保护责任落实情况
6	29个省本级、200个市本级和709个县土地出让收支和耕地保护审计	土地出让收支情况	建设用地审批、土地利用和耕地保护政策落实情况
7	40个地区自然资源资产管理情况审计	无	土地利用和耕地保护、退耕地保护政策落实情况
8	46个地区领导干部自然资源资产离任审计	无	自然资源资产管理和生态环境保护责任落实情况

第八章 资源环境审计的治理效能分析

续表

序号	项目	审计内容	
		经济效益	生态效益
9	环渤海地区5省市（北京市、天津市、河北省、辽宁省和山东省）生态环境保护情况审计	环境保护资金分配与使用	农业污染防控、工业污染防控、环境保护政策落实、资源开发与修复
10	污染防治相关审计	无	长江生态保护修复、黑臭水体治理、机动车污染治理、机动车排放质检等
11	污染防治相关审计	防治土地污染、水污染中央专项资金分配。土地复垦费使用情况	土地污染、大气污染防治情况调查。生态环境区域保护规划、外来物种调查情况

数据来源：根据审计署2016—2022年审计公告内容整理。

我国资源环境审计对象包括水、土地、大气、森林资源等自然资源，涵盖范围极广。近年来，水资源审计被审计署审计公告多次提及，是众多自然资源中的重点审计对象。有学者对2016—2020年审计署公告关键词进行统计，发现水资源问题占自然资源问题的46.41%，土地资源问题占17.57%，大气资源问题占23.18%，其他自然资源占8.72%（图8-2）。由此可见，在我国资源环境审计揭露的自然资源问题中，最为突出主要是水资源问题、大气资源问题和土地资源问题，审计机关也对这些问题给予了重点关注。此外，我国对垃圾处理也给予了关注，2017年《生活垃圾分类制度实施方案》正式执行，在审计署揭露的问题中，垃圾处理问题占4.12%，这说明我国资源环境审计的审计对象得到拓展。[1]

---

[1] 李曼，龙佳楠.政府资源环境审计：实践现状与优化建议——基于审计署2016—2020年审计结果公告[J].审计月刊，2021（8）：4-7.

143

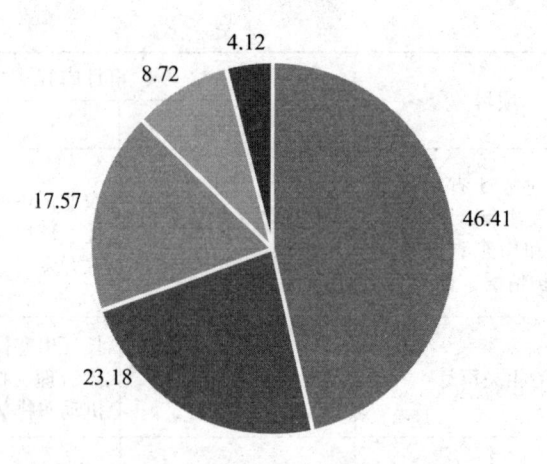

■ 水资源　■ 大气资源　■ 土地资源　■ 其他自然资源　■ 垃圾处理

图 8-2　2016—2020 年审计署公告揭露问题统计（单位：%）

数据来源：根据 2016—2020 年审计署发布的审计公告按审计对象进行统计。

第二节　我国资源环境审计的主要内容及特点

一、资源环境审计的主要内容

经过对近五年审计署公告的统计，水资源、大气资源及土地资源审计出的问题最多，因而成为审计机关重点关注的领域。本节将从以下五种具体的资源审计出发，总结归纳各项审计的主要内容。

（一）水资源审计

水资源属于自然资源占比最大的一类，而审计机关重点关注能够直接被利用并且可靠被计量的一项自然资产，水资源资产离任审计是对在任领导管辖地内，审计人员按照国家法律相关要求，审核领导干部任职期间对水资源的管理行为是否履责。具体审计内容如下。

1. 审查水资源基本情况

这个情况也就是领导干部在任期间，水资源开发利用情况，通过数据可以直观反映水资源的保护与利用程度是否仍存在帕累托改进。

2. 审计水资源管理工作履职情况

通过借阅政府相关资料，核查地方政府对水资源管理的制度设计是否合理，以及合理评估管理工作实施的效率。

3. 审核水资源费

针对征收水资源费，重点关注资金的征收与使用过程中是否存在违规问题，将数据纵向与往年进行比对，评估征收金额是否合理。

4. 水污染防治情况

首先确定允许排污的企业名单、审批流程是否合规，同时这些获得批准的企业是否存在逃避监管的情况。

5. 违规案件情况

通过查阅档案，重点关注与水资源密切相关的案件情况，挖掘水资源执法体制中的漏洞，评价相关领导干部责任人是否存在失责问题。

(二) 大气资源审计

大气资源审计是资源环境审计的重要内容之一，是继水资源之后，审计署重点关注的第二个类型的资源审计。大气资源审计的目标是在实践中总结出一套符合我国客观条件的审计准则，倡导资源节约利用，重视生态环境保护。具体审计的内容如下。

1. 审查相关部门对于大气污染防治政策的贯彻落实与执行情况

审查被审计单位地方政府是否按照环境保护法开展相关活动，并按照上级部门的要求编制相对应的防治大气污染的文件；审查被审计单位的部门设置是否能够满足实际工作需要，配套的硬件与软件的准备是否可靠；监督环境保护考核的内容是否全面、有效且符合规定。

2. 对大气污染防治决策进行审计

主要审核与大气污染防治相关的系列重大决策的部署，关注决策产生程序的合法合规性，审查所作决策是否符合低碳、可持续发展的环境保护理念。

3. 对大气污染防治约束性指标进行审计

这一工作重点在于目标责任书的出具，目标责任书是衡量防治大气污染的外在表征，通过审查目标责任书的实际履行情况及关注相关数据披露的真实性，进而了解大气污染防治约束性指标设置得是否合理、有效。

4. 审查大气污染防治过程中所发生违规案件的处理情况

主要职能是为审查审核相关职能部门对造成大气资源破坏和大气污染等违法案件的处置、处罚及持续追踪力度，防止发生案件处置不及时、不到位导致并未采取有效措施而阻止相关违法行为的现象。

5. 审查与监督大气污染防治项目的建设与推进

跟进大气污染防治项目的建设及全阶段运营、推进情况，统筹全过程从而把握重点。在这一事项的审计环节中，需要着力关注的是大气污染防治项目从前期申报、中期实施乃至后期管护过程中的具体的业务实施与落实情况，以确保大气污染防治项目的高效、高质开展。

（三）土地资源审计

在进行土地资源审计的相关工作时，审计人员需首先对相关环境进行具体分析，进而才能继续收集、考察对其会产生影响的社会、自然资源的有关数据及要素。该部分的具体审计的内容如下。

1. 审查土地资源利用的总体规划及执行

重点审查开发利用土地资源的过程中是否严格按照总体规划实施，以确保规划能够得以贯彻落实；审查区域、城市规划等建设用地是否切实以总体规划为指导进行合理布局，有无超出实际要求或挪作他用的情况。

2. 审查耕地保护责任目标的实现情况

重点审查相关部门是否能够高效达成上级所制定的年度耕地保有量及基本农田保护面积等任务目标；重点审查被审计单位在耕地的补占过程中是否达到了基本平衡，是否严格遵循了"先补后占"的原则，是否存在多占少补、乱占乱补的情况；重点审查是否通过年度补充耕地和土地整理任务的完成情况判断耕地保护责任目标的达成情况。

3. 审查土地审批及征用情况

重点审查在审批、征用过程中是否存在未报批就开发利用土地，越权审批、违规侵占等问题；审查各相关部门是否存在违法侵害被征地群众权益的问题。

4. 审查土地供应合规与否

重点审查土地供应的手续、方式、程序是否合法合规，是否存在违反相关政策规定及国家明令禁止的行为；审查工业用地和经营性用地是否存在出让土地等违反法规要求的问题。

5. 审查土地开发利用情况

重点审查相关部门在进行土地开发利用时是否存在低效浪费问题；着重审查集约用地是否存在过度消耗的情况。

6. 审查土地登记与发证情况

重点审查在土地登记与发证的过程中是否存在违法违规的情况。

7. 审查土地相关专项资金的收入与支出情况

重点审查相关专项资金的使用有无违规违法情况的出现以及土地出让支出以及整理项目资金是否合理、合规、合法。

(四) 矿产资源审计

目前我国矿产资源审计的审计对象还比较模糊，当前阶段的审计对象仍主要为地区"一把手"、相关部门及企业的负责人。由于审计对象存在差异，各自的审计内容和审计方向的侧重点有所不同，但具体审计内容大体涵盖了以下几点。

1. 审查相关主体是否依照法规编制了矿产资源规划

为了对相关审计工作的展开进行指导，各级政府应以自然资源部发布的《全国矿产资源规划（2008—2015年）》为依据制定符合本地区发展现状的矿产资源规划，作为开展各项开发、利用矿产资源相关活动的指南。

2. 审查矿产资源总体规划的落实情况

重点审查在对矿产资源进行勘查、开采的过程中总体规划的落实情况，这是确保矿产资源得到合理开发与利用的先决条件；审查在特定区域进行矿产资源开采时，是否严格遵循了"可采、限采、禁采"的相关要求。

3. 审查矿山环境的恢复治理和环境影响评价制度的落实状况

重点审查矿山开采主体是否依据相关法律法规制定合理有效的矿山环境保护与治理恢复方案，并审查方案落实是否到位；审查矿山开采主体是否按照规定缴纳矿山地质环境恢复保证金，有无出现瞒报情况等。

4. 对矿业权的出让和审批登记进行审查

重点审查出让和审批登记程序是否合理、合规、合法，是否存在越权审批或违规的情况，防止相关违法行为持续蔓延。

5. 审查采矿权有偿处置工作完成情况

重点审查采矿权的行使是否符合相关法律法规的规定，审查是否存在将采矿权私自出让、出售的情况。

6. 审查矿产资源的综合开发利用情况

重点审查开采矿产资源所涉及的三项指标：开采回采率、选矿回收率、综合利用率，并对其进行分析、评价、判断是否符合国家要求，是否存在低效使用等问题。

7. 审查矿产专项资金的征收、管理及使用

重点审查相关专项资金的征收、管理情况，确定其征缴是否合法、合规，有无漏缴、少缴等情况的出现。

(五) 森林资源审计

森林资源是自然界与人类社会不可或缺的重要资源之一。对森林资源进行审计、加强森林资源的统筹管理，不仅是积极保护森林资源的有效举措，同样也是促进资源可持续利用的有效策略。作为资源环境审计活动的一类，森林资源审计的重点在于通过对相关领域进行考察与了解，分析当前政府部门是否积极履行自身受托经济责任，进而决定解除其职权与否。具体审计的内容如下。

1. 审查森林资源保护与发展目标责任制的建立与落实情况

主要包括相关部门是否制定了确切的考核办法以考察保护与发展目标的责任机制，以及在办法指引下是否能够获得相关且可靠的考核结果。

2. 审查森林资源状况

作为最直观的评价标准，应将森林覆盖率、森林蓄积量两项指标作为重点审计对象，并确保在各级政府领导人员的任期考核目标中是否被作为重点审查内容纳入。此外，还应具体检验分析其指标数据是否达到了科学合理的增长水平。

3. 审查湿地资源情况以及各自然保护区在内的生态保护区的开发、利用和保护状况

审查其面积、内部环境等变化情况，以此来评价开发利用及保护活动。

4. 审查年度森林采伐限额的执行情况

主要考察分析年度林木采伐总量是否始终保持在合理水平，有无超出限额指标的情况出现，有无采伐过度甚至没有上报的情况。

5. 审查占征用林地情况

重点审查实施主体在利用林地开展必要的公共基础设施建设时，其建设行

为是否经过综合分析、是否得到法定授权。

6. 审查年度森林防火任务和造林目标完成情况

重点对年度森林防火责任目标任务的完成情况进行审查；重点对国家重大造林目标的实际完成情况进行审查。

7. 审查林业专项资金的使用情况

主要对相关专项资金的使用是否合理、合规、合法，有无超支、挪用的情况等进行审查，其专项资金主要包括育林基金、森林资源补偿费、植被恢复费等。

二、资源环境审计的特点

目前我国国家审计对象的范围十分广泛，审计机关依据审计业务内容和职责分工设立专门机构各司其职。由于资源环境系统是开放性极强的系统，较之其他专业审计，资源环境审计又呈现出相应的特殊性，主要表现在以下五方面。

（一）审计范围广泛

从纵向来看，其审计范围涵盖自然、经济、社会三个层面，具体而言也就是在开展审计活动时，应将社会物质的高需求，经济能够持续健康发展的可能性，以及自然环境对社会和经济发展的承载能力这三者纳入相关审计活动的综合考量范围内。从横向来看，资源环境审计的范围具体包括资源环境法规政策措施的落实情况与执行效果，资源环境专项资金征收、使用的真实、合法和效益，资源环境管理及相关机构设置的健全性、职能设定的科学合理性、监管实施的有效性及潜在资源环境风险评估，等等。

（二）审计对象全面

资源环境审计的对象涵盖范围极广，包括：制定、贯彻执行资源环保政策和措施的政府及有关部门；对资源环境负有治理和监督职能及责任的各级资源环保部门；负责、承担资源环保专项资金安排的发放、财政以及其他涉及资源环境保护的部门，如国土、环保部门等；实施资源环境建设或治理的主体单位，如重要资源的开发、利用和保护单位，生产性企业、商业性企业、医疗卫生部门、城市公用事业单位以及相关基建项目的建设管理单位等。

（三）审计事项宽泛

资源环境审计的具体事项较为宽泛，包括：政府内部对负有环境保护责任的子部门等所开展的环境治理监督;审计主体对于规划、开发、利用国有资源的行为;对于国家资源环境保护方面的规划、实施、治理行为;对于资源型工业企业及其他相关企事业单位的生产经营活动也有所涉及,主要是检查其生产经营活动对资源环境的影响;审查改建扩建、技术改造、房地产开发、老旧城区的改造等基本建设项目的施工建造对资源环境产生的影响;交通运输部门、能源供给管理部门等公共事业单位的服务性供给行为,则主要考虑其一系列行为对资源环境的影响;可以看到,作为社会主体的人类在社会生活中实施的几乎所有可能对资源环境造成破坏的具体行为和其他活动等包含在内,这一系列行为与活动都被资源环境审计所涵盖,充分体现出其范围之广泛。

（四）审计技术更加专业

在开展资源环境审计过程中不仅要分析、评价相关环保资金的真实使用效率和落到实处的效果,还要进一步分析、评价相关项目的开展情况和推进成效,只有通过综合性分析才能更加全面且直观地了解到政府相关部门对资源环保政策法规的落实情况,以及对可持续发展战略的实施情况;此外,还应当分析、评价政府履责绩效,确保其在资源利用和环境保护方面的工作制度及管理方法是得当且有效的。因此,开展资源环境审计活动的审计人员需要对相关专业知识有全方位、深层次的了解,以保证其在进行工作时能够准确把握工作重点、正确选择适配方法;能够对工作过程中所获得的相关资料数据加以分析及归纳整理;能够对审计结果中发现的问题提出专业性的审计意见及建议。

（五）审计取证偏向现场性

审计人员只单纯地对书面资料和数据进行资源环境审计不能够实现资源环境审计的具体目标。资源环境审计的方法决定了对资源环境现场检查的侧重点,只有亲自到达现场取得真实可靠的数据,对所得数据进行核查,才能对被审查的资源环境状况有更加充足、直观、准确的把握;审计人员通过到达现场取证和勘查,才能更加客观地判断被审计单位是否贯彻落实我国的环境保护政策;并且通过联合环保、国土等有关专业部门进行审计活动,利用其专业技术知识,才能确保资源环境审计活动的开展质量。

以上特点决定了资源环境审计无法在相对封闭的工作环境中由一个部门组织完成,它涉及所有的审计业务板块。各部门都必须执行国家的资源环保政策要求,而这些政策具体体现在财政、信贷、产业升级以及投资等各个方面,在财政、金融、企业、投资审计中都有相应的工作任务，领导干部任期内的环境效益评价也成为经济责任审计的必然内容。只有将资源环境审计作为一张工作网，嵌入各专业审计中，同时，借助社会审计、内部审计的力量，整合地方审计机关的资源，形成合力，才能发挥更大的作用。因此，资源环境审计在整个审计工作中，成为继财政审计之后又一个需要由审计署统筹计划管理、确定工作目标、协同组织实施，并建立健全行之有效的制度和协调机制的审计类别。

第三节 我国资源环境审计的国家治理职能及成效

一、我国资源环境审计的国家治理职能

我国资源环境审计的国家治理职能可以从两个维度理解，即对内职能与对外职能。就对内职能而言，资源环境审计是国家履行政治职能与社会职能的具体表现；就对外职能而言，资源环境审计能够维护国家资源能源安全，能够起到维护国家安全的作用。

（一）政治职能

1. 促进国家资源环保政策的落实

经济高质量发展是党中央与政府极为重视的一个长期战略，其战略地位十分重要，必须深刻认识经济高质量发展所涉及的基本因素与阶段性发展目标，最终促进经济、政治、生态、社会等各方面、全方位、立体化的协调发展。多方位的协调发展就要求不能以牺牲一方面的发展或保护为代价来换取其他方面的发展，这样的发展模式是既不可持续又不科学的，这种发展模式的典例就是以牺牲环境来换取经济增长，这种发展模式只顾经济短期内快速增长，而忽视了对于环境的污染与破坏，所造成的后果与经济高质量发展以及解决我国社会主要矛盾是相违背的。这种模式所造成的后果破坏了生态环境，极大地阻碍了现阶段我国经济高质量发展、转变经济发展方式的进程，使得新时代下实现高质量发展进程中出现了明显短板，即生态文明建设，因而必须将资源、环境、生态问题摆在重要战略位置，提高全社会对生态文明的重视程度，推动向绿色发展方式转变。

高质量发展的推进与实现，关键在于通过转变经济发展方式为发展注入新活力。生态环境、绿色发展是高质量发展的前提与基础，也是推动高质量发展的基本因素，决定着国民经济与社会发展的文明水平。因此，要实现经济的高质量发展，就必须从改变粗放的资源使用方式、转变为资源节约型的资源使用方式这方面入手，这同时也需要全社会积极践行节约资源、保护环境的资源环保政策。也正因为上述两者的矛盾与之间的问题，资源环境审计在兼顾经济发展与保护环境的重大战略中起到了关键的协调与调节作用。作为独立的监督部门，国家审计机关负责对各级政府及部门和单位开展资源环境审计活动，国家审计机关会对属于审计范围的审计对象执行严格的资源环境审计程序，这能够揭露部分地方政府存在的执行、贯彻资源环保政策时不到位、效率低的现象和问题。国家审计机关在开展资源环境审计过程中，审计范围涵盖极广，既会对环保资金进行审查，也会考察、评价各级政府及部门执行、落实国家生态环境以及自然资源政策和措施的情况，通过进行严格审查与评价，进而及时发现、纠正其中存在的问题以及落实、推进过程中可能出现的错误，有助于相关资源环境政策的具体执行，促使地方政府及有关部门或单位贯彻高质量发展理念，加快落实国家战略，监督其认真贯彻执行相关政策法规，提高其对资源环境相关法规的重视程度，使得政策落到实处，提高国家各级政府的生态主体意识，自觉提高政策法规的执行效果和管理水平。

2. 提升环境财政资金使用效益、打击经济犯罪

十八大以来，环境保护和生态文明建设战略地位提升，被党中央和国家高度重视，国家出台了许多相关法律法规以加强生态文明体系建设，并且在资源环境领域投入的财政资金逐年递增，已涉及巨量财政资金，因此，对于环保领域的资金的使用及其效率必须慎之又慎。相关环保资金使用的真实性、合法性作为资源环境审计的首要对象，审计机关在对其进行审计监督的过程中，相结合地全面推进资源环境绩效审计。同时，国家审计机关对待这一领域里的乱象零容忍，对于一系列的违法违规问题以及破坏环境的现象严肃处理，加重处罚力度，提高违法违规的处罚金额，一定程度上"倒逼"部分地方政府更加关注和重视资金的使用效益和效果，促进各级政府加快、加强反腐倡廉制度建设，提升自身廉政水平，保持自身纯洁性，逐步强化对公权力的监督与制约。审计人员通过审查资源环境保护各种资金使用情况、项目进展情况、政策执行情况，

152

揭露政府部门及相关单位领导干部的不当行为,能够防止不合理行为的再次发生,维护经济活动秩序。

3. 促进审计专业自身的发展

现代审计是在传统审计基础上,经过多年的实践与修正,及时更新相关审计技术与方法所逐步形成的审计,因而与传统的审计相比,其更符合时代发展趋势,更加具有明显的时代特点,具体表现在以下三方面。一是随着经济发展,相关业务活动得到了极大扩展,经营管理审计在传统的财政财务收支审计的基础上也被纳入现代审计的审计范围内,这将审计范围延伸到经营管理领域,扩宽了审计领域。二是传统审计活动的开展主要是为了预防和保护,其目的更多偏向单纯的预防性和保护性,而现代审计综合考量范围更广,其目的则是防护性与建设性兼顾,在预防风险发生的同时,也着重建设相关体系,两者并重,这一特点在资源环境审计活动中表现得尤为明显。三是传统审计的审计方法均采用账项审计,审计技术相较落后,而现代审计抽样方法效率与效果更高,其被大量运用于现代审计活动中,并且现代审计通过计算机软件辅助审计活动开展。资源环境的复杂性与专业性,也决定了资源环境审计方法具备专业性与多元化的特点。传统的财务审计方法无法完全适应资源环境审计,大数据、新技术应用成为该项审计使用的主要审计方法,并且随着社会多学科的相互交叉、相互发展,许多自然科学和社会科学的技术手段也被广泛用于资源环境审计的具体实施过程,比如,物理力学常识可以帮助解释部分现象,化学手段有助于检验部分资源的特性,这些手段也帮助了审计机关对资源环境开展更为精细的审计活动。

(二)社会职能

1. 转变经济发展方式,促进经济结构优化

长期以来,我国采用粗放的发展方式助推经济快速发展,与此同时,也产生了一系列如资源枯竭和环境污染等生态问题。加快转变经济发展方式,不仅是加强对环境的保护,更是为经济发展创造再生动力。随着我国对环境质量的重视以及资源环境审计力度的加强,资源环境审计的重要性日益明显,资源环境审计得到大范围普及,这使得相关企业加快了淘汰落后产能的步伐,发展方式也逐渐坚持节能降耗,生产技术在科技创新的引领下也随之升级,一系列的产业调整、体系升级促进了生态循环经济建设等项目的落实,这也有助于逐步

优化资源配置方式，最终实现经济增长由原先的主要依靠增加物质资源消耗，向主要依靠科技进步、劳动者素质提高、管理创新转变。

资源环境审计直接作用于资源环境的开发利用与生态环境的保护，可以促进我国经济结构的不断优化。资源环境审计机关是在深刻理解各项资源环境的相关政策措施的基础上开展审计活动的，依法对国家的资源开发利用与生态保护政策的执行落实情况进行监督，这有助于资源节约与生态保护型国家建设。资源环境审计通过对落后产能的抵制与淘汰，对破坏环境产业的信息进行披露与揭示，引导生产者逐步向高效、绿色、低碳、环保产业的方向靠拢，纠正高耗能低产出的生产方式，最终优化产业结构。

2. 推进生态文明建设

资源环境审计一定程度上直接评价、考核、奖惩了生态环境保护制度的落实，同时又起到了引导全社会做好生态环境保护工作，因此，实现资源环境审计的目标对于生态文明建设目标的实现具有促进作用，建设生态文明体系、树立生态文明观念是新时代下推动科学发展、促进社会和谐的前提。资源环境审计通过发挥预警功能，防止相关主体继续污染、破坏生态环境，为人民群众拥有美好生活与经济社会持续发展提供了基本的环境保障，并且将资源浪费、开发不合理的行为以及破坏生态环境等违法违规行为曝光，提供了可持续的环境条件。

3. 合理规避环境风险

资源环境审计的目标与生态文明建设的目标相一致，可以对被审计主体产生同向激励作用，提高相关部门与领导干部履行资源环境责任的主动性，通过审计监督提前进行整改，从而避免了故意不作为、乱作为等现象。对资源环境进行审计既是国家意志的体现，又是贯彻"绿水青山就是金山银山"这一理念的具体表现。针对资源环境审计后发现的问题及建议，对于完善相关的法律法规，建章立制，健全自然环境保护与合理开发利用资源资产管理体制，加强监管，维护多方参与保护与监督制度，均起到了一定的借鉴作用。

（三）维护国家能源资源安全

纵观我国近些年来的发展，我国的外向型经济发展已处于瓶颈之中，已然面临寻找发展绿色新动力、转型国内产业的艰难挑战。资源环境安全作为我国国家安全的内容与战略构成的一部分，其地位尤为重要。推进上下联动、提质增效的审计制度安排，构建集中统一的审计制度体系，形成协作配合的监督机制是资源环境审计制度进一步发展的核心内容。通过具体审计业务合作，制定协作分工方案形成监督合力，可充分调动各方积极性，发挥各方优势的方式，打造国家资源环境审计监督体系。因此，应当通过加强资源环境审计，深度揭示当下我国资源环境中存在的问题，并分析、评估相关潜在风险，进而推算两者发生可能性并对其采取防御措施，加快推动我国资源环境安全战略和政策落实进度，引起各方主体注意，提高其对于资源环境的重视程度，为维护国家资源环境安全提供坚实保障。

二、我国资源环境审计实施的成效

（一）资源环境审计在促进转变经济发展方式中取得的成效

审计机关多年来开展的资源环境审计工作已经在促进转变经济发展方式中发挥了积极的作用。审计署组织驻地方特派员办事处实施资源环境有关的审计（调查）项目，开展的审计活动的范围涵盖广泛，既有对国有土地专项资金使用情况的审计，也有对矿产资源开发利用情况的审计，节约环保与调整产业结构、污染防治与企业节约增效的结合情况也包含在审计范围内。地方各级审计机关也在贯彻国家精神，听从中央指示，积极响应国家战略，积极开展、推进资源环境审计，取得了一系列丰硕的审计成果。

1. 为国家制定和完善有关资源环境政策法规提供重要借鉴和参考

实施资源环境审计项目的过程中会收集到大量真实数据，发现当中存在的问题，这将被作为审计工作结束后披露审计意见的依据。审计署通常会向国务院报送汇总审计信息与审计结果，其内容主要包括报告或专题报告、审计要情、重要信息要目、其他重要审计信息等，及时向中央传递相关政策贯彻执行情况，之后国务院会将审计信息转送给相应主管部门，这使得审计工作的效果得到落实。这些报告和信息承载了审计机关汇总的审计成果，这也将成为制定和调整相关政策的重要依据和参考。

2. 严肃查处重大违法违规问题，保证国家资源环境类专项资金使用管理的安全和完整

"全面审计，突出重点"是审计署开展审计活动时的工作要求，在实施资源环境审计中，审计署及各级审计机关对于风险较大的生态环境开发项目进行严

格审计，通过审计结果揭露了一批破坏生态环境、损害群众利益和生命健康、引发社会尖锐矛盾的典型案例，并将相关线索移交给了有关部门，加强全国各部门之间的联合、联动工作与机制建设，负责人与其他相关人员都被严肃处理或受到法律制裁。通过对这些重大违法案件进行审计、查处，不但严肃了财经法纪，对不法分子以及心怀不轨的人员起到了惩戒和警示作用，也为资源环境类专项资金使用管理的安全性、完整性和效率性提供了保障。

3. 督促有关地方政府和部门严格贯彻执行环保政策法规、加强内部管理

在资源环境审计项目的组织实施过程中，审计活动引导地方政府及有关部门深化对生态环境战略地位的认识，督促其严谨、高效落实政策法规，切实将生态文明建设纳入履职范畴，推动政策转化为具体实践，让人民群众切实感受到国家与政府保护生态环境的坚定决心。习近平总书记曾对长江经济带的发展与保护作出多次重要指示，强调要始终坚持"共抓大保护、不搞大开发"这一原则，审计署严格贯彻落实习近平总书记指示与党中央精神，从2017年12月到2018年3月对长江经济带的生态环境保护开展了资源环境审计，这一行动不仅揭示了长江经济带内以破坏环境为代价的建设活动大肆开展的乱象，更揭露并整治了沿江工业园区位置设置不合理、小型水电项目开发无序、效率较低，对长江经济带投入的污染防治投资资金绩效不高等问题，为长江经济带的生态良好治理与发展提供了充分保障。

（二）资源环境审计在生态文明建设中取得的成效

2021年10月，联合国在我国召开以"生态文明：共建地球生命共同体"为主题的全球性会议，这不仅体现了国际社会对我国环境保护与生态文明建设的高度认可，更表现出我国在国际社会上对保护环境的大国责任、大国自觉与大国担当。从国家治理体系与治理能力层面来看，加速完善生态文明体系，推进生态环保制度建设，是我国政府部署的一项重大任务。国家资源环境审计作为资源开发利用管理和生态环境保护的保障，对于生态文明建设起到了积极的促进作用。

1. 揭示资源节约利用和环境保护领域存在的突出问题，督促有关地方政府和部门严格执行政策法规，提高资源管理水平与环境保护能力

农业与资源环保审计司对国家资源环境政策和措施贯彻落实情况开展审计活动，并对其负有主要责任。开展资源环境审计工作，加强审计力度，促使地

方政府及有关部门认识到保护生态环境、践行新发展理念的重要性,督促其贯彻执行政策法规,使相关主体在执行政策法规时更为严肃、彻底,将生态文明理念融入、实践到具体活动中。

例如,黄河流域作为国内生态环境重点治理区域,对其开展水污染防治与水资源保护审计调查活动尤为重要。2010年资源环境审计的审计结果反映了黄河流域河道被乱占的问题,审计结果公告后,中央电视台《焦点访谈》和《新闻调查》两个栏目对公告反映的24个建设项目违规占用河道的问题以"被蚕食的母亲河"为专题进行了跟踪报道。水利部及水利部黄河水利委员会先后成立10个调查组赴各地督促整改。目前,据水利部的整改报告,问题得到陆续解决。[①] 在审计的大力推动、水利部门的重拳整改以及中央媒体的舆论监督共同作用下,黄河流域乱占河道的行为得到初步遏制,特别是"河道不侵占"被黄河水利委员会正式列入今后黄河治理的五大目标之一,这足以体现出资源环境审计对于联合各部门共同处理违法违规问题的重要作用,有助于改善各地生态环境,提高环境质量,加强各地资源环境管理。

2. 后续整改措施"倒逼"相关主体提高资源管理和环境保护的能力。通过为政策法规制定提供参考依据,进而完善相关体制、机制以及制度建设,维护国家资源环境安全

农业与资源环保审计司在开展审计活动时,通常从体制、机制、制度三方面入手,发现、分析并处理存在的问题,依据对事实的评价提出审计意见,提供有效建议,为维护我国资源环境安全提供审计方案与合理保障。近些年来,资源环境审计工作在全国越发普及,审计活动得到充分认可,农业与资源环保审计司的一系列工作取得了显著成效,一共向国务院和有关部委报送了91篇审计报告和信息,这些报告和审计信息不仅包含着对真实情况的分析与评价,更涵盖着党中央和国家的智慧与精神,这为相关政策的制定和调整提供了真实、完整的信息来源,也扫清了后续的落实、执行进程中的阻碍,逐步建立健全资源环境管理法律法规体系。各省省委、省政府也坚决贯彻中央理念,大力支持资源环境审计工作,地方审计机关的资源环境审计工作进度较以前大有提升,生态环境保护措施得以顺利实施。以2009年开展的矿产资源专项审计调查为

---

① 邓伟丽,宋佳. 我国政府环境审计研究:以黄河流域水污染防治为例 [J]. 商业会计,2012 (22):58-60.

例，该项调查在结束后将调查所得的稀土资源开发利用情况等信息及时上报，多位国家领导人对组织上报的信息作出了重要批示和指示。也正是资源环境审计的反馈功能，使得相关信息及时上传工业和信息化部、发展改革委等12个部委。依靠这些信息及时联合开展工作，按照国务院领导对稀土信息的批示贯彻执行相关规定要求，各部门联合制定相关处理方法与处理方案，出台了一系列制度措施，例如，对矿产资源总量加以控制，调整相关具体指标以提高矿产资源使用效率，强化出口配额增强在外市场的竞争力，等等。这些措施不仅为我国稀土资源的利用提供了切实保障，还提升了我国稀土产业在国际市场的竞争力，更提高了我国稀土产业在外部市场的话语权和议价权，这足以体现资源环境审计在我国稀有矿产资源的保护、开发和利用方面所发挥的重要作用。

第四节 新时代背景下我国资源环境审计存在的不足及原因分析

一、新时代背景下对我国资源环境审计的要求

国家"十四五"规划纲要将"优化国土空间开发保护格局"和"推动绿色发展，促进人与自然和谐共生"作为实现生态文明建设新进步的重要举措，为做好新时代生态环境保护工作提供了重要指引，也明确了今后资源环境审计的重点内容。

（一）推动构建国土空间开发保护新格局

在审计中，特别是在领导干部自然资源资产离任（任中）审计中，我们要围绕构建生态文明体系，关注上述三大空间格局的自然资源开发利用情况和领导干部履行自然资源资产管理和生态环境保护责任情况，促进被审计地区不断优化重大基础设施、重大生产力和公共资源布局，加大基本农田和生态空间保护力度，增强农业生产能力，促进落实领导干部生态文明建设责任制，推动尽快建成主体功能明显、优势互补、高质量发展的国土空间开发保护新格局。

（二）助力提升生态系统质量和稳定性

我国要实现强化国土空间规划和用途管控，实施重要生态系统保护和修复

重大工程，构建以国家公园为主体的自然保护地体系，实施生物多样性保护重大工程、健全生态保护补偿机制等方面明确目标任务，积极推进山水林田湖草系统治理，着力提高生态系统自我修复能力和稳定性。"十四五"期间完善自然保护地、生态保护红线监管制度的要求和系统性综合治理工程的开展，将会带来新的资源环境审计重点和要求，需要我们从生态环境的连续性、系统性出发，加强对生态系统保护和修复政策的研究，围绕土地、矿产、水、森林等自然资源开发利用和生态保护修复情况，关注山水林田湖草系统治理和自然保护地、生态保护红线监管等制度落实情况，推动建立健全河湖休养生息的长效机制，推动构建以国家公园为主体的自然保护地体系，推动落实最严格水资源管理制度，推动完善生物多样性保护网络，促进生态系统良性循环，建设更加牢固的生态安全屏障。

（三）促进持续改善环境质量

我国确定了深入开展污染防治行动、全面提升环境基础设施水平、严密防控环境风险、积极应对气候变化、健全环境治理体系等重点工作。我们更要关注改善环境和保护生态的政策执行情况，紧盯资金使用，围绕各级财政安排的生态环保、资源能源节约集约利用等资金，重点关注资金分配、管理和使用情况，以及生态保护修复、环境治理、产业绿色发展等项目实施情况，提高资金使用绩效，促进自然资源依法有效保护和合理开发利用，推动生态环境持续改善。

（四）加快发展方式绿色转型

我国要求坚持生态优先，绿色发展，确立了全面提高资源利用效率、构建资源循环利用体系、大力发展绿色经济等重点任务。我们继续关注强化绿色发展的政策和各地方政府贯彻落实全国主体功能区规划、企业环境信用体系建设以及淘汰落后产能与化解落后产能等政策要求的落实情况；关注重点领域和重点区域污染防治情况，以及环境保护和节能减排约束性指标管理情况；落实最严格的环境保护制度，推动深入打好污染防治攻坚战，推进重点行业和重要领域绿色化改造，加快绿色低碳发展，提高资源利用效率。

（五）深入推进区域重大战略实施

各区域要聚焦实现战略目标和提升引领带动能力，推动区域重大战略取得新的突破性进展。因区域重大战略不尽相同，这里以黄河流域生态保护和高质量发展为例。国家"十四五"规划纲要和《黄河流域生态保护和高质量发展规划纲要》均明确了黄河流域生态保护和高质量发展的重点任务和规划目标，为我们开展黄河流域生态保护和高质量发展审计提供了制度保障，资源环境审计可以紧紧围绕规划明确的加强上游水源涵养能力建设、增强中游水土保持能力、下游湿地保护和生态治理、水资源节约集约利用等方面确定的重点任务、重点项目、重要目标开展工作，以卓有成效的审计成果扎实推进黄河流域生态保护和高质量发展。

二、新时代背景下我国资源环境审计仍旧存在的不足

（一）环境审计的制度规范不足

制度规范即正式依据，资源环境审计作为政府行为，其基础理论与作业标准应当有正式的法律法规或官方作业准则加以确定。

就理论规范而言，我国资源环境在经历四大阶段的演进后，其在理论层面已经取得巨大进步，但是依然存在不足。我国资源环境审计与英国、加拿大、澳大利亚等国家相比关注更为广泛，既关注环境财政资金的财政审计，又关注生态保护的效益审计。但是，随着社会经济的发展，我国在资源环境审计上的理论深度有待提升。在审计全覆盖及建设生态文明的新要求下，目前资源环境审计理论尚无法完全适应实务需要。传统理论认为资源环境审计是政府主导型审计，但是不符合社会协同治理的新趋势。传统资源环境审计理论注重从财政资金与生态保护两个维度评价生态责任，但是如何平衡经济效益与生态效益尚需进一步研究。此外，随着社会经济的发展，资源环境审计对象也是动态发展的，关于资源环境审计对象及目标的研究需要与时俱进，不断适应社会发展。

资源环境审计具有政治评价功能，是对当地政府及官员落实生态保护主体责任情况的检查与监督，其作业标准与评价体系是对审计工作在政治层面上的规范。在资源环境审计推进过程中，需要充分的内容依据，而我国虽然有着完备环境保护法律法规，但是缺乏具体的实施标准，对工作人员应当遵守的操作标准规范不足。特别是在审计评价上，一是缺乏对审计人员问题的处置办法，二是缺乏统一的评价标准，这些问题影响着资源环境审计工作的质量，影响着资源环境审计治理效能的发挥。

(二) 审计治理缺乏社会协同

资源环境审计是生态文明治理的重要一环，要提高治理效率、更好地发挥资源环境服务于社会生态文明建设的治理效能，需要社会的协同参与。

社会力量是开展资源环境审计的重要主体补充。就社会媒体及群众而言，他们接近基层，能及时发现当地资源环境存在问题及了解审后整改效果，是重要的社会监督力量，开展资源环境审计之前，通过与媒体及群众的交流，了解当地资源环境现状，将媒体与群众作为重要的消息来源，能辅助审计人员确定审计重点，帮助审计人员对症下药。社会审计能就资源环境审计项目发表专业、客观的见解，并提出有效的建议，能辅助政府审计更加专业地开展资源环境审计项目。就内部审计力量而言，其是单位内部的监督机构，参与了项目的规划、立项、建设、投资等各环节，了解单位的内部业务状况及控制体系，能辅助审计机关开展资源环境专项项目审计。

但是，就当下而言，我国资源环境审计缺乏社会协同，主要体现在以下三方面。一是缺乏与社会监督力量的有效沟通交流渠道。在审前，审计人员与媒体及群众的交流效率不高，难以快速捕捉重点；在审后，缺乏有效的反馈机制，审计人员难以从社会准确了解审后整改效果，影响资源审计效能的发挥。二是社会审计力量参与度有限，社会审计力量在资源环境审计过程中参与度不高，难以就资源环境审计提供专业服务，提供有效建议。三是缺乏有效内部审计参与机制，在资源环境审计中，内部审计力量更多的是信息提供者，而非审计过程的参与者，内部审计力量难以发挥其信息优势。

(三) 审计人员自身与环境不适应

审计人员的自身素质与专业技能是做好审计工作的关键，而资源环境审计是一项复杂的工作，对审计人员的要求较高。

一方面，审计人员要有扎实的专业知识与技能。资源审计专业性强，融合了审计、环境、生物、会计、计算机、工程项目等知识。在审计工作中，要求审计人员不仅熟悉基本审计业务，还要求审计人员掌握资源环境相关知识，能够综合运用财务、生物、环境等知识做出专业判断，且能熟练运用计算机技术、先进的地理信息技术等工程技术手段收集审计证据，完成审计任务。而在目前的审计实务中，审计人员存在知识面狭窄、对新技术、新方法运用不足等问题。

除扎实的专业知识与技能外，审计人员还应当拥有不断学习的精神、与时俱进的品质。随着我国资源环境保护工作的深入发展，资源环境审计工作对审计人员也不断提出新的要求。例如，传统的资源环境财政审计要求审计人员熟悉项目账目往来、熟悉环境建设重点，而生态效益审计则要求审计人员有可持续发展的观点，能够评价资源环境项目的生态效益，熟悉生态环境基本知识，把握生态保护重点。这一转变是审计重点与目标的转变，而审计人员的知识与思维也应当适时更新，才能适应审计实践的发展。而在目前的资源环境审计工作中，审计人员无法完全满足审计问题的需要，阻碍了资源环境审计工作的发展。因此，充分发挥资源环境审计的治理效能，满足新形势下资源环境对审计工作的新要求，就要不断推动审计人员自身与环境相适应，培养大量高素质的审计人才。

三、新时代背景下我国资源环境审计存在不足的原因分析

（一）资源环境审计宏观理论与实践差异

资源环境审计在我国起步相对较晚，虽然经过近40年的发展其在理论层面已经取得巨大进步，但是复杂的社会经济环境决定理论相对实践发展具有滞后性。

资源环境保护实践是复杂而发展的，已有审计理论无法与审计实践完全同步。首先，就审计规范而言，审计理论的滞后与资源环境保护实践的发展使得制定合理、完全、充分的资源环境审计标准难度加大，特别是在面对审计新问题时缺乏相应标准与操作流程，审计人员无法按照标准、合理的流程进行审计操作，这就影响了资源环境审计生态环境治理职能的发挥。

其次，就审计协同而言，传统的审计理论认为资源环境审计是政府主导的国家审计，在审计主体多元化协同推进审计治理方面，缺乏相应的理论研究。在现代经济发展趋势下，政府与社会的协同治理是提高国家治理能力与治理水平的必由之路，因此，审计主体单一、缺乏协同治理影响着资源环境审计治理职能的发挥。

最后，就审计人员而言，审计人员在已有的知识框架下无法完全适应新的资源环境保护实践，因此，在资源环境审计实践中便存在审计人员与环境不适应的情况。

（二）资源环境审计微观主体能动性不足

首先，资源环境审计涉及众多部门，在审计过程中存在着利益博弈。审计依据与评估标准影响着不同部门的绩效考核，因此，地方部门在依据自身情况制定审计标准时会受部门利益博弈的影响，这就阻碍了充分、合理的审计依据的制定。

其次，政府对外存在信息壁垒，在事关经济与环境的敏感问题上与社会协同治理的能动性不足，审计主体多元化存在阻力。资源环境问题事关当地经济与社会发展，触及领导干部政绩评估的核心问题。

最后，资源环境审计业务复杂，对审计人员的专业要求高。审计人员在专业水平上的不足使其无法完全适应实践形势的发展。同时，审计人员在长期的审计实践中容易形成路径依赖，难以脱离原有知识框架，主动学习新知识的能动性不足，这使得审计人员与环境无法完全适应，影响审计实施效果。

（三）资源环境审计中观各环节信息交流不畅

信息交流直接影响审计效果。首先，基层实践经验与教训是制定审计政治规范的重要基础，基层与规范制定者之间存在消息交流障碍，基层经验无法及时向上反馈，反馈之后也无法及时上升为审计规范，影响充分、合理的审计依据的制定与实施。其次，政府部门与社会多元主体之间存在信息壁垒，彼此之间因目标与利益的不同存在信息交流阻碍，无法就资源环境审计及时达成合意，影响多元审计主体的协同治理。而社会经济的发展也使得知识更新速度加快，审计人员无法及时获取信息，对于实务变化把握不足，无法及时更新知识、提升技能，也影响了审计效能的发挥。

第五节　新时代背景下完善资源环境审计的对策建议

一、制度规范方面

（一）加强内外合作，完善资源环境审计理论

国际环境审计委员会（WCEA）于1992年成立，此为国际社会上最高审计机关，在其发布了许多资源环境审计工作指南之后，许多国家的资源环境审计

研究得到了快速发展，其中美国、加拿大、荷兰、澳大利亚等国表现得尤为突出。与先进国家相比，我国在资源环境审计方面的研究较为落后，截至目前仅有20多年的研究，虽然取得了一定的成绩，但是整体而言还是处于起步阶段。受我国现有的不完善的资源环境审计理论体系影响，我国各个地区的资源环境审计开展效果不够理想。因此，我国在审计研究上，要加强国际交流，积极学习国外先进审计经验及理论。在审计方法方面，完善现有资源审计理论，结合我国资源环境审计现状，探索符合中国国情的资源环境审计路径，根据时代发展和现实需要，深化对审计对象、审计目标的研究，探索更加合理、充分的审计标准，为规范指导资源环境审计工作的开展提供理论制度保障。

（二）健全相关法律法规制度体系

健全的法律法规体系是开展资源环境审计的强制支撑。目前，开展资源环境审计工作可以遵循依据的法律主要是《中华人民共和国环境保护法》和《中华人民共和国审计法》，这两大法律涵盖内容多，只有个别条文涉及这些工作，仅仅对如何有效开展指明了指导的方向，但缺少具体的操作指南。因此，有必要建立专门的法律体系，细化法律条文，从立法层面明确审计与资源环境的联系，确定各级审计机关的监督职能，强化执行保障，树立资源环境审计的权威性，将这项工作列为各级审计部门的常态化工作，加强对当地资源环境工作的事前预防和事中监督和控制。除此之外，审计署还应该建立内容详细、操作性强的资源环境审计准则和操作指南。审计署可以参考国外一些已经较为全面的制度要求，结合我国实际，充分总结我国历次开展此类审计遇到的问题，征求各地学者、从业人员的意见，集思广益，制定适合我国国情的资源环境审计工作准则，为资源审计工作开展提供法律规范。

（三）积极深入研究，建立完善资源环境的指标和考核体系

只有建立了详细、客观的审计指标体系，资源环境审计工作才能实现预期的审计效果，领导干部才能认识到资源开发利用和生态环境保护的重要性，才能将生态问题始终摆在工作决策过程中，才能真正发挥审计结果的作用。目前，在全国各地开展的资源环境审计工作中，各地都根据自身实际设立一些评价指标。但是由于不同地区的资源特点、社会环境不同，所以这些指标差异较大，不具备一致性。因此，审计署应当建立一个涉及所有领域适用于各个地区的指标体系，各级审计机关在开展审计时以此为基础，结合当地的实际情况再进行

细化，从而更加科学地对被审计地区的资源环境管护情况进行评价。详细来讲，首先是针对某类单一资源设置评价指标，然后将其扩展到所有资源环境，分别设置大气污染、噪声污染、水污染、固废污染等资源环境损害或治理方面的指标，水资源、矿产资源、土地资源等资源保有和消耗方面的指标，最终形成涵盖所有类别的综合评价体系。其次是设置生态恢复和效益的指标。如果当地的某一环境已然被污染，当地政府已经采取了一定的措施进行生态修复，此时设置衡量生态恢复情况的指标是必要的。再次是设置资源环境类财务收支指标。在资源环境审计中必然会涉及对资源环境类工程项目资金对管理使用情况进行审计。最后是设置衡量相关部门的配合程度、被审计单位的政策合理性以及本地资源环境类安全生产事故的发生率等指标来对被审计单位的行为进行评价。资源环境审计的审计结果应与经济责任等其他审计结果相结合，使之真正成为约束党政机关、企事业单位落实生态文明建设政策、履行环保责任的有力手段。

二、社会协同发展方面

（一）引进社会专家，实施"专家引进战略"

审计机关与社会力量的协同效果如何，很大程度上取决于如何运用社会专家的力量以提高审计质量。社会力量不乏资源环境领域内的高水平专家，除社会审计组织经验丰富的注册会计师及审计师外，资源环境、生物等领域内的专家也是重要的帮助力量。因此，除了加强现有审计队伍的培训招录之外，还需要注重引进审计专家。

一方面，应建立外部专家长效购买机制，向社会审计组织、高素质审计人员、相关专业机构及高校专家购买服务，让其参与政府重大资源环境项目的审计，实施审计全过程的合作模式。政府及审计机构应当为此建立标准体系，明确社会审计组织及相关专业机构专家的资质，规定合作模式及工作职责，并建立专家人才库，评估符合资质的三方机构，在实施重大资源环境审计项目时，根据工作需要选择外部专家及社会专业组织，并向其购买服务。

另一方面，要建立外部专家长期咨询与引进机制。要与当地及周边地区高校开展长期合作，聘请具有丰富资源环保领域理论知识和实践经验的外部专家，成立资源环境审计专家小组，提供资源环境类审计业务咨询和技术指导，在重大资源环境审计项目上及时向外部专家咨询，广泛采集专家意见。要建立人才引进机制，对于资源环境审计急需的环境学、社会治理等方面的人才加大引进力度，将高素质人才引入审计机关中，充实本地审计人员专业力量，增强审计能力，提高审计质量。

（二）加大宣传，注重社会监督

资源环境是人民群众能真切感受到的社会生活方面，资源环境状况好不好，人民群众对此有直观评价。因此，要充分发挥人民群众的力量，提升社会参与度，让全民参与生态文明治理。

首先，审计机关应当充分借助新闻媒体，加大资源环境审计及有关资源环境政策的宣传力度，提高当地群众对资源环境审计工作的知晓度，增强群众的环保意识，让舆论力量得到有效发挥，审计人员在开展审计工作之前，应当充分调研，向当地群众、媒体了解资源环境现状，以帮助审计人员快速确定审计重点。

其次，审计、自然资源、生态环境等部门应该进一步完善资源环境信息披露制度，明确信息披露的内容、格式和方式，及时公布相关信息，用简洁易懂的方式披露资源环境审计公告，提高信息透明度，让群众及时了解掌握当地的资源环境情况，增强社会公众的监督意识，使得相关部门和单位在进行工作决策时时刻紧绷资源环保这根弦，促进资源有效开发利用，提升环境质量。

最后，应当建立有效的审后反馈机制，审计机关应当留有固定渠道以便媒体及群众反馈审后整改事项。一方面，审计机关应当在审后一段时间内定期进行调研及回访，回访对象为媒体及群众，可通过电话访谈、网络调研、线下走访的形式了解情况。另一方面，审计机关应当建立有效的留言及反馈机制，例如，开辟专门门户网站、建立反馈专线、留有专门邮箱等，引导社会监督力量主动向审计机关传递资源环境整改信息，便于审计机关进行审后督导。

（三）建立有效审计机关与内部审计联动机制

内部审计是审计治理的重要一环，审计机关应当加强与内部审计的联动，建立有效的联动机制，增强监督合力。审计机关与内部审计的联动，精准发挥出协同作用主要可以从以下两方面进行。

一是建立有效的审计机关督导机制。督导即监督和指导，监督指的是审计机关对内部审计工作进行规范，监督内部审计工作有效开展，指导指的是审计机构对内部审计人员进行培训，对内部审计机构进行业务上的指导，提升内部审计机构业务能力。资源环境项目专业性强，审计机关要对内部审计加强监督，要从组织制度规范、工作流程、业务标准等方面规范内部审计的资源环境审计操作。要提升审计机关的专业指导水平，将审计机关对内部审计的培训与指导常态化，审计机关应当针对相关内部审计机构开展资源环境审计专项审计，加大培训力度，就资源环境前沿理论、技术方法、重点问题等进行培训，提升内部审计机构的专业水平。

二是建立有效协作机制。首先，内部审计应当协助审计机关的工作开展，自觉与审计机关共享信息，并就审计机关在资源环境审计中发现的问题进行整改，协助审计机关发布审计公告。其次，审计机关应当协同内部审计机构构建资源环境评价体系，搭建综合协作平台，就问题发现、问题整改、审计资源共享进行全方位合作，在资源环境审计工作开展过程中，实行动态协作，深化审计机关与内部审计机构的协同，形成监督合力，提升资源环境审计监督效能。

三、审计人才队伍提升方面

（一）加大现有审计人员资源环境审计招录培养力度

资源环境审计范围广泛、过程烦琐，审计人员必须拥有较高的综合素质以及较强的专业能力，必须同时具备进行传统财务审计和资源环境绩效审计的能力。审计人员的综合审计能力直接影响审计结果的质量。因此，对各级审计机关而言，要加强现有审计队伍的资源环境审计能力。

一是要通过组织工作人员培训、加强与当地高校的学术研讨以及与其他地区审计机关开展交流学习等方式，让现有的审计人才"走出去"，学习环境科学、政策科学和公共管理等方面的课程，提高个人综合能力。

二是要在各类审计人才招录考试中，扩大资源环境专业人员的招录比例，丰富审计队伍的人员构成，提高审计队伍的专业化水平，为今后更多更好开展这类审计提供人才支撑，进而充分发挥其约束政府部门及企事业单位进行生态决策的作用。

三是要加强行业监管，开展职业道德教育，建立审计终身问责制度。审计人员多为公职人员，在审计过程中可能会因为各种原因未能完全地履职尽责，因此有必要建立终身问责制度，将每次审计与个人的职业发展前途挂钩，以提高审计的可靠性、客观性。

（二）注重传统审计技术方法的特殊运用

审计人员应当加强学习，注重传统审计技术方法的特殊运用。在长期的审计实践中，我国审计人员经过不断的探索和经验总结，建立了适应中国国情的方法体系。

常用的审计方法有审阅法、核对法、调查法及鉴定法等，这些方法运用过程简单，容易掌握，可操作性强，在审计过程中极大地提高了审计效率。资源环境审计同样可以运用这些方法，但是为确保获得良好的审计效果，审计机关必须对这些方法进行创新运用，发挥其更大作用。

在运用调查法时，除需要明确调查目的、评估标准外，还需要从审计证据出发，明确数据的形式是传统书面描述型数据还是新型数字监测型证据，证据的来源是被审计或者是被审计单位往来业务单位，抑或是政府部门及相关公共组织。在运用鉴定法进行审计时同样需要特殊运用，目前，大多数审计人员仅仅对财务审计较为精通，对资源环境知识的了解相对较少，运用专家鉴定就至关重要，在审计过程中不仅可以邀请资源环境领域的权威专家进行鉴定，而且可以扩展该方法以聘请专家组成鉴定团队，针对审计过程中出现的不同问题，听取专家在资源环境审计监督和指导方面的专业建议。

（三）加强前沿科学技术方法学习与运用

审计人员要加强对前沿科学技术方法的学习，运用先进的技术手段开展审计工作。审计机关要充分利用地理信息技术、大数据技术，与自然资源局、生态环境局、水利局等单位沟通，搭建资源环境审计数据中心，加大对地理信息数据、财务数据的收集，推广先进的资源审计技术。在推广先进资源环境审计技术的同时，要注重引进高素质科技人才，对审计人员进行培训，以考核的方式提升审计人员运用先进技术方法的能力。

要加强大数据审计建设，积极开展大数据审计，引导审计人员积极利用大数据技术进行数据的收集和挖掘，培养审计人员的数据分析、对比、挖掘能力，让审计人员适应大数据审计建设，提升审计人员运用大数据技术的能力。

第九章

经济责任审计的治理效能分析

第一节 我国经济责任审计的发展历程及现状

一、我国经济责任审计的发展历程

经济责任审计是当前党和国家重点关注的审计领域,是人事部门考核、任用干部的重要参考依据,在加强监督管理、促进精神文明建设等国家治理方面发挥了积极的作用。自20世纪80年代以来,我国经济责任审计工作不断发展与完善,大致经历了萌芽起步阶段、探索发展阶段、规范提高阶段和创新完善阶段这四个阶段,并取得了明显的成效(图9-1)。

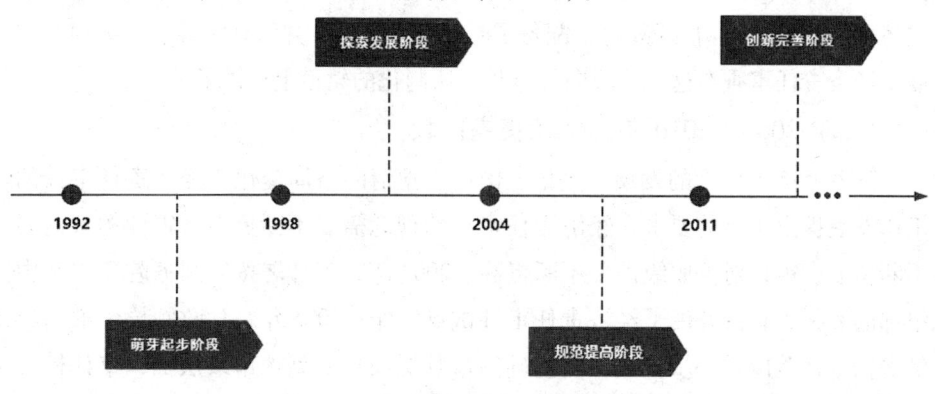

图9-1 我国经济责任审计发展历程

数据来源:根据本节内容简化汇总。

(一) 1985—1998 年：萌芽起步阶段

1978年实行的厂长（经理）分工负责制，使国有企业经营者的权利得到扩大，部分人员用权不慎，导致弄虚作假、侵吞公款的事件时有发生。1985年，各地审计机关为了解决这一问题，开始探索经济责任审计。1986年年底，审计署印发通知，在全国范围内开展了全民所有制企业厂长（经理）离任审计。随着此项审计工作的深入开展，各省、自治区、直辖市也先后颁布了地方性法规和政府规章，为经济责任审计工作实施审计全覆盖奠定了基础。1995年，菏泽地区率先引入了党政领导干部离任审计制度，将任期审计融入干部监督管理的标准实践。1998年2月，中央五部委发布通告，呼吁全国普遍采用领导干部任职期内的经济责任审计，标志着我国经济责任审计开启了新篇章。这一举措给审计领域带来了显著的发展。

(二) 1999—2003 年：探索发展阶段

自1999年5月以来，中共中央办公厅、国务院办公厅印发了一系列关于扩大经济责任审计范围的文件与暂行规定，以此来推进经济责任审计的发展。随后在2000年12月，审计署印发了《县级以下党政领导干部任期经济责任审计暂行规定实施细则》和《国有企业及国有控股企业领导人员任期经济责任审计暂行规定实施细则》，在这两个文件中对经济责任审计工作的各个方面都进行了说明，主要内容包括经济责任审计的指导思想、审计管辖范围、审计工作实施时间、审计程序、审计工作内容、审计方法评价和审计结果的使用等，使经济责任审计工作更制度化、规范化。同时，全国各级审计机关相继成立了专门的经济责任的审计机构（部门），配备了专业技术人员，并修订完善了相关规章制度。经济责任审查在这一阶段向规范化、法制化的轨道上迈进了一大步。

(三) 2004—2010 年：规范提高阶段

随着经济大环境的发展，世情、国情、党情的格局变化对经济责任审计的工作发展提出了新的要求，经济责任审计的理念需要不断更新、审计领域需要不断拓展、审计对象职级需要不断提高。2004年，审计署按照国务院要求和中组部的委托，首次开展了经济责任审计试点工作；2005年，党政领导干部的经济责任审计范围进一步扩大，由基础的市县层面扩展到地市级层面，审计机关的主要领导被列入经济责任审计范畴，除此之外，还针对部门和单位内部开展了领导干部经济责任审计，由此进一步扩展了经济责任审计范围；2007—2008

年，各地还开始探索县（市、区）长和书记的同步审计；2010年，在科学发展观的指导下，中央办公厅和国务院办公厅对经济责任审计的对象、审计内容、审计实施过程、审计评价、结果运用等方面均做出了明确的规定。经济责任审计在这一阶段得到了里程碑式的发展，经济责任审计迈入新阶段。

（四）2011年至今：创新完善阶段

党的十八大和第十八届三中全会明确强调了经济责任审计制度的重要性，以及加强行政监察和审计监督的必要性。习近平总书记多次强调，要强化审计工作以确保行使权力的合规性。在这一背景下，2014年，审计署等七部委联合发布了《党政主要领导干部和国有企业领导人员经济责任审计规定实施细则》。这一文件的发布不仅完善了经济责任审计制度，还明文规范了审计的实践工作，同时引入了党政同审的概念，进一步强化了审计结果运用工作。随后，在2019年，中央两办发布了《党政主要领导干部和国有企事业单位主要领导人员经济责任审计规定》，明确规定了经济责任的范围和内容。而在2022年，中国内部审计协会修订并发布了《第3204号内部审计实务指南——经济责任审计》，以指导经济责任审计的实践。这一系列文件的出台完善了经济责任审计制度，推动了其进一步发展。

二、我国经济责任审计的现状

通过对审计署公告关键词进行检索，发现经济责任审计占审计公告的25.58%，由此可见党和国家对经济责任审计工作高度重视和支持。如图9-2所示，以2012年为起点开始的后10年，我国纪检监察机关共立案审查调查干部80多万人次，其中乡科级干部61.6万人次，占比超3/4；县处级干部和厅局级干部分别为17万和2.2万余人次；省部级以上领导干部人次占比不足1‰，为392人。[1]

---

[1] 参见中华人民共和国审计署网站，审计署2012—2022年审计公告。

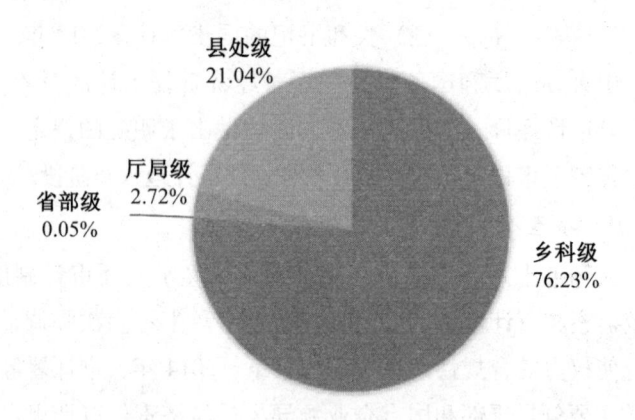

图 9-2　2012 年 10 月—2021 年 5 月我国经济责任审计人员按职级划分图

数据来源：对审计署 2012—2021 年公告关键词进行检索、整理和统计。

为主动适应新时代发展的新要求，扎实推进新时代背景下的经济责任审计工作，各地审计机关出台了一系列关于经济责任审计的文件，促进经济责任审计工作提质增效。笔者结合了近年来审计署与地方各级审计机关的审计公告，汇总了 2018—2022 年我国部分地区关于经济责任审计的相关出台文件，以此来分析我国经济责任审计现状（表 9-1）。

表 9-1　2018—2022 年部分地区关于经济责任审计的出台文件汇总

地区	时间	关于经济责任审计的出台文件
北京市	2018	印发《北京市领导干部经济责任审计和自然资源资产离任审计工作规划（2018—2022 年）》
北京市	2021	印发《2021 年地方党政领导干部"1 托 11"经济责任审计工作方案》
天津市	2020	通过了《天津市关于深入推进审计全覆盖的实施意见》和《天津市经济责任审计工作规划（2020—2024 年）》
重庆市	2020	出台了《中共重庆市委党校及 5 所市属高校主要领导干部经济责任审计工作方案》
重庆市	2021	印发《重庆党政主要领导干部和国有企事业单位主要领导人员经济责任审计实施办法（试行）》
重庆市	2022	出台《2021 年区县党政主要领导干部经济责任审计工作方案》

续表

地区	时间	关于经济责任审计的出台文件
辽宁省	2019	印发《辽宁省党政主要领导干部和国有企业领导人员离任经济事项交接办法》和《辽宁省党政主要领导干部和国有企业领导人员任前经济责任告知办法》
海南省	2020	印发了《省管领导干部履行经济责任重点风险提示清单》《海南省市县党政领导干部经济责任同步审计实施办法（试行）》和《海南省省管领导干部经济责任审计报告复查工作办法（试行）》等三项制度
河南省	2022	印发《审计项目结论性文书复核审理审定流程》
云南省	2022	编制印发《省管领导干部应当防范的各种经济风险警示清单》
江苏省	2022	印发新修订的《江苏省部门和单位内部管理领导干部经济责任审计办法》
新疆维吾尔自治区	2020	印发《自治区党委管理的党政主要领导干部和国有企事业单位主要领导人员经济责任审计工作规划（2021—2025）》；印发了《自治区本级经济责任审计工作流程和有关文书格式》
宁夏回族自治区	2021	重新修订和编制了《经济责任审计结果报告参考格式（试行）》《关于召开经济责任审计结果反馈会议的通知（模板）》《审计情况反馈意见（模板）》等三项制度

数据来源：根据2018—2022年审计署与地方各级审计机关的审计公告搜索关键词并整理。

整理的数据显示，我国经济责任审计领域目前正呈现出令人鼓舞的持续增长趋势。这种趋势体现在多个方面，包括审计工作的范围、形式、质量和效益等方面的不断改进。具体表现为经济责任审计范围在不断扩大、审计形式在不断创新、审计质效在不断提升、审计成果的转化应用不断深化，经济责任审计正在制度化、法制化的轨道上砥砺前行。

在审计范围的扩大方面，湖北省基于审计全覆盖的原则，分别规划了在中长期阶段以及整个年度范围内的经济责任审计项目计划。通过明晰干部管理权限，明确了经济责任审计的对象范围，并实行分类动态管理。山东地区则以创新为核心，采用了"N个经责+1个板块"的模式，逐步揭示了同一领域存在的普遍问题，强调了经济责任审计监督的整体性和系统性。

在审计形式方面，内蒙古自治区对全过程研究型审计进行了深入的审前调查，创新出了"研究型审计+经责"这一审计模式。与此同时，重庆市在开展审计工作时，秉持研究型审计的思维方法，基于对区县等各区域的未来发展定位、自然资源情况和产业发展基础等实际情况的了解，有针对性地开展了经济责任审计工作。

在审计质效提升方面，黑龙江省基于对经济责任职责的准确定位，集中精力监督政策执行、权力运行和责任履行三方面的情况，以此来提升政府治理水平。贵州省则采取了"望、闻、问、切"的方法，准确找到了各项审计内容的切入点和重点，统筹了审计方法，以达到审计效果的最大化。

在审计成果的应用方面，北京市注重充分利用经济责任审计平台，跨越部门壁垒，积极探索组织模式创新，重点培养参审人员在地方党政经济责任审计方面的理论基础和实践业务能力。江苏省则专注于提升联动监督效能，对"组审"协作机制不断深化研究，积极探索"前后任"联审方式，持续推进领导干部任职交接工作，以促进审计成果的制度化、规范化和科学化运用。

除此之外，各部门、单位内部审计机构的规章制度也在不断完善，审计内容也越发贴合现代社会较为突出的问题，审计覆盖面逐步扩大。

第二节 我国经济责任审计的主要内容及特点

一、我国经济责任审计的主要内容

经济责任审计的主要流程包括审前调查、审计实施方案的制定、审计正式实施和审计报告的出具。审计组在开展审前调查的过程中，要以领导干部管理部门的具体要求为依据，以被审计领导干部的经济责任相关职责为中心，结合领导干部所在地区（部门、单位）的实际情况，充分利用已有的审计资源，收集档案资料、经济责任相关制度等，全面了解领导干部的领导管理能力，对调查过程和结果做好记录，以求客观公正评价被审计单位领导干部的经济责任。在做好审前调查的基础上，以可投入的审计力量为依据，确定审计工作的主要内容和重点，编制切实可行的审计实施方案。

在正式实施审计时,不仅要关注常规的财政财务收支状况,尤其要注重对与社会经济发展密切相关的重大经济事项进行审计。审计报告是审计工作的最终结果,经济责任审计报告可以反映相关负责人的工作业绩等各方面,是真实性、合法性和效益性的综合体现,良好的经济责任审计报告对制度的完善、部门间协调能力的提升等具有极大的积极作用。因此,出具审计报告时必须秉持着实事求是、客观公正的基本原则。与此同时,还需要做到三个必须——审计报告要素必须齐全、审计证据必须充分、审计报告格式必须规范,让预期使用者能够理解并使用,为后续的审计结果运用打好基础。我国经济责任审计的主要内容有以下五方面。

（一）核定任期内财务状况的经营指标和预算执行情况

审计主要关注各科目的真实完整性,合理性,合法合规性。例如,有没有未入账费用,各项减值准备是否计提恰当,是否利用计价调节存货成本和其他潜亏,是否存在虚增收入调节利润的事项。

（二）检查评估内部控制建设情况

要关注制度建设,流程设计和执行的情况,汇总公司制度,梳理流程,检查设计合理性和执行有效性,之后进行实质性测试。在检查评估过程中,需特别关注资产安全性,是否存在违规及舞弊操作,并对被审计人员的个人费用报销、关键决策流程的规范性进行重点审查和评估。

（三）检查重大决策开展落实情况

关注资金利用的流程和实施结果是否符合规范,重大决策开展落实是否经过评估、过会、审批、事后评价,造成不利影响后是否有针对性地问责和改进机制。

（四）检查重点经费支出情况

关注专项经费支出情况,看是否存在公用经费挤占专用经费情况;关注差旅费支出情况,看是否按规定使用公务卡结算差旅费;关注大额现金支出情况,看是否存在超限额使用现金情况;关注会议费支出情况,看会议费支出报销附件是否齐全;关注招待费支出情况,看公务接待费报销是否规范等。

（五）跟进后续整改情况

被审计人员及其所属单位应当就经济责任审计结果报告中指出的问题进行

深入剖析，回溯问题所涉及的各个环节并分析形成原因，落实各个环节的责任主体，进行责任分解，并出具审计整改情况的报告；审计机关和人员应在审计实施过程中和下一阶段经济责任审计开始前督促有关单位加强问题整改、落实整改责任。

除此之外，还应按实际情况对被审计人员主要经营管理业绩进行公正评价；对审计所发现的问题，以及认定的直接和间接责任进行报告；对领导干部本人是否遵守廉政规定情况进行评价。在此期间，审计人员还应和各主要部门负责人以及基层员工进行访谈，汇总差异化访谈结果，深入分析问题发生是否存在容错情况。

二、我国经济责任审计的特点

与其他类型的审计相同，经济责任审计也要受到我国审计法的制约，并需要严格遵循审计准则。因此，在审计程序和审计方法等方面，经济责任审计与其他类型的审计工作有着许多共同之处。而不同的是，由于经济责任审计具有个体性，使经济责任审计不同于仅对"事"不对"人"的其他审计，而是具备了既对"事"也对"人"的特征。与其他审计项目相比，我国的经济责任审计具有如下四个特点。

第一，审计涉及范围的广泛性。就审计的时间范围来说，不同于其他审计一般以年度为单位，经济责任审计的时间范围随着被审计者任职时间的长短而变化，一般都在一年以上，有的长达八年甚至更久。就审计的内容范围来说，经济责任审计要实行全面审计，既要关注相关会计资料信息，又要关注其履行经济责任的过程和效果，还涉及普遍性、倾向性、苗头性问题和群众反映的疑点、难点、焦点问题等，内容较为广泛。

第二，审计评价结果的重要性。经济责任审计评价需要结合被审计领导干部履行职责的实际情况，通过清晰的责任界定来确定其经济责任，并根据其所属岗位的职责要求，在定性与定量相结合的前提下，达到实事求是、客观公正评价其工作业绩的目的。从大的方面来说，经济责任审计评价结果可以为组织、人事、纪检部门和其他有关部门使用、管理、评价干部等提供参考依据，间接影响国家未来的干部体系发展情况；从小的方面来说，经济责任审计评价结果关系到被审计干部的后续任职情况，直接影响其政治前途。

第三，审计报告出具的严谨性。在审计过程完成后，审计组讨论审计报告初稿、起草记录表，并通过书面的形式询问被审计干部和所在单位对所出具的审计报告的看法和意见。在得到反馈后，审计组将审计报告送审，稽核科对送审稿中不妥的地方做出修改、审计组就审理意见的采纳与否进行说明。经历上会讨论后，审计机关出具最终的审计报告、审计结果报告、审计决定书与移送处理书等。在审计实施工作结束以后，又对审计组的审计报告征求意见书、审计报告（送审稿）、审计报告（上会稿）以及审计机关的审计报告四个文件进行梳理，这彰显了审计报告程序的高度严谨性。这个过程经过多层审查和反复修订，确保了审计结果的准确性和可信度。

第四，审计风险效应的严重性。经济责任审计中审计风险形成的独特性与难度的不可控性决定了其不利影响比一般审计风险更为严重。首先，若审计人员对被审计干部的经济责任履行做出了不恰当、不严谨、不公正的评价，可能引发公众对审计人员独立性的疑虑，从而给审计人员及其所在单位的声誉带来负面影响。其次，如果审计报告错误地肯定了被审计人员的履责情况，使其得以逃避责任继续任职，则会对党和国家未来发展产生影响。最后，如果审计报告在报告被审计人员的履责情况时出现了错误，则会影响其切身利益甚至是政治前途。

第三节 我国经济责任审计的国家治理职能及成效

一、经济责任审计的国家治理职能

经济责任审计是国家审计"免疫系统"的防火墙，是从源头上防治腐败、强化监督、促进合规管理、推进依法治国的一项有效措施。在国家治理层面，经济责任审计通过审前调查、指标考核、底稿分析、揭露问题、督促整改等手段促进政策效用的提高，积极发挥国家审计的经济监督职能；通过出具客观公正的审计结果报告，评价被审计人员及其关联单位的是非功过，为政府决策提供前瞻性的意见和建议，促进国家治理目标的落实。

(一) 经济责任审计可以强化权力运行和责任落实

随着经济社会的不断发展，日常工作涉及的资金量成倍增加，领导干部身上的经济责任越来越重大。当前，一些部门和单位的部分领导人员不能正确行使职权、忠实履行职责，就导致财务舞弊、侵吞国有财产、贪污受贿等经济犯罪频繁发生。经济责任审计以权力的运作与责任的履行为中心，着重于财政资金的分配、国有资产的运营、公共资源的交易等重要环节，关注财政支出效益等情况，发现和揭露相关制度和治理中的缺陷，促进体制机制的完善，加强权力间的制约与监督；着力收集并确定关于问题责任归属的证据，对问题发生的容错情形进行深入分析，以权定责，对改革发展过程中出现的问题做出审慎的判断，为领导干部敢创新、勇作为创造良好氛围，从而推动国家治理能力的提升。

(二) 经济责任审计可以使审计成果得到有效利用

经济责任审计的审计报告是审计结果运用的基础，是整个审计过程的最终体现，直接关系到经济责任审计监督作用的发挥以及经济责任审计的可持续发展。由于经济责任审计报告中含有一系列政策落实情况、制度执行情况及个人廉政情况等的评价，对多数被审计领导干部来说，审计结果的反馈可以增强其守法自律意识，帮助其树立正确的政绩观。对干部监督管理部门而言，经济责任审计报告作为一种较为客观公正的评价，可以在一定程度上判断被审计领导干部是否具备对经济事件的基本处理能力和对政策执行方向精准的判断力，在管理部门选拔、任用干部时以及为政府部门解决经济社会发展中存在的共性问题做出决策时提供一定的参考。

(三) 经济责任审计推动形成新的干部管理机制

就审计过程而言，经济责任审计建立形成了规划、执行、审计、整改、应用的工作闭环，把纪律监督、干部考核与巡视等监督检查工作有机地结合起来，强化了对领导干部的监督管理服务。在审计结果的运用方面，经济责任审计采用联席会议或领导小组制度，该制度通过明确各成员单位职责范围，从而实现了明确分工、各负其责、资源共享、协同作用的目标，加强了审计结果的应用。这一制度推动保证了计划安排、项目组织实施和成果运用的三者有机统一，形成了各部门之间的协调配合机制，实现了"审前共商、审中协作、审后运用"的目标。新机制的建立和成果使用方面协同作用的加强，有利于促进领导干部明确分工、正确履行工作职责，提升国家治理的效率。

（四）经济责任审计促进提高国家治理透明度

目前，一些地区正在开展试点，逐步建立起经济责任审计结果通报或公告制度，通过公示向审计机关反映线索的举报渠道、公示审计人员廉政纪律、公示被审计单位领导人述职述廉报告、公示对被审计人领导责任认定及总体评价情况等内容，并且公开领导干部的考核结果，从而提高经济责任审计工作的透明度。同时，可以充分利用各种媒介，如门户网站、电视、报纸等，广泛宣传审计工作，实现领导干部审计监督与社会舆论监督的有机结合。结合已有经验，一些地区继续实行审前公示和试行审计结果公告制度，扩大审计的社会影响力，提高经济责任审计的公信力和影响力，进一步增强国家治理的有效性。

二、经济责任审计的国家实施的成效

（一）加强权力制约和反腐倡廉

经济责任审计在切实加强对权力运行的制约和反腐倡廉建设的各项部署，严肃揭露和查处领导干部涉嫌以权谋私、阳奉阴违、官僚主义、贪污受贿等问题上取得了不小的成效。党的十八大以来，在党中央集中统一领导下，纪检监察机关积极发挥协助引导推动功能，巡视机构、审计机关主动配合，纪巡审协调联动的步伐加快，进一步整合了监督资源，发挥了监督制度优势，有力查处了一大批领导干部腐败案件。[1] 全面推行领导干部经济责任审计制度，对违法乱纪的干部进行严肃查处，可以促使领导干部不断增强依法履职意识和接受监督意识，保障反腐倡廉工作的顺利运行。

（二）推动保障和改善民生

经济责任审计聚焦"乡村振兴领域腐败和作风问题""侵害群众利益问题""黑恶势力保护伞"等乡村振兴工作中经常出现的问题，注重对乡村振兴重点领域和关键岗位领导干部的审计。党的十九大后，全国共查处民生领域腐败和作风问题49.6万件，给予党纪政务处分45.6万人；查处民生领域侵害群众利益的问题39万余件，给予党纪政务处分35.9万人；在正风肃纪反腐的过程中，查处

---

[1] 工人日报.审计全覆盖"下半场"怎么打？——审计署有关负责人详解审计工作发展新动向［EB/OL］.中工网，2023-05-25.

黑恶势力"保护伞"问题10.1万件，给予党纪政务处分9.2万人，移送检察机关1.2万人。① 经济责任审计以强有力的监督执纪问责为我国决战决胜脱贫攻坚提供了纪律保障。

（三）保障中央政令畅通和项目落实落地

经济责任审计持续关注领导干部履行经济责任的过程和效果，对领导干部是否遵纪守法、尽职尽责的情况进行了重点监测。2020年，审计机关共审计全国9万多个单位，为政府增收节支、挽回损失3000多亿元，推动建立健全制度1万多项；共审计1.8万名领导干部，包含对8名署管领导干部、7名审计厅厅长的经济责任审计，查出负有直接责任的问题金额700多亿元。2021年，审计机关又对6名署管领导干部、3名审计厅厅长开展了经济责任审计，着力进行系统内自查。经济责任审计全面忠实地履行了宪法和法律赋予的职责，不断提高审计监督在国家治理中的有效性。②

第四节　新时代背景下我国经济责任审计存在的不足及原因分析

经济责任审计是中国特色社会主义审计监督体系的重要组成部分，经过几十年的探索和发展，我国的经济责任审计工作呈现出良好的发展态势，对于推动建立惩戒预防腐败的制度、健全领导干部的管理监督机制、增强领导干部依法履行经济责任的意识等方面具有重要的现实意义。但从经济责任审计开展的现状来看，仍然存在一些不足，需要在今后的过程中加以纠正和改进。

一、新时代背景下对我国经济责任审计的要求

（一）明确职责定位

领导干部必须明确自己的责任范围和定位，什么必须做，什么不能做，各

---

① 孙少龙. 激荡清风正气 凝聚党心民心——党的十八大以来深入推进党风廉政建设和反腐败斗争述评［N］. 中国青年报，2022-09-07.
② 审计署. 审计署关于2020年度法治政府建设情况的报告［EB/OL］. 北大法宝，2021-04-14.

司其职，各负其责，在自己的职责范围内行使权力，履行工作职责。领导干部要进行深入解读和学习《党政主要领导干部和国有企事业单位主要领导人员经济责任审计规定》（简称《规定》）这一文件，明晰领导干部应该承担的责任，在日常工作中将有关要求落到实处，并将《规定》中的内容牢记于心、灵活运用。

（二）强化学习培训

领导干部在推动国家经济社会发展中承担重要角色，经济责任审计旨在监督他们的责任履行，因此需要加强学习培训，以适应时代变革和提高审计质量。另外，领导干部重视对财经法纪知识的学习，深入学习并牢记各类财经法纪知识，明确哪些事情可以做，哪些事情不能做，防止违规违纪现象的发生。

（三）提高政治站位

领导干部们要主动做好对"后半篇"审计项目的整改工作，坚决杜绝"新官不理旧账"的传统思想，不管审计事项是不是与自己切身利益有关，都要积极配合审计工作，主动落实好自身的责任，为确保审计项目顺利进行，还应及时提供所要求的审计资料。针对审计中所提出的问题建章立制，并严格地按照审核规范整改了本报告中存在的问题。

（四）重视审计整改工作

领导干部在国家发展中扮演关键角色，经济责任审计作为监督工具，应更加强调审计整改的观点，以保障政府工作的高效性和透明度。审计整改是经济责任审计的必然延伸。审计不仅仅是问题的发现，更是问题的解决。重视审计整改意味着将审计结果转化为实际改进措施，确保问题得到有效解决，而不仅仅是停留在表面。在进行领导干部任免、考核以及奖惩评估时，理应重点考虑关于领导任职期间相关审计整改工作的效果评价情况。而对于那些在审计整改时拒绝整改、虚假整改的单位，纪检监察机关需要对单位负责的相关领导干部进行追责问责。

二、新时代背景下我国经济责任审计仍旧存在的不足

（一）经济责任审计考核评价体系不完善

历史、现实、主观、客观、集体、个人等因素都有可能影响一个单位资产经营情况和经济效益情况，审计机关在开展审计工作时应当结合被审计单位的

实际情况，科学界定领导干部应担负的直接责任、主管责任以及领导责任。但是，目前经济责任审计还没有一套具备极高科学性和可操作性的考核评价体系，也没有统一的经济责任定性标准，在实际审计过程中，审计人员对相关责任的界定难以把握，容易判断失误，从而直接影响到经济责任审计结果报告的质量。

（二）经济责任审计运用后续管理制度不健全

经济责任审计结果的落实和运用是经济责任审计工作成败的重要评判标准。经过几十年的发展，我国的经济责任审计工作虽然已经取得了一定成效，但由于各部门存在机制性缺陷、制度性漏洞等深层次问题，没有建立一个完善的经济责任审计成果运用后续管理制度，仍存在审计成果利用不充分、审计成果转化效率不高、审计成果运用的实施机制不完善等因素，审计成果应用整体质量水平不一，影响经济责任审计在国家治理中的有效性。

（三）经济责任审计整改困难

审计整改是反映审计有效性的一项极其重要的工作，现行的经济责任委托审计都是先离后审的模式，问题产生时"木已成舟"，在整改中多采取制订或修订制度以避免类似问题再次发生，但对于已经发生的问题依旧无法采取有效措施加以纠正。且有的审计项目时间跨度长、单位领导更换频繁，开展审计工作时，被审计人员已离任或提拔，导致审计过程中遇到历史遗留问题时审计难推进，责任难划分，结论难落实，整改难到位。除此之外，有些审计缺乏审计督察回访的外部监督力度，导致依旧存在审计整改不彻底的问题，使审计成果难以得到全面落实整改和纠正处理，影响经济责任审计在国家治理中的预防、揭示、抵御和预警作用。

三、新时代背景下我国经济责任审计存在不足的原因分析

（一）审计评价缺乏统一标准

经济责任审计评价是经济责任审计工作中的关键环节，它不仅需要评价被审计人员所在单位的工作和业务情况（所谓的"事"），还必须对被审计的个体领导干部的行为和履职情况（所谓的"人"）进行全面审查。评价的准确性与透彻性直接影响审计工作的质量水平，同时也直接关系到审计在国家治理体系中的角色和效用。目前，《党政主要领导干部和国有企业领导人员经济责任审计规定实施细则》只指出了审计评价应当重点关注的事项，没有对经济责任审

计评价的指标、标准和口径做出统一，这就导致各地区的经济责任审计评价存在差异性和多样性。有的审计评价只是简单地套用格式，有的审计评价使用陈词滥调、夸大其词，甚至直接使用被审计领导干部未经核实的个人述职报告的内容。这些情况的存在都增加了审计风险，降低了审计评价的可信度。

（二）未能建立审计结果运用反馈机制

目前经济责任审计的组织管理实行联席会议或领导小组制度，通过打破部门界限，来加强审计结果的应用。但是从实践来看，部分机构尚未按要求成立专门针对经济责任审计的组织领导机构，缺乏对审计结果应用的反馈机制，使经济责任结果未能很好地发挥惩戒功能和警示功能。大多数经济责任审计项目以离任审计为主，导致审计监督的关口后移，影响审计结果作用的发挥。审计发现的问题往往是以前年度存在问题，难以对新旧审计责任进行界定，存在"新官不理旧账"或"板子打在后任身上"的现象，导致查出的问题大多数不了了之。审计责任难追究、整改难落实，制约了审计结果的运用，导致作为廉政重要措施之一的领导干部任期经济责任审计效力大打折扣。

（三）审计整改督查联动机制落实不到位

从审计主体来看，现阶段领导干部离任经济责任审计大多是采取"先离后审、先升后审"的模式，在本级政府换届时一次性安排多个被审计人员进行审计。审计机关需要在较短的时间内完成审计工作并对审计内容做出客观公正的评价，导致审计机关每年疲于完成审计任务，很少开展审计回访核实整改效果，在抓审计整改中时紧时松，使审计整改检查核实工作弱化。就审计客体而言，涉审单位和整改推进督促部门没有落实好审计整改"一把手"负总责的要求，审计整改分析和研究工作做得较为粗糙，从而影响到了整改的成效；对存在的问题，哪些是体制机制的因素造成的、哪些是客观或历史原因形成的、哪些是人为的，没有区别不同的情况所应该采取的整改措施，导致有的问题长期搁置。

第五节 新时代背景下完善经济责任审计的对策建议

当前，面对新形势、新任务、新要求，经济责任审计要想更好地实现国家治理层面"免疫系统"的作用，就必须力争在审计评价体系、审计成果运用、审计整改力度方面上有所突破。

一、建立健全经济责任审计评价体系

在中共中央办公厅、国务院办公厅联合颁布的《党政主要领导干部和国有企事业单位主要领导人员经济责任审计规定》这一文件中，虽然初步明确了领导干部经济责任审计的审计内容，但总体并未给出统一的定性评价标准。在开展经济责任审计的实践工作时，应结合不同行业特点和发展情况、考虑不同层级的管理权限和职责的不同，分类设置领导干部履行经济责任的差异化指标，以确定不同领导干部经济责任审计的重点。

要逐步探索建立一个科学完整的经济责任审计评价运用体系，首先要按照权责有限、权责一致原则来确定审计重点，分类建立一套系统化的基础指标，用于纵向和横向的比较。其中，纵向是指与自己比较，包括今年与去年的比较、本期与上期的比较、现任与前任的比较，用来评估事业的进展与否。横向对具有基本相似的外部和内部条件的类似行业进行比较，以评估其发展的速度。其次要根据行业性质和经营管理特点，来设置一些具体的指标，对领导干部任期内的经济责任进行反映。指标既要有适用每个单位的共性，又要有行业性的特定，如将一些与政府性债务、生态保护、民生改善等持续发展密切相关的因素作为考量的重点，力求从多个角度、各个层次、全方位地概括任期经济责任审计的内容。最后根据各个指标的具体得分，加权得出最终的分数，并对结果进行分析。在进行结果分析时，可结合综合评分等级表，如将百分考核结果在85~100（包含85）区间内的领导干部履责情况定为"优秀"，将结果在60~85（包含60）区间内的领导干部履责情况定为"合格"，将结果在60分以下的领导干部履责情况定为"不合格"。这一举措可以将领导干部经济责任审计评价结果简单化，便于组织人事部门运用审计结果。

在构建过程中，还要注重审计手段能否实现，在定量指标与定性指标相结合原则的前提下，保证指标的互比性、全面性和概括性，不断提高经济责任审计报告的质量，为制度的优化完善以及领导决策提供参考，充分发挥经济责任审计在国家治理发展过程中的促进和"免疫系统"作用。

二、构建审计成果运用的长期反馈机制

为切实发挥经济责任审计"治已病、防未病"的作用，使经济责任审计发

挥连贯效应,应采取以下三项举措强化经济责任审计成果运用,加强经济责任审计在国家治理中的有效性。

一是前移监督关口。尽量做到"先审计、后离任、再任命",要以任中审计为主,把事后监督变为事中、事前监督,从而及时发现问题,提出整改意见,尽可能减少损失,起到防微杜渐的作用。同时,应不断创新审计的方式方法,实施分类审计方法。例如,对任期结束后有口皆碑、受人爱戴的干部,实行"先离任,后审计";对因问责引咎辞职或者被责令辞职、免职、降职、撤职的领导干部,实行"先审计,后任免"。

二是扩大审计结果影响面。将党政领导干部和国有企业领导的经济责任考核结果通过单位公开—内网公开—政府网站公开—全社会公开这一流程逐步公开,扩大群众对经济责任审计成果的知晓力。将审计情况和整改结果以面对面交流等多种方式定期通知到有关领导和组织部门。对典型性、普遍性、倾向性的问题编制风险清单和典型案例,以发挥"以点促面、规范一片"的警示作用。

三是在信息互通上增强联动。充分发挥经济责任审计平台作用,注重加强在审计各个阶段与相关职能部门的日常联动和信息互通,主动融入干部大监督工作格局。相关部门要及时处理审计移送事项,并将处罚结果书面告知审计部门。纪检、组织部门应当制定明确的审计整改结果认定标准,严格遵守"见证见据""拿物说话"等整改要求,提高经济责任审计成果的可靠性、客观性。

此外,还要构建完善的审计成果运用制度,对牵头部门和参与部门以及成果运用的原则、程序、内容和方式都要在制度中进行明确,从根本上对审计成果运用的法定性进行保证。

三、细化审计整改的各个工作环节

要建立完善的、可贯彻政府部门全流程的审计整改机制,充分发挥党委政府对整改工作的主导引领作用、人大对整改工作的监督作用、审计和督办督查部门的督促作用,加大纪检监察部门对整改工作的追责问责力度,确保被审计单位在审计整改机制下可以进行全面整改,助力解决审计过程中发现的问题,推动审计整改工作落到实处,彰显整改机制效果。

实行专项整改,协力整改重点问题。对经济责任审计中所发现的问题进行专项整改、集中整改并监督整改效果,及时整理、汇总资料,在现场公布并交办审计问题督促整改清单,以清单为依据开展研究部署,确定整改重点。坚持以确凿证据为支撑,人账物严格核对,确保整改结果的真实性、完整性、合规性。对于审计整改工作中涉及的重点、难点,整改工作小组应发动相关单位,与相关单位合作协力解决问题。

建立监督管理系统,实时掌握整改进度。设立审计整改的监督管理系统并建立"问题整改复核清单",对整改报告及整改相关证明证据展开分类管理和复核,利用信息技术手段,对审计工作进行数字化、精准化管理,精确掌握整改工作进度,对相关材料的数据电子化管理,借助信息技术手段对被审计单位整改进度和力度、相关部门建议的采纳情况以及重大问题查处进度进行实时追踪。

坚持发挥监督和服务的双重作用,对审计工作中发现的问题重点关注,明确其整改重点及难点,在推进整改工作时要严格遵循三大基本原则:立行立改、分阶段整改、持续整改。对收取的整改材料严格分类,在核查时可采取公布审计整改通知、听取整改汇报以及现场检查整改情况等多种方式,保障被审计单位落实整改主体责任。

健全成效评估制度,全面落实整改情况。制定并完善经济责任审计整改工作成效评估制度,明确评价指标体系,可从审计整改主体责任落实情况、整改工作完成情况、整改成果巩固情况以及整改亮点四方面入手,全面评估整改工作落实情况,并将结果告知被审计单位。

健全整改问责制度,纪委监委机关、组织部门或相关主管部门要按照规定程序对未在规定时间内对审计查出的问题展开整改行动,同时又未给出明确原因,或是拒绝整改、整改力度不够、未按要求整改、假意整改以及阻碍审计整改跟踪检查工作进行等情况,从而造成重大影响和损失的单位及人员追责问责。

完善整改问责机制,要对未在规定时间内对审计查出问题进行整改又未说明原因,整改不力、屡审屡犯以及虚假整改、拒绝整改、阻碍审计整改跟踪检查等造成重大影响和损失的责任单位及人员,按规定程序,向纪委监委机关、组织部门或相关主管部门追责问责。

立足服务,强化指导。重视并加强与被审计单位的交流沟通,解答被审计单位对于整改过程中产生的疑问,引导被审计单位"边审边改"。针对整改中发现的问题,召开全区"两委"成员整改会议,指出各类问题大体的整改路径,基于整改路径提出解决措施,确保在审计中发现的问题都能较好解决;而对于那些由于特定历史原因或由机制本身存在局限性产生的问题，或整改涉及范围过大，涉及多个部门都难以协调，以及仅仅依靠被审计单位自身很难完成整改工作等情况，可以通过与被审计事项主管部门进行协商、沟通的方式，帮助整改工作的推进，促进审计发现问题的整改落实。

第十章

政策落实跟踪审计的治理效能分析

第一节 我国政策落实跟踪审计的发展历程和现状

国家重大政策措施落实情况跟踪审计是指国家审计机关依据法律对各地区和各部门贯彻实施宏观调控部署和国家重大政策措施等情况开展审计工作,主要是对被审计单位贯彻实施重大政策的具体部署情况、执行进度、执行情况及效果开展审计监督。国家重大政策措施落实情况跟踪审计的组织形式包括专门组织及与其他各类审计,这些组织方式在审计过程中统筹进行。我国开展国家重大政策措施落实情况跟踪审计,能够揭示政策措施推进过程中存在的各类问题、总结改革创新经验,为中央及地方政府的重大决策部署提供参考,有效推动社会经济平稳有序发展。

一、我国政策落实跟踪审计的发展历程

(一) 2001—2007 年:政策落实跟踪审计的初探

1990 年年初,审计机关开展了国家建设项目开工前审计,几年后审计机关开始探索对一些重点建设项目实施全过程跟踪审计。1994 年通过总结社会主义市场经济体制下的宏观经济政策执行审计,指出开展方式包括专项跟踪调查、结合行业系统审计、开展审计普遍调查、综合利用常规审计成果等。2001 年我国发布了《审计机关国家建设项目审计准则》,该准则指出,要对建设项目中财政性资金投入较大的以及关系到国计民生的各类项目,开展从前期准备到建设实施再到竣工投产的全过程跟踪审计。《审计署2003至2007年审计工作发展规划》中指出,要大力发展专项审计调查,重点调查中央重大决策的落实情况以及国家政策执行过程中存在的问题,以促进国家政策制度的执行和完善。

(二) 2008—2013 年:政策落实跟踪审计发展进入新阶段

在审计实践中,跟踪审计是一种最早出现在政府投资审计中的审计模式,直到 2008 年全国审计工作会议之后,才被正式确定为一种审计模式。2009 年,温家宝总理在十一届人大二次会议的政府工作报告中,明确提出了"财政资金运用到哪里,审计就跟进到哪里",随后,与专项资金审计相结合的追踪审计也在试点开展起来。跟踪审计具有较强的时效性,对保证政策的稳定实施发挥了重要作用。2011 年,国家审计准则进行了修订,将追踪审计作为一项正式的部门规章,正式纳入了我国的法定审计模式。然而,对政策执行的追踪审计仍是一种新兴的审计模式。2011 年度全国审计会议上,刘家义总审计长提出,"加强对中央宏观经济政策贯彻落实情况和政府重大投资项目的跟踪审计,促进政令畅通"。从那时起,国家开始逐步推行对政策执行情况的追踪审计。从对国家重大政策措施落实情况跟踪审计的历史溯源中可以看出,对政策落实情况进行跟踪审计是跟踪审计的必然内涵和要求,它扩大了审计的深度、广度、高度,是当前形势条件下跟踪审计的全新形态。中国的审计学学者也曾就政策实施的审计问题进行过多次探讨,研究成果丰富和完善了政策跟踪执行审计理论。

(三) 2014 年至今:新常态下审计功能的演变与深化

随着社会经济的发展,国家审计服务于政治经济发展的作用日益突出,国家审计日益成为国家治理的重要工具。国务院于 2014 年 8 月 19 日发布了《国务院办公厅关于印发稳增长促改革调结构惠民生政策措施落实情况跟踪审计工作方案的通知》(国办发明电〔2014〕16 号),其中明确指出,审计署承担着对稳定增长和其他政策落实的责任。为贯彻落实十八届三中、四中全会精神和国务院要求,2014 年 8 月起,审计署组织全国审计机关持续开展对地方各级人民政府、国务院相关部门贯彻落实政策措施情况的跟踪审计。政策执行情况的跟踪审计在 2016 年被列为八项主要的审计工作之一。习近平总书记在 2018 年提出了"加大对党中央重大政策措施贯彻落实情况的跟踪审计力度"①的要求。在此之后,按照《深化党和国家机构改革方案》,成立了以习近平同志为主任、以审计署为办公地点的中央审计委员会,统筹领导全国审计工作。从此之后,对重大政策措施实施的跟踪审计就成了保证国家政策顺利推行的重要配套工具,是国家治理的重要途径之一。2019 年,审计署确定了将"重大政策措施贯彻落实情况跟踪审计"作为全面审计工作的重中之重。2021 年审计法修订后,"被审计单位贯彻落实国家重大经济社会政策措施情况"被列入审计监督的内容,成为我国审计工作的重点。由此可知,政策落实跟踪审计既是社会政治经济发展的必然产物,也是国家治理现代化趋势下的新兴审计形态,其作为国家治理的重要途径也必将长期存在下去。

二、我国政策落实跟踪审计的现状

政策跟踪审计的动因是对国家治理的需要,而国家治理的目的和方式又决定了其发展的方向。近年来,我国的国家审计体系,特别是跟踪审计体系已经逐渐完善和健全,审计机关的职能得到了进一步的优化,被审计对象的范围也得到了进一步的拓展。新审计法把国家重大经济、社会政策和措施的执行情况明确纳入审计范围,从而使政策落实跟踪审计拥有了合法的地位,为开展政策落实跟踪审计提供了充分的法律基础。

通过整理审计署公布的重大政策措施落实情况跟踪审计结果公告,我们发现,目前我国政策落实跟踪审计主要聚焦在以下几点。

(一)中央直达资金跟踪审计情况

建立中央财政资金直达机制,不仅是党中央、国务院做出的重大决策部署,也是创新宏观政策实施方式的一项重要措施。在 2020 年,中央财政资金直达机制刚刚建立的时候,审计署就对其进行了跟踪审计,目的是强化对直达资金的监管,促进中央财政资金直达机制的平稳高效运行。2021 年,财政部建立起了包括 27 项中央向地方转移支付 2.8 万亿元资金的常态化财政资金直达机制。这些资金主要是我国中央财政对就业、社保、住房、医疗等民生领域的补助资金,

---

① 加强党对审计工作的领导 更好发挥党在国家监督体系中的重要作用 [N]. 人民日报,2018-05-24 (1).

它们为就业和民生提供了强大的支撑,也为市场主体提供了可持续的资金支持。为了提高资金的使用效率,支持那些让企业和社会都能从中得到实实在在的好处的民生政策,推动健全财政资金直达机制,在2021年的第二季度,审计署对17个省份进行了审计,对中央转移支付资金的拨付、管理和使用情况进行了重点关注。

审计结果表明,财政部及有关部门和地区将党中央、国务院决策部署贯彻落实得很好,及时出台了相关的政策制度,对管理要求进行了明确,对工作机制进行了优化,并强化了部门之间的协作,从而促进了财政资金直达机制的顺利推行。截至2021年9月底,中央部门直达资金已经完成了规定额度2.8万亿元的97.3%。在财政资金分配使用中,特别注重资金的使用重点,对抵消一些渐进式政策的"反弹"效应、加快财政资金消化、提升积极财政政策效果、确保当地经济与社会的可持续和健康发展起到了积极作用。从整体上看,直达资金的分配和使用都是非常严格和规范的,但经过审计之后,仍发现了477.62亿元的问题,占了抽查省份的2.9%。在审计过程中发现的问题主要涉及资金分配、现金拨付和以预算分配等方面。例如:部分地区未及时拨付库款14.91亿元,中央直达资金有166.81亿元违规调拨;一些地区的财政预算不及时、不精准、不合规,涉及273.25亿元的财政资金;还存在部分地区,违规使用或未及时支付中央直达资金22.65亿元。在审计工作人员指明问题之后,截至2021年7月底,有关地区已经完成了对问题金额176.72亿元的整改。①

(二)减税降费、"放管服"改革跟踪审计情况

减税降费政策是促进经济高质量发展和完善现代税收制度的重要措施,也是帮助企业缓解自身困难、激发市场主体活力的创新办法。在政策制定和实施的过程中,有许多问题涉及企业和人民的切身利益。为了确保政策的有效实施,并以合理的成本实现较为令人满意的目标,审计署对于减税降费政策的落实情况一直给予密切的关注。

此前的审计结果表明,我国的减税降费政策得到了有效实施。国家税务总局和有关地区积极贯彻落实党中央、国务院的政策,并积极采取相应的配套政

---

① 2021年第二季度国家重大政策措施落实情况跟踪审计结果[EB/OL].中华人民共和国审计署网站,2021-10-29.

策，比如，加大研发费用加计扣除，加大小微企业所得税力度，重点扶持的高新技术企业减按15%税率征收企业所得税，等等。此外，还将继续深化推进"放管服"改革，对社会保障费用缴纳的操作流程进行优化，拓展"非接触式"的服务领域，并对税收申报表格进行简化，从而进一步提升税收申报的效率。到目前为止，我国已经基本实现了企业缴费业务"网上办"和个人缴费"掌上办"的目标。根据国税总局的数据，2021年上半年，全国累计新增3659.06亿元的减税降费。但是，在审计过程中，我们发现，部分企业没有享受到减税降费的政策支持，累计金额高达1.81亿元，个别单位违规收费或拖欠其他企业账款等，金额高达16.58亿元。在审计指出问题之后，截至2021年7月底，有关部门和地区已为企业办理退抵税费或享受优惠共计1.29亿元。[①]

（三）就业政策跟踪审计情况

从整体上看，被审计抽查的相关地区，都对党中央、国务院的决策部署进行了认真贯彻落实，竭尽所能，将稳就业保就业政策落实到位，对就业公共服务体系进行了完善，促进了就业优先等政策的落地见效，因此，就业形势整体上呈现出了稳定的态势，在某种程度上，就业问题也得到了改善。与此同时，有关地方也在积极推进援企稳岗、扩大就业等政策落实，加大就业补贴力度，加大对失业保险基金的监管力度。地方将继续加大对重点人群创业就业的扶持力度，扩大他们的就业渠道，采取各种就业创业扶持政策，实施常住地公共就业服务，优先安排毕业生就业。组织积极实施提高工作质量的措施，促进工人素质的提高，鼓励企业吸引就业和稳定职位，并大力实施支持职业培训政策。

2021年第二季度，审计署审计了8个省份以及深圳市从2020到2021年6月底，对失业保险基金、就业补助基金的管理与运用情况，并针对异地转移领取失业保险金等问题延伸调查了2个省。从审计的结果可以看出，在各个地方政府的政策落实过程中，仍然存在着一些问题，具体表现为资金没有及时拨付或闲置、稳就业等相关政策没有严格落实等。

---

① 2021年第二季度国家重大政策措施落实情况跟踪审计结果[EB/OL].中华人民共和国审计署网站，2021-10-29.

<<< 第十章 政策落实跟踪审计的治理效能分析

第二节 我国政策落实跟踪审计的主要内容及特点

一、我国政策落实跟踪审计的目标及意义

（一）政策落实跟踪审计的目标

政策落实跟踪审计指的是针对宏观调控部署的实际执行情况，以及政府制定的一系列重大政策措施，由审计机关对其进行专门的监督，以确保宏观政策措施可以有效实施，从而达到促进整个国民经济良性运行和健康发展的目的。与此同时，还需要查明与执行关键政策措施和宏观经济立法相关的问题，将良好的经验和做法继续下去，推动国家关键政策和决策措施的实施，确保政策被采纳并持续改进，确保中央政府政令畅通、令行禁止。最后，要对在经济社会发展中所面临的新形势和新挑战予以重视，要对其产生的原因进行深刻的分析，并针对产生这些问题的原因，提出有针对性的应对措施和建议，以保证经济社会能够平稳、健康地运转。

（二）政策落实跟踪审计的意义

在当前经济复苏的形势下，国家已经出台了一系列的稳增长、促改革、调结构、惠民生、防风险的政策和举措，政策落实跟踪审计是检查这些政策执行效果的一项重要手段。政策落实跟踪审计的意义具体体现在以下两方面。

首先，它是政府决策的可靠依据。相关政策措施的执行状况，既是政府决策的基础，又是评价政策效果的依据。审计应该具备客观性和真实性，可以真实地反映事物整体的发展情况，揭示被审计事物发展的客观规律。国家审计机关是唯一一个专门对国家经济进行监督的部门，相较于国家立法和司法当局，其目的是推动其他社会主体更好地利用国家和社会资源，规避风险，维护国家经济安全，并通过其活动来形成良好的国家治理，从而为规范和完善政府政策提供决策依据。

其次，它有利于提高政策和措施的执行效率。政策措施的实施是达到预期目标的必经之路，因此，各个政策对象的行为是否与调控要求相一致，成为宏观调控部门所关心的问题。政策落实跟踪审计能够利用对国家财政资金流向的

193

监督，及时地发现哪些执行政策的行为与当前的宏观调控方向有了偏差，以及相应的行为对宏观调控目标造成了怎样的影响。对于违规行为，需要依法进行审计处理，要求被审计单位将偏离宏观调控的行为纠正过来，从而保证政策措施的执行。

二、我国政策落实跟踪审计的主要内容

政策落实跟踪审计是一种新兴的审计类型，其在促进党的决策部署与落实、加强政府精细化管理、防止制度性腐败等方面起到了无可替代的作用。因此，审计部门在实施审计时应建立在全面了解项目整体情况的基础上，认真了解政策落实跟踪审计的具体内容，从而不断推进项目执行工作。

（一）重点关注政策制定的目的性

政策措施是一种范围广、层次多、专业性强的宏观概念。实施审计工作的基础就是国家出台的各种政策措施，所以，国家审计人员一定要对其进行认真的学习，对国家、政府和相关领域的各个部门出台的文件和资料进行广泛收集，对政策、业务、流程等进行系统梳理，对国家当前的基本状况进行全面了解，对政策实施的背景、目标、评价标准和方法以及主要内容和关键环节进行全面了解，从而可以真正地领会政策精神，确定重点，找到切入口。

（二）重点关注政策执行的到位度

国家政策由多个部门实施，必须保障政策落实与执行，才能为发展创造良好的环境和条件。所以，要加大对政策落实情况的查处力度，要注意是否存在曲解政策，政策不落实、项目不落地，变相拖延不执行，或者搞变通打折扣，象征性执行，利用定向、精准调控措施谋取利益等不作为、慢作为、乱作为的问题。

（三）重点关注政策执行的公平性

资金和项目是党委政府、各部门、各企事业单位贯彻执行各项政策的主要途径和手段。虽然在相关领域投入了大量的财政资金，但由于审批程序不科学、不透明，具体操作不规范、不严谨，一些政策执行不公正，本该受益的群众得不到改革发展的好处，而不应得到补贴的人却享受了福利待遇。因此，在对政策落实情况实施跟踪审计时，审计机关要以资金为中心，明确资金的总体规模、分布投向和趋势变动，检查资金的筹集分配和管理使用情况，尤其要关注资金的合法合规性,看是否有挤占挪用、违规套取骗取项目资金以及发放各类补助补贴超支超标等违纪违规行为。

(四) 重点关注政策执行的效益性

政策自身是抽象的,而项目建设、资金流动等都是实现其功能、发挥其具体作用的有效手段。然而,一些地方政府为谋求政治利益,不进行论证,不顾客观规律,大肆拉投资、铺摊子、搞项目,搞"面子工程""形象工程",造成资源浪费和环境破坏,经济损失惨重。因此,开展政策落实跟踪审计,一是要以项目为载体,对重大建设项目的立项审批是否符合规定进行持续关注,对项目建设管理、工程质量以及项目完工后的运营使用情况进行审查;二是要与政策目标要求进行对照,从多层次多方面对资金使用效益进行分析,对政策措施的实施进展和实际效果进行客观评价,以确保其取得预期的经济和社会效益;三是要从政策本身的不足和缺陷入手,分析其与地方实际状况的契合程度,确定其执行效果的评价标准,制定相应的配套措施,注重不同宏观政策之间的协调性和连贯性,找出执行中存在的困难和偏差,为政策制定者补齐工作短板、堵塞制度漏洞提供参考依据。

三、我国政策落实跟踪审计的特点

与其他审计类型相比而言,政策落实跟踪审计的独有特点主要表现在以下三方面。

(一) 审计对象的特殊性

政策落实跟踪审计是以国家的重大决策和宏观调控为审计对象,与其他审计相比,具有特殊性。一是审计的客体更加抽象化,不再是对某一具体单位进行审计,而是关注某一特定的目标所采取的政策、措施,这些目标往往受社会经济行为支持或制约。但是,由于这些政策都有审计载体,即它们所涉及的项目和资金,因此它们也就具备了可知性和可操作性,所以政策既抽象又具体。二是审计客体的涉及面广。在通常情况下,审计的对象是一个具体的单位或部门,其覆盖面仅限于这个单位所负责的领域,但政策是一个宏观的概念,它的作用范围包括了整个经济社会的方方面面,基本上涉及和它有关的所有单位或部门。

（二）审计过程的阶段连续性

在政策实施的整个过程中，都要对政策落实进行跟踪审计。政策执行具有时间跨度大、执行过程中有可能发生调整和更改等特征，这就决定了政策落实跟踪审计的阶段连续性特征。要想与这一特征相适应，就必须对政策改变的进程有一个全面的了解，并在此基础上开展和执行审计工作，并根据当前重点关注的政策执行的方面，择优选择审计载体，以便最能反映出真实的状况。以审计载体作为审计工作的切入点，并在政策落实执行过程中发表阶段性审计意见。与此同时，政策落实跟踪审计的工作周期比较长，是一种持续的、循环往复的、不断发展的审计工作。所以，在政策执行中，审计工作必须起到"免疫系统"的作用，即在政策执行落实的同时，对其进行全程的审计监督，并在审计信息的循环中，不断地进行反馈与调整，从而不断地发现问题、分析问题解决问题，并对其体制机制等深层次的成因进行探究。总之，每个阶段对政策执行情况的跟踪审计，既是对政策执行情况的总结与改善，又是对管理工作的一种改善与创新，更是一个新的循环的开端。

（三）审计内容的时效性

政策落实跟踪审计具有一定的时效性，具体表现为审计对象的选择和审计作用的发挥。在政策落实跟踪审计中，审计对象通常都是选择具有时效性的、重大的或者与突发性社会事件相关的政策，国家刚出台的或刚实施了一段时期的政策，以及政府和公众普遍关注的热点政策。这类政策一般都是社会高度关注并且影响广泛的，审计机关应及时接入信息，利用其专业特色和优势，对各类政策的实施过程进行动态跟踪，摸清各类政策执行的进度和成效，及时发现制度和管理等方面存在的问题，为国家相关部门解决问题、修正政策提出进一步的建议，更好发挥审计作用的及时性。

第三节　我国政策落实跟踪审计的国家治理职能及成效

一、我国政策落实跟踪审计的国家治理职能

对国家重大政策措施落实情况展开的跟踪审计是我国目前的重点领域，它是充分利用国家"免疫系统"作用的有效载体。在国家治理方面,政策落实跟踪审计通过追踪监督、评价分析、查错纠错、督促整改等方式承担国家审计的监督控制职能,给予政府决策前瞻性的意见和建议。通过提升国家治理能力、治理效率和治理民主性,推动国家达到治理目标。

(一) 提升国家治理能力

1. 加强对国家重大政策和措施的跟踪审查,提高我国国家治理工作的科学性

政策落实跟踪审计主要是审查政策实施的科学性,根据其运作过程的特点,全面、持续跟踪审查政策的实施和评价过程,使政策和措施"落地生根",达到其预定的审计目标。对审计工作中发现的问题,要向有关的决策机构及时通报,推动其整改完善;同时,要促使政府决策者持续规范各项政策和措施的操作流程,提升其决策能力和水平,从而达到符合国家治理需要的效果。

2. 加强对国家重大政策和措施的跟踪审查,增强国家治理工作的可执行性

一项优秀的政策措施依赖于其可执行性。国家出台的政策措施对预期经济和社会治理功效的实施效果,取决于政策措施的执行成效。审计通过持续监督、评估和分析判定各项政策的实施效果,对相关信息和数据实施必要的审查过程,评估其实施的困难和阻碍,并对实施的相关信息和数据进行必要的审查,评价其对国家政策措施实施效果的影响程度。同时,针对政策和措施实施成效不明显、与已制定的方针和制订的计划存在偏差问题进行深入剖析,找出问题所在,并对问题进行整改和审查,对整改措施的执行展开跟踪。

3. 加强对国家重大政策和措施的跟踪审查,确保国家治理工作的及时性

由于制定政策措施的环境是复杂多变的,并且其实施的效果存在滞后性,因此,在实施过程中很容易发生与实际市场运作不符的情况。与以往的事后审计相比,政策落实跟踪审计是以追踪审查的形式,及时、全面地了解政策的执行情况,并根据所获得的第一手数据及时纠正相关问题,并向决策者反馈,以便及时修正错误政策和措施。对国家重大政策措施的跟踪和审查通过遵循"调查、剖析、发现、反馈、整改、调整、优化"的思路,不断监控各项政策措施的实施,进而增强其政策措施的时效性,更好地推动实现国家治理目标。

(二) 促进提高国家治理效率

政策措施(公共政策)的实质就是对公共权力与公众利益的权威性分配。

参照新公共管理的基本原理，对公共权力、公共资源的使用与分配进行监督，可以实现对公共资源的有效利用，建立责任型政府、效率性政府、透明化政府，以促进国家的治理效率，实现政府良治。通过对国家重大决策执行的跟踪审计，可以有效地保证政府利用各种手段对公共资源进行有效分配及制约，从而促使政府主动承担社会公共责任，进而达到国家治理目的。

1. 对国家重大政策和措施的执行进行跟踪审查能够约束公权力

在执行政策措施时，常常会伴随着公共项目建设和财政资金的分配。政府机关的公职人员作为实施公权力的主体，其有利用公权力寻租的便利。因此，在实施各项政策措施时，主观因素过多就难免会出现以权谋私的腐败现象。通过对国家重要政策措施的实施进行跟踪审查，可以有效降低政府权力机构的寻租行为。同时，利用审计机关行使国家审查职权，加强对行政执法中权力贪污的惩罚力度，降低行政机关的执法成本，进而遏制地方行政机关的投机举动，能够保证政府机关的正常运作，增强政府的透明度，促使国家实现良政。

2. 跟踪审查国家重大政策措施，能有效地提升公共资金的使用程度

国家治理需要有效地配置公共资源，因此对国家重大决策和执行情况进行跟踪审计，既要关注财政资金、财政收入，又要关注对公共资源是否进行了公平、效益的配置，以确保公共利益分配的公平性与公正性。我国的各项政策措施具有宏观、全局、影响广泛的特点，对国家的重大政策和措施实施进行跟踪审计，既能保证政府财政资金和财务收支合法合规，又能确保社会公共资源利用的合理性。

3. 对国家重大政策和措施实施跟踪审计能够有效地满足国家治理需求的变化

对国家重大政策和措施执行的跟踪审计，既可以推动公共管理目标的实现，又可以为国家的治理提出针对性建议，进而更好地为政府科学决策服务，保证社会的正常运转。随着国家治理环境的改变，政府治理效能成为人们普遍关心的问题。为了适应新时代国家治理的需要，我国的审计角色由原来的财政的"看门狗"转向了国家治理监控系统的"免疫系统"，审计重心由披露虚假的"会计信息"转向"政策措施效益"，这为国家治理决策提供及时可靠的信息。

（三）促进提高国家治理透明度

时刻将公共利益放在首位是解决公共政策矛盾、制定政策措施的基础遵循。

在我国公共决策实践中，国家治理政策的制定与运作不透明性导致民众对其理解的程度不深，从而影响其对政策的认可和对公权力的信任。在现代化民主社会发展进程中，民众普遍希望能提高政策系统整体的开放性和公开性，以便能够充分向政府反映公众利益和价值诉求。政策落实跟踪审计在提高政策的透明度、明晰公众政策的参与度方面起到了尤为重要的作用。

我国审计署通过执行政策落实跟踪审计能够有力地约束决策部门，提高决策的公开性、公正性，进而提高社会民主性。首先，通过对政策实施的有效性进行审查，为其提供独立、专业的咨询建议，在保证政策执行过程透明度的基础上提高政策措施的质量；其次，审计机关审查的是政策措施程序的合法性，也就是审查实施主体的行为是否符合法规；最后，对国家重要的政策和措施进行跟踪审计，可以有效解决政府信息公开机制不完善这一弊端。通过健全审计结果公示制度和建立外部披露机制，可以提高政府在决策和运作方面的透明度，即在保证人民群众利益的基础上，可以加强政策措施的协调性、科学性以及政府的可信度。

二、我国政策落实跟踪审计实施的成效

从 2014 年 8 月开始，审计署在全国范围内，持续跟踪检查各地政府对中央政策措施的贯彻落实和实施成效，关注"三大攻坚战""放管服""供给侧结构性改革""营改增"、重大项目建设以及金融服务实体经济等相关方面政策的落实和改进，确保这些政策措施的实施，推动国家发展的质量和效益，从而为党中央、国务院的重大决策部署和政令畅通无阻提供有力的保障。自对国家重大政策措施进行跟踪审计以来，到 2019 年 11 月，已推动 27000 多个项目开工、竣工或提速；推动取消、合并、下放行政审批、资质认定、收费等 1700 多个项目。①

（一）在中央直达资金方面

为了严格监管中央直达资金，保证资金直达机制的高效平稳运行，审计署从 2020 年机制成立之初就开始开展政策落实跟踪审计，以保证能够及时发现资

---

① 国家重大政策措施落实情况跟踪审计实施以来取得了哪些主要成效？[EB/OL]. 汉源县审计局，2022-09-19.

金在分配下达、库款调拨等方面的问题，为保就业、保民生、保市场主体资金的有效运用提供了基本保障。

（二）在乡村振兴方面

为解决乡村贫困问题，描绘乡村振兴发展新图景，全国各地审计机关持续积极开展乡村振兴工作，并积极开展政策落实跟踪审计，从目前来看，成效颇丰。2022年前三季度，江西省审计厅组织全省34个市、县审计机关在国家重大政策措施落实情况跟踪审计中，对11个设区市所辖36个县（市、区）乡村振兴政策措施落实和资金分配管理使用情况进行了审计，抽审资金量9.94亿元，抽审项目704个，涉及90个部门单位、111个乡镇、412个行政村，审计查出问题105个，涉及资金4194.66万元。同年11月，山东省审计厅启动全省乡村产业振兴政策落实情况审计，促进政策落地见效，助推乡村产业领域补齐突出短板。此次审计涉及淄博、枣庄、烟台等7市，省审计厅直接审计3市，其余4市由当地审计机关按照统一工作方案开展。针对乡村产业涉及地域广、链条长、数量多的特点，此次审计对农业优势特色产业集群、农业生产社会化服务、农产品冷链仓储保鲜设施等3项内容集中开展大数据分析，提升审计质量和效率。

（三）在"放管服"方面

为助力简政放权、及时梳理公布行政权力事项、改善民生服务等工作，各地审计机构积极进行"放管服"改革方面的政策落实跟踪审计工作。河南安阳在2020年执行"放管服"政策落实专项审计时发现问题91项，整改到位45项[①]；攀枝花市审计局在2021年开展的"放管服"跟踪审计中，推动取消不必要的审批事项，促进政务服务实现网上可办率100%，将投资项目的审批时间压缩了60%以上。[②]

---

① 安阳市召开审计发现问题专项整改工作动员会［EB/OL］.河南省人民政府门户网站，2020-04-28.
② 攀枝花市审计局开展"放管服"改革跟踪审计助力营商环境优化［EB/OL］.攀枝花市审计局，2022-02-23.

第四节 新时代背景下我国政策落实跟踪审计存在的不足及原因分析

一、新时代背景下对我国政策落实跟踪审计的要求

《"十四五"国家审计工作发展规划》中明确指出，要积极开展和深入研究型审计，对党中央、国务院重大经济决策的战略意图、出台背景、改革目标等问题进行系统的研究，以便更好地把握这些问题的方向和根本。《"十四五"国家审计工作发展规划》在对政策落实跟踪审计的详细内容进行说明时，要求审计署和各省级审计机关要注重强化政策分析，对建立政策落实跟踪审计项目库提出意见和建议，并认真研究审计重点和审计思路。

（一）明确审计职责，灵活确立重点

审计机关在审计工作中，要聚焦于自己的主业，做好自己的本职工作，在对政策执行情况进行跟踪审计的工作安排时，要紧密结合党中央、国务院高度重视、重点部署的、具有广泛社会影响的重大经济政策，对其进行精细选择，要防止"大水漫灌"，务必做到"少而精"，同时，要针对各类重大经济政策的不同特点，明确相应的审计重点。

（二）建立常态化研究专家库，推进研究型审计

建立完善的政策落实跟踪审计常态化研究专家数据库，认真贯彻《"十四五"国家审计工作发展规划》，落实其中关于研究型审计的要求，深入探讨并完善政策落实跟踪审计研究专家数据库，在审计署的统一指导下，形成覆盖各个专业领域的审计队伍，适当吸收来自各个领域和行业的专家学者和审计人员，形成长期的专业研究队伍，从而使得相关研究的进行更加常态化、固定化，研究成果产出更加系统化、稳定化、定期化，成果利用更加持续化、高效化。

（三）督促各相关地方政府和部门严格贯彻执行环保政策法规，强化内部管理

在资源环境审计项目的组织实施过程中，审计活动有助于地方政府及有关部门充分认识到生态环境的战略地位，促使其严肃、高效地执行政策法规，真

正将生态文明建设的审计报告以及审计过程中发现问题的整改情况等纳入常态化机制。此外，在被审计单位的其他审计项目中，涉及贯彻落实党和国家经济政策、方针以及决策部署等情况时，内部审计也具有独特优势，能够有效地促进党中央和国务院重大决策部署的贯彻执行。国家审计机关通过查阅和分析被审计单位常态化机制定期报送的其单位内部审计的相关资料，可以更深入地掌握党中央、国务院重大决策部署在被审计单位内部及其所属系统、所在行业领域内的执行情况。

二、新时代背景下我国政策落实跟踪审计仍旧存在的不足

（一）审计重点不明确

在实施政策落实跟踪审计时，由于审计重点界定不够清晰，审计实施主体对政策落实跟踪审计和其他专项审计的区别不太了解，不同层级的审计机构对各被审计单位实施多次不同类型的交叉性专项审计。同时，被审计单位对各项审计的重点也不够明晰，导致其对政策落实跟踪审计的重视程度不高，配合度较差，不利于审计人员在审计过程中获取足够充分的、真实可靠的审计资料，最终使得政策落实跟踪审计无法达到既定目标。

（二）审计效率有待提升

当前我国的政策落实跟踪审计工作还处在基础阶段，相关指导方针政策、规章制度还不够完善，这直接导致现行政策落实跟踪审计的技术和方法还未达到规范化、模块化的状态，使其缺乏明确的审计管理模式、科学的取证方法、规范的报告模板以及明确的惩罚手段等。整体环节的不完善，严重制约了政策落实跟踪审计的效率及发展。

（三）审计人员的宏观政策水平待提高

对政策措施实施的跟踪审计，具有宏观掌控和微观调整的双重作用。宏观掌控取决于对政策的全面把握和对理论的理解，而微观调整则要求有专业的知识和全面综合的分析手段，这都使得审计程序变得更加复杂。因此，审计人员要在掌握传统审计技能的基础上，对法学、经济学、政治学以及其他相关领域的知识进行持续、深入的研究。目前，全国各级审计人员的业务素养差异较大，专业技术人才较为缺乏，与政策落实跟踪审计的目标相比，审计人员仍有较多地方需要努力，特别是在知识的广度和技能的宽度上。

（四）审计问题及评价标准不统一

对政策措施落实情况进行跟踪审计的目的主要是回答宏观政策是否能够在基层扎根。但当前许多政策实施的好坏并没有一个清晰的标准去进行界定衡量，缺乏标准的评判和评估会直接导致审计监督权威性受损。审计专业的评估维度可以分为财务类和非财务类两方面，在这些评估中，有的内容不能进行具体的量化，而且受被审计单位绩效的多因素制约，仅用可量化的指标和标准值对全部审计项目进行定量的评估是很难实现的。所以在评估过程中，就很容易出现评价的非标准化及不统一的现象，使得质量提升和风险把控变得较难实现。

（五）审计作用发挥不够充分

政策落实跟踪审计过程中发现的问题主要包括违规违纪使用资金、政策执行不到位、政策落实缓慢等。加强对相关政策措施执行的跟踪审查，及时发现问题，并对相关问题和弊端提出整改意见，切实提升国家重大政策措施的落实程度，是审计机关的职责所在。审计人员在执行政策落实跟踪审计的过程中如何准确把握审计工作中"干啥不干啥、评价啥不评价啥"的度，将直接关系到审计监督和纠正职能的有效发挥。

三、新时代背景下我国政策落实跟踪审计存在不足的原因分析

（一）审计理念滞后

实施政策落实跟踪审计要求审计工作者熟悉相关法律法规，具备足够充分的专业知识，同时能够时刻把握和了解前沿的审计理念。但目前我国审计机关中审计人员的审计理念出现了认知缺失，严重地阻碍了政策落实跟踪审计工作的开展。部分审计人员并没有完全理解新的审计形式，审计观念依旧处于片面化、固定化的水平。目前就政策落实跟踪审计而言，一些审计人员的审计意识还停留在传统的"资金流向"监控模式上，忽略了政策落实跟踪审计与传统的"财务管理""资金追踪"等审计模式相比存在着很大的差异。政策落实跟踪审计不仅需要利用从传统审计实践中获得的经验和知识来指导工作，还强调必须通过学习相关知识把控具体的政策措施。如果不能正确把握政策措施的核心，就无法明晰工作重点，也无法达到审计的预期目标。

（二）审计范围较广

政策落实跟踪审计包括简化行政审批、优化体制改革、保障民生工程建设

监管、城市建设公共管理、养老医疗制度改革、企业投资优化、创业创新、"三农"问题、扶贫成效、文化服务产业创新、环境保护与可持续发展、外贸扩张、毕业生就业等23个领域，审计内容涉及较多行业和较多政策措施，具有很强的专业性，对于审计人员的政策性、专业相关性和技术指导性的要求较高，使得其对核心问题的把控难度较大，这些都大大增加了审计工作的难度。因此，审计人员要在全面掌握政策导向、熟悉工作方案、明确审计重难点的基础上，做好审计工作，以达到审计的最终目标。

（三）跟踪机制不灵活

对国家政策措施的跟踪审计，是一种把控政策部署状况、监督执行力度、执行效果的动态审计模式。该模式尚处在摸索发展阶段，目前还没有专业的操作指南指导相关工作。而且审计组织模式较为单一，审计署对审计工作进行集中统一管理，安排部署地方各基层单位开展实施具体工作，直接削弱了地方政府的自主性，导致政策落实跟踪审计的执行力大打折扣。另外，审计项目涉及领域较多，理论更新较快，审计工作人员流动性较大，导致审计程序缺乏连续性。同时，了解和把握各种政策措施都需要一定的时间，审计人员想要拓宽专业知识面、掌握审计实践要求的业务能力均需要较长的周期。这间接造成了审计工作的"脱节"，也显示出了审计跟踪机制不够灵活。

第五节 新时代背景下完善政策落实跟踪审计的对策建议

一、及时更新审计理念

理念是一切行动的先导，要想充分发挥国家政策落实跟踪审计的效能，就必须在具体的审计工作中加大政策措施的宣传力度，培养审计工作人员的审计理念，使其认识到做好政策落实跟踪审计的重要意义，进而达到审计的最终目的。

（一）加强审计人员审计理念的学习

要加强审计人员综合能力与业务素质的培养，提高审计人员对各项政策措施的认识与把握能力。目前的审计工作，需要审计人员密切留意各种经济政策措施的变化动态，及时收集整理新出台的政策措施及相关资料，并进行系统的研究分析，深刻认识其内涵。在培养审计理念时，可以采用个案教育和实践讨论相结合的形式，促使审计人员能够更清楚地理解政策落实跟踪审计工作与以往传统审计工作的异同点，及时更新自身的审计理念。在条件许可的情况下，还可以适当引入"外援"，与高校、外部审计机构人员联合建立创新合作平台，组成专家智囊库，积累中介审计力量，发展审计外部领域的优秀人才，作为政策落实跟踪审计工作强有力的预备军。

（二）加强政策落实跟踪审计理念的宣传

在提高审计人员思想认识的同时，也要强化对国家政策落实跟踪审计工作理念的宣传。审计理念宣传的方式可以有很多种，如设立新政策专栏、发放新政策宣传单、依靠电子屏幕进行宣传等。通过这些方式来提高各部门单位对政策落实跟踪审计内涵及要点的正确认识，特别是与党中央、国务院的重要决策部署执行紧密联系的部门，有助于保证审计工作的开展得到广大部门的全力配合。

（三）审计人员需要及时转变思维模式

在实施政策落实跟踪审计的过程中，审计人员要及时转变思想观念，切实了解开展该审计的紧迫性和必要性。对政策措施落实情况进行跟踪审计在一定意义上实现了由单一的数字审查转向数字与文本整合审查的过渡。这就要求审计人员不仅对国家现行的政策措施有所了解，还留意各行业的政策制度以及资金管理规定。这意味着审计人员要消化的信息量是相当庞大的，仅仅依靠以往的工作经验无法高质量、高效率地执行审计工作任务。因此，在实施工作前，审计人员必须做好充分的准备工作，补齐对政策措施了解掌握不足的短板，在拥有丰富知识储备的基础上，采用恰当的审计方法实施审计，提高审计工作的质量和效率。

二、合理把控审计范围

对国家政策落实情况进行跟踪审计是一项持续性的工作，国家各项方针政策会随着时间的推移不断地更新变化，如果审查范围过小，审计的执行效果就会受限，就无法充分体现出政策落实跟踪审计工作的现实意义；如果审查范围过大，就会增加审计人员的工作量，造成审计资源浪费，从而影响审计工作的效率。所以，在进行政策落实跟踪审计时，合理把握审计范围就显得尤为重要。

（一）突出重点政策

各级审计机构要高度重视中央有关部门制定的政策措施和工作目标，密切留意上级有关部门针对各地级市、县发布的有关政策措施的运行效果，同时加强各部门之间的协调联系，从纵向、横向两个方向展开联动，共同克服审计工作中出现的各种困难。要厘清审计的重点，找出问题的症结所在，突破"中梗阻"，实现推进各项政策措施落实的目的。我国政策落实跟踪审计涉及部门较多、项目种类多样、资金规模庞大，因此必须精准寻找突破口，从项目的内容、资金方面入手，逐层深入，全方位地了解掌握具体情况。同时，将大型工程项目逐层细化，明确各个单位和部门的工作职责，实行问责制，全面监督党中央、国务院各项重要政策措施的落实情况。

（二）健全规范约束体制

审计机关可以在明确审计内容规范约束体系的基础上，强化对内部控制的监督。在目前审计任务繁重、时间紧迫的情况下，审计机构需要改进审计工作管理方法，认真落实审计小组的内部审查制度和法制审理工作，确保取证充分、定性准确、责任明确。政策落实跟踪审计工作有一个非常重要的特点就是审计工作具有延续性。为了保证审计项目能够持续进行，在执行审计的过程中，就需要完善资料交接程序，搞好档案管理，确保档案资料的查阅与共享；要强化内部管理，确保审计人员的稳定性，防止人员更换造成的审计工作周期延长的问题。

三、推动审计与时俱进

（一）通过专项学习更新知识结构

审计单位应积极组织审计人员参加各级各类工作培训活动，强化审计人员对各项政策制度的理解，增强其依法开展审计工作的思想觉悟，全面综合提升审计人员的工作能力。在对审计人员进行教育的过程中，要注重开展与政策落实跟踪审计的目标、方法和效果等相关方面的教育。同时，要做好案例教学培训，结合真实的审计案例进行教学，便于审计人员更深入地理解相关知识。积极召开审计业务研讨会议鼓励审计人员群策群力，共同提升工作能力和水平。

(二) 科学利用大数据分析技术

对政策措施落实情况进行跟踪审计可以运用大数据技术进行全面、精细的审查，进而有效实现审计重点的延伸。审计单位要正确、合理地使用各项数据资料，并对有关资料进行关联分析，采用"从整体到局部"的方法对数据进行综合处理。通过对全面掌握整体方面，确定审计要点及重点内容，采用"由点到面"的方式进行数据审查，力求对每个项目或者单独的审计案件进行深入、系统的分析，确保审计工作的实施成效。

另外还可以通过对比分析、原因分析等方法，分析汇总数据，分解有关指标，进而得到相对准确的审计结果。要善于利用宏观与微观相结合的审计方式，客观、公正地评价各项制度的实施效果，防止人为因素的干扰，以确保审计的工作质量。同时，为更有效地执行审计工作，还要在对政策进行深入研究和分析的基础上，开展全面系统的工作梳理。根据不同类型、不同层次、不同效能的政策信息，利用专门的审计管理系统平台（图10-1），实现各类审计工作的数据共享，打通政策落实跟踪审计的信息交流通道，提升审计工作的效率和质量。

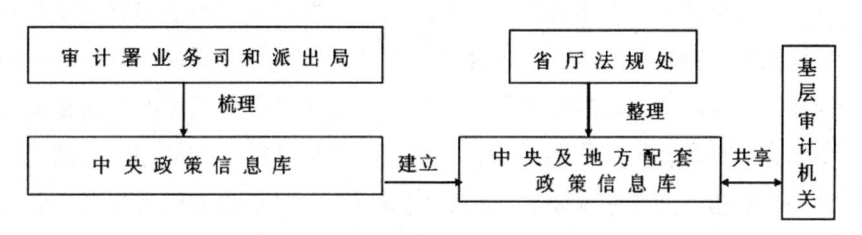

图 10-1　审计管理系统平台

数据来源：根据现有的审计管理平台之间的关系整理。

(三) 强化各地区的联动效应

审计机关应统筹规划现有审计资源，在充分挖掘人才的基础上，开展跨区域、跨专业的实践交流，扩大专业队伍。要加强区域间的相互沟通协作，强化各地区之间的联动效应，广泛学习其他审计机关的经验、做法，对已发现的问题及时进行整改，以提高审计工作的效果。要加强对审计实施系统和大数据平台的推广，协助审计人员快速分析数据，比对文档信息，提高政策落实跟踪审计的工作效能。另外还要实现审计资源配置互通，以加强审计的综合应用能力。

四、采取多项措施强化审计实施

为保证审计治理的稳定性，防范审计风险及隐患，就需要全方位把控审计事项的总体流程，切实履行好审计工作的相关职责，确保审计人员严格遵循职业道德规范和行为准则，多管齐下以强化审计工作的实施。

（一）加强政策措施的相互衔接

不同地区在坚持国家同一方针的基础上，针对点和目标的选择是不尽相同的。因此，在实施政策落实跟踪审计工作时，要根据对应地区的特点，采用不同的措施手段、不同的评价方法和评价标准，确保审计工作在不同的地域都能实现其成效。在审计过程中，审计方法的选择不但要考虑政策措施本身，更要充分考虑政策与措施之间的相互衔接。提高政策与措施之间的相互衔接不单是强化审计的过程，也是强化政策落实的一个过程，这一定意义上也能够使审计自身成为政策落实的一种手段。

（二）建立标准的审计评价体系

目前，对审计机关工作的评估，主要以所查事项的重要性和事项涉及的范围为主要依据。对政策落实跟踪审计而言，其目标则是反馈政策措施落实中出现的问题，并对政策方针措施的落实提出改进意见。现行的评价体制和激励机制并不能完全契合政策落实跟踪审计。因此，要健全审计内部评估机制，将审计评价的重点落在问题的反映和提出相应建议上，以绩效考核为导向，引导审计人员工作理念和方式的转变，这是一种强化政策落实跟踪审计行之有效的办法。

（三）与被审计单位之间加强沟通协调

被审计单位不能仅仅被动地接受审计，更应主动地配合工作，这样才能够提升审计机关的效能，进而完善和提高自身工作。因此，在对项目执行审计的过程中，应加强对被审计单位责任心的培养，审计人员要主动与被审计单位进行沟通交流，提升其了解执行政策落实跟踪审计工作的重要意义，并确定相关责任人，专人专项负责。同时，要让被审计单位明白开展政策落实跟踪审计的目标和要求，使各部门单位能够从上到下严肃认真地对待工作，防止不配合、不理睬等负面现象的出现，确保审计工作的顺利开展。

五、整合优化审计资源

针对不同层级、不同部门和不同效能的政策措施，应做到及时完善政策落实跟踪审计的组织结构，整合优化审计资源配置，充分发挥全面覆盖、全方位监督的审计职能。

（一）建立有效的审计成果运行机制

健全审计成果展示制度，不仅要突出展示在审计过程中发现的问题，还要体现被审计单位对问题的整改情况，充分体现制度的整体性和完整性。加大对政策落实跟踪审计结果的开发运用，采取多种方法、多个角度、多层次深入的方式，确保审计结果能够及时有效地得到转化，并根据反馈的情况，合理调整政策落实跟踪审计的审计重点和方法。

在日常工作中，审计部门要与人大、纪委和组织部等部门进行交流，要经常召开有关政策的研讨会议，汇报审计的督查情况，依附人大的质询权利、纪委的问责权利和组织的部署权利所组成的合力，共同推进政策措施的执行。要主动与政府的监管部门、行政部门建立定期沟通协调管理机制，对审计工作中存在的问题及时进行汇总，并将问题反馈给监管部门，加强整改督查并连续跟踪监督，促进审计成果的资源共享（图10-2）。

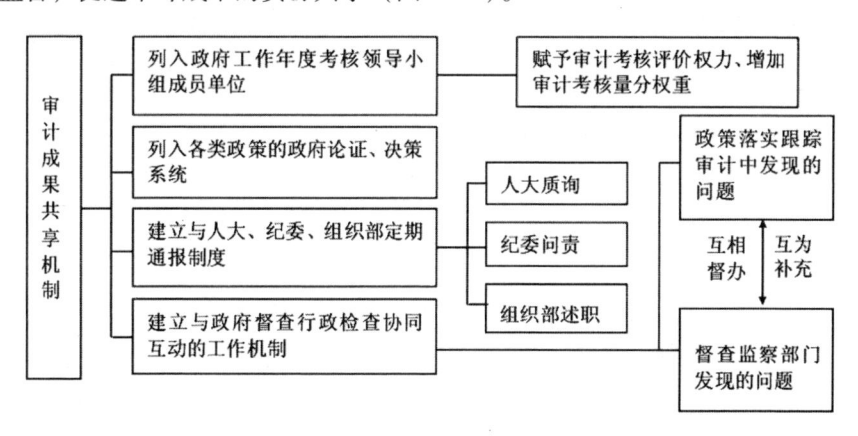

图 10-2 审计成果共享机制

数据来源：根据审计成果共享终端之间的关系整理。

(二) 合理扩大审计队伍

目前,我国审计单位招录的人才主要还是集中在会计、审计和经济类相关专业,另招少量计算机、法律、工程类专业人员充实审计力量,但还没有意识去储备与政策措施有关的专业人力资源。在我国审计全覆盖的新常态下,审计机关对各类领域人才的需求不断增长,仅增加少数热门专业,并不足以覆盖政策落实跟踪审计的全部项目。因此,审计单位亟须吸纳不同专业的人才,实行多元化的专业发展来满足实施政策落实跟踪审计工作的客观需要。

(三) 建立部门内部的协调机制

在开展审计工作的同时,要加强内部工作的沟通、协调,建立内部沟通协调机制,加强上下级、同级审计部门之间的互动,统筹审计组之间的横向、纵向工作关系。通过这种全面沟通方式,不仅能够保证审计工作的全面覆盖,而且还能防止内部审计组的交叉重复审计,从而保证审计的效率和效果。另外,在执行政策落实跟踪审计的过程中,要打破过去"各自为战""单打独斗"的工作状况,对审计资源和审计渠道进行重新规划安排,使政策落实跟踪审计人员和其他审计组成员协作,打破不同科室之间的部门壁垒,开展交叉审计、交换审计和参与审计,使各项审计工作之间既做到有分有合,也能够相互补充。

第十一章

政府投资项目审计、涉外审计的治理效能分析

第一节 我国政府投资项目审计的治理职能及成效分析

一、我国政府投资项目审计的发展历程

（一）1980—1996 年：起步阶段

从 20 世纪 80 年代后期开始，我国的大型交通、电厂等大型建设工程的预算审计工作已经启动。在此期间，我国的政府投资项目审计多以大型基建工程为重点。

（二）1997—2007 年：探索阶段

1997 年，审计署成立三峡工程审计处，长期驻扎在三峡施工现场，对三峡工程建设、三峡总公司有关的经济活动、水库移民等进行审计、监督。在此期间，我国政府投资项目审计工作的开展，使其成为一个规范化、制度化、系统化的过程。

（三）2008 年至今

自从 2008 年国家审计"免疫系统"论提出后，为了更好地发挥"免疫系统"的作用，审计机构把重点放在经济治理整顿和大规模停建项目的跟踪审计、开工前审计等方面，为国家宏观经济调控发挥了积极作用。在此期间，我国的政府投资项目审计提倡"跳出项目干审计"，在对大型水利、电力、公路、铁路等项目进行审计的同时，做到防范与惩治并重、监管与服务并举，发现问题、

查处违法犯罪,既要维持经济、社会的秩序,又要加强财政纪律,还要加强制度建设,完善法制。近年来,审计署陆续出台了《政府投资项目审计管理办法》《政府投资项目审计规定》《关于进一步完善和规范投资审计工作的意见》等文件,助力政府投资项目审计规范化发展。

二、我国政府投资项目审计的主要内容及特点

(一) 我国政府投资项目审计的主要内容

我国政府投资项目审计的内容主要包括竣工决算审计、政府投资项目跟踪审计和政府投资项目专项审计。随着政府投资项目审计的逐步发展,其职责范围愈加清晰,治理效能逐渐增强。第一,政府投资项目竣工决算审计主要包括工程项目建设管理情况、工程结算造价情况、建设资金管理使用情况和工程项目绩效情况。政府投资项目竣工决算审计的实施有利于全面真实地反映竣工项目的实际财务状况和最终建设成果,促进国家财政资金的高效化、精准化利用。第二,政府投资项目跟踪审计主要包括项目准备阶段审计、项目实施阶段审计和项目竣工阶段审计。政府投资项目跟踪审计能够对当前建设工程全过程的经济活动和财务收支进行事前、事中与事后监督,保障国家与工程相关单位的合法权益,有效提升投资效益。第三,政府投资项目专项审计的审计内容集中在资金项目计划下达和执行情况,专项资金分配、拨付和使用情况,专项资金财务管理情况,项目实施和效益情况等方面。政府投资项目专项审计能够有效审查财政、计划及专项资金主管部门是否按照国家批准的计划下达项目投资计划和财政专项资金的预算,有利于项目预期经济效益、社会效益和生态效益目标的实现。

(二) 我国政府投资项目审计的特点

1. 审计内容的专业性和复杂性

政府投资项目审计涵盖范围广,审计机关既要审查项目计划与内容与国家政策是否一致,又要关注项目的合规性;既要审计资金的筹集、管理和使用,又要对工程管理进行审计;既要对工程项目成本进行真实性审核,又要对投资效益进行审核。因此,审计内容涉及的领域广、跨度大、专业性强。

2. 审计过程的阶段性

一般而言,建设工程建设的时间比较长,为了及时、完整地反映建设工程的资金使用、项目管理等,审计机关对项目进程应逐步进行审计。首先是在项目建设期间,重点要对预算执行情况进行审查;其次是在项目竣工结算期间,重点对项目的资金交付情况与结余情况以及项目效益进行审查。

3. 审计对象的宏观性与广泛性

合理的投资规模、投资结构与生产力配置有利于推动经济持续健康发展,而政府投资项目的审计,则是国家对投资进行宏观调控的一种重要方式。因此,具备宏观意识是政府投资项目审计必不可少的要求,在具体实施时要注重细节,通过微观审计发现普遍性问题,见微知著,进而在宏观层面上保障投资活动的运行。

与此同时,我国的建设项目数量众多,分布广泛,无论是基础性、公益性、竞争性的项目;不管是国家的重点工程,还是政府的普通工程,凡是以国有资产进行投资或筹资活动的,均应依法进行审计,其范围很广,涉及投资项目建设的各个方面和不同性质的单位。

4. 审计技术的专业性

建筑工程施工全过程是一种具有高度专业性的综合性工程,它包括经济、建筑、会计、计算机等,仅建筑专业又涉及工民建、公路、铁路、水利等几乎所有的二级专业。因此,对政府投资项目的审计,除对经费的审核之外,还对与工程相关的其他行为进行审核。对这些项目进行审计,审计师必须具备一定的相关项目知识,才能胜任这项工作。

三、我国政府投资项目审计的治理职能

政府投资项目审计是由国家对投资领域的治理要求所决定的,而政府投资项目审计的目的又是由其职能定位来确定的。近几年,为了有效地发挥审计"免疫系统"的作用,我国政府投资项目审计的力量不断增强,投资审计方法不断创新,投资审计关口逐渐前移,为国家审计推动国家治理发挥了重要作用。政府投资项目审计通过监督、评价、揭示等职能参与国家治理,推动实现国家治理目标。

1. 监督国家投资项目的真实、合法、合规性

政府投资项目审计监控工程项目管理体系对工程决策的执行,并将其评价结果反馈至政府决策体系,促进政府决策系统及时调整,实现国家治理目标。

根据监督作用方式的不同，可以将监督分为显性和隐性两种。显性的监督就是审计人员对参建各单位的管理控制情况实施审计，通过审计直接发现问题并整改。除此以外，通过对政府投资项目的审计，可以有效地遏制工程建设中的违法违规现象，为投资领域的综合治理营造一个隐性的监督环境。因此，要使政府投资项目审计在工程建设中起到积极的推动作用，使其在建设领域中成为"排头兵"，进而使审计监督"免疫系统"功能落实到位。

2. 提升国家投资项目效率

政府投资项目审计通过对工程项目计划、实施和绩效情况的审查与评价，及时反馈项目运营进度，保障项目预期目标的实现，进而达到参与国家治理的目的。政府投资项目的审计评估，是指对政府投资项目的执行和执行情况进行审核，主要包括各种项目的决策和执行过程的科学性、真实性、合法性、效益性。审计评价作为监督功能的具体体现，是对项目效果与效益进行评估的主要依据之一。在进行政府投资项目审计评价时，必须对审计的行为与结果进行核对检查，为评价的真实性与合理性提供支撑。与此同时，选定的评价标准等要符合客观性条件的要求，能够科学、充分地反映项目管理具体情况，进而提供实事求是的评价结果。

3. 防止国家投资项目领域腐败

国家审计作为国家的"免疫系统"，其自身的内在特性决定着国家审计工作的开展，即不以审计人员的意志为转移，也不是某个时期国家审计机构的特定使命，而是国家审计机构自始至终不可逃避的重大责任。固定资产投资涉及范围广泛、投资规模大、诱惑大，历来是腐败案件的高发领域，是审计机关对违法违规行为纠察的一个重要环节。随着审计机构在投资审计方法和手段上的不断创新，审计队伍的不断壮大，在审查建设期间的项目时更加重视违法违规行为的揭露，更加重视探寻问题背后的原因与体制性缺陷，政府投资项目审计在经济领域的反腐作用也越来越明显。为此，必须充分利用政府投资审计的自身特点和优势，积极推进我国工程建设领域的反腐败工作。

四、我国政府投资项目审计实施的成效

政府投资项目审计是国家审计业务类型中的一类，是审计机关应当负责的一项法定业务。对公共基础设施项目进行审计监督，激励各参与主体尽职履责，

<<< 第十一章　政府投资项目审计、涉外审计的治理效能分析

确保建设的有序开展，促进政策投资创造最大效应是对审计机关的根本要求。对政府投资项目进行审计是我国审计工作的重点。要推动全面审计，必须对政府投资项目进行审计，对重大投资行为进行跟踪、评价，对国有资产的投资决策和效果进行审计是全面推进审计工作的根本要求。党的十九大以来，审计机关始终坚持对政府投资项目进行监督、审查，并持续加大力度，主动改革、引入信息化审计工具，成绩斐然，具体表现在以下五方面。第一，为国家重大政策落地提供保障。推动项目资金的合理流动，加快重大工程的推进，并使政府资金拉动经济稳定发展。第二，推动政策投资的绩效提升。要搞好政府投资管理，调整财政支出结构，减少或消除重复建设和浪费，使建设资金的价值最大化，有利于政府对财政支出的控制。第三，改革投资领域。改革重大项目审批机制，全面普及"简政放权、科学放管、优化服务"。第四，改善和保障民生设施。指出和探索涉及民生的问题，如征地拆迁、居民搬迁、环境保护等，并做好整改跟踪和检查。第五，提倡反腐，强化执法，倡导廉洁风气。加强对重大浪费、违纪违法、安全质量等问题的整治，杜绝施工中的不规范行为，收集线索，上报纪检监察、司法部门。

第二节　新时代背景下我国政府投资项目审计存在的不足及对策建议

一、新时代背景下对我国政府投资项目审计的要求

政府投资项目审计是国家审计工作中的一个重要环节，要充分发挥其"免疫系统"的功能，全面服务于国家治理，把推动经济高质量发展作为一条主线，重点整治工程建设领域的突出问题和违法违纪问题，进而保障投融资制度的变革，落实完善政府政策与措施，促进国家治理现代化的前进步伐。

（一）将工作重点确立为揭露与查处重大违法违规行为，在工程建设领域设定为重点监督领域

这一发展趋势基于近几年工程建设领域违法违规事件的发生频率与重大程度的现状而确定。政府投资项目审计在工程建设领域要发挥监督与专项整治的

作用，从源头上遏制腐败，推动工程建设高效、安全、廉洁运行。

（二）将工作重心转变为投融资体制改革，发挥预防、揭示、抵御的免疫系统功能

政府投资项目审计在发挥违规行为查处的基础作用时，还要关注投融资体制的问题以及管理上的缺陷，要从制度和制度层面对问题进行全面的剖析，并提出相应的对策，以保证我国经济和社会的正常运转，发挥"免疫系统"的作用。重视制度和制度问题，充分发挥审计"免疫系统"的作用，必须改变观念，确立审计的科学性。

（三）将工作主线确立为财政运用效益以及社会效益，进一步加强对绩效的审计

在审计工作中，可以从三个层面进行：第一，选择一些国家重点建设工程，从整体上对其经济效益进行分析和评估；第二，围绕国家重大工程的投资成本与经营效益进行绩效审核；第三，从政府自身的治理效率与治理效果的情况出发，推行绩效审计。

（四）将工作目的设定为维护人民利益、促进项目整改

政府投资项目审计要发挥监督与建设功能，"监"即对其进行调查、揭露、评估、揭示，"督"的意思是要服务，要推动整改，促进各方面的规范。二者必须同时进行，以揭示问题，进而实现审计工作目的。在审计的过程中，一方面，应将工作重点放在揭示与人民利益相关的违法违纪问题；另一方面，要本着"一审二帮三促进"的工作原则，及时向被审计单位报告，充分沟通交换意见并分析原因，督促其整改。

二、我国政府投资项目审计存在的不足及原因分析

审计机构通过对政府投资项目进行审计，为国家节省了大量的资金，同时也对一些在工程建设中的违法犯罪行为进行了查处，在体制、机制、制度、管理等方面，都提供了一些具体的政策建议，保障了国民经济的稳定发展，有力促进了国家治理。但是，受现行审计体制、审计机关地位、审计人员和审计技术等因素的制约，开展政府投资项目审计仍面临许多困难。

（一）审计机关的独立性不强

独立性是审计最基本的特征，目前我国审计机关独立性仍有提升空间。当

前，我国在对政府投资项目进行审计的过程中，受到了审计制度的制约，更多的是注重项目的审计，而忽略了决策的审计。没有注重对政府重大投资决策和重大投资行为的合理性进行分析和评估，只能缓解矛盾，而不能解决问题。

（二）审计机关的法律地位不高，审计手段有限

在开展政府投资项目审计时，往往会暴露出一些不规范的招投标行为和工程转包行为，但是，审计机关对相关当事人和相关责任单位均无有效的处置办法，以至于这些问题在工程建设领域司空见惯、屡查屡犯，得不到有效纠正。

（三）审计力量和人员素质的不足，影响了审计执法质量

按照审计署的要求，对一些重点行业和项目进行年度审计，这些国家重点工程投资规模大、建设周期长、分布范围广，涵盖了各个行业、各个领域，而且，参与建设的建筑单位数量众多、分散，要深入审计、完全审计还需要人力和时间的双重保障。但是，由于时间的制约以及审计人员的人数和专业水平的不足，缺乏全面的宏观分析，在进行政府投资项目的审计中，不管是从资金上，还是从项目的角度来看，覆盖面都偏小，一些重点项目没有得到有效的监管，对政府的投资行为也没有进行科学、公正的评估和评判。

（四）审计技术应用受限，信息化审计难以深入

近年来，审计部门虽积极利用各种渠道对计算机进行信息技术的培训，促进了计算机审计技术的普及，但是，真正达到高水平计算机应用的审计机构寥寥无几，而对计算机程序和对投资审计业务都很了解的复合型审计机关就更少见了。与此同时，很多审计人员的计算机运用能力和技术还不能同步提升，计算机应用能力仍然处于初级阶段，技术还不够成熟。因此，我国政府投资项目的计算机审计范围受到限制，成为制约我国政府投资项目审计信息化建设与发展的一个重要原因。

三、新时代背景下完善政府投资项目审计的对策建议

为了提高审计工作的质量，预防和控制审计风险，确保审计职能的有效发挥，加强对审计的监督，针对新时代政府投资项目审计的优化完善提出以下对策建议。

（一）完善政府投资项目审计相关法律法规

完善的法律法规是开展工作的关键。随着社会的发展，我国的法治建设日

益健全，为审计工作提供了强有力的法律支持。但是，在当前的审计工作中，仍然存在着巨大的风险。为此，必须进一步健全政府投资项目审计相关的法律、法规，加快配套法律法规体系的建设，统一政策口径，为有关工作的实施提供法律法规依据。以跟踪审计为例，一是要明确审计机关的法律地位，发展地方政府对建设项目的跟踪审计，使跟踪审计可以得到法律的保护，彻底地解决这个问题；二是明确跟踪审计的内容和范围，处理部门间的职能和利益冲突；三是明确跟踪审计的程序，在运行层面上提供具体的资料，审计机关与审计人员要逐步践行工作流程，保障工作的规范性；四是按照审计意见表的规定，对政府投资的重大建设项目，应出具随时跟踪审计的意见或审计公告。尽管跟踪审计在国内开展较晚，但各国已经制定了工程项目跟踪审计的实践模范，并取得了很好的成效。然而，国内至今尚无一套将跟踪审计理论与实际相结合的规范。为了使跟踪审计理论得到更好的发展和完善，必须制定一系列符合审计内容、范围、程序和报告的法律和法规。

（二）加强部门协同合作，形成督促整改合力

与有关单位共同建立审计整改的考核评估机制，可以通过对单位的评价和对个体的评价来确定。对各单位而言，将其整改情况作为年度考核的主要内容，整改不到位，则对其考评结果有直接影响；对个人来说，将被审计单位的整改情况纳入干部任用、考核和评优等工作中的考核依据，增加单位负责人整顿工作的力度。对于审计中发现的问题，要及时通知被审计单位，逾期不改正或未改正的，由单位和主管人员负全部责任，审计机关有权对其进行问责，并通知有关考核单位。

建立健全审计机关和各行政单位之间的联动纠错机制，形成合力工作体系。目前，我国还没有建立起由各级政府和审计机关紧密合作的联动纠错机制，缺少互动性，导致被审计单位纠偏工作成效不足。为了解决这一问题，审计机关要加强与各有关部门的密切配合，联合监督。建立了联动机制后，审计机构对超越审计处罚范围的违法违规行为进行处理时，就可以极大地增强有关部门的配合与合作，避免各个部门之间互相推诿扯皮，同时，也可以提高转交和反馈的速度，方便审计机关对整改情况的跟踪，把问题的整改落实到位，从而提升国家治理中的审计腐败成效，更好地为国家的综合治理服务。

<<< 第十一章 政府投资项目审计、涉外审计的治理效能分析

(三) 加大政府投资项目审计处罚力度，公开审计信息

建立自上而下统一的审计处理和处罚标准，让所有的审计机关都能有统一的依据，对违反规定的行为或违反规定的个人，都要参照标准进行严厉的处理和惩罚，加强震慑。充分运用好双罚制，即凡是违法的单位和个人，一律依法惩处，对存在问题的被审计单位及其相关责任人均提出处理意见，对人的惩治可以增强震慑效果，从而在无形中加强对领导干部行为的制约。

公开审计信息。审计信息的披露，除了涉及国家和企业的保密之外，对于反映问题、督促整改、提高审计公信力具有重要意义。建立起公开公正的审计信息传播渠道，要使社会各界都能参与到审计监督。公开的审计资料可能是被审计出的问题，也可能是被审计单位整改不及时的通知。审计信息的公布，既能增强审计效果，又能极大地增强审计处理处罚的震慑作用，增加被审计单位的犯错成本，从而在一定程度上减少同类问题的反复发生。

(四) 提升政府投资项目审计队伍水平，运用大数据新技术审计

审计质量的高低直接关系到审计工作的成败。近年来政府投资项目数量不断增加，投资规模也持续扩大，对相关审计工作的影响也越来越大。因此，要加强审计队伍建设，确保审计工作适应各时期形势要求，能够正常开展。首先，要提高现有审计人员的素质，采取社会招聘的办法。其次，要加强对现有员工的专业培训和考核，提高他们的专业素质。对各类考核不及格的员工，要及时撤换，以确保队伍的专业性和效率。再次，要强化审计队伍的经费保障。要通过健全的福利待遇、发展空间等制度，保证审计队伍人员的稳定性，确保审计工作的专业性、系统性。最后，要强化专业素质教育。审计人员既要有较高的职业水平，又要具备良好的职业道德素质，能应付各类审计风险，并能进行高质量的审计工作。

当今社会已进入大数据的时代，为了适应全面审计的要求，国家审计必须加大对大数据应用的力度。目前财政财务审计方面，大数据审计已经初见成效，在政府投资项目的审计中利用大数据进行审计，仍处于初级阶段。就所要使用的数据种类而言，财务审计仅需从被审计单位一方的财务报表中抽取一份，其数据的收集较为简便；而投资审核要求涉及多个主管部门、类型、格式等复杂的工程资料，数据采集更加困难。因此，要运用大数据分析的工具，提高审计项目计划的针对性，可在大数据平台中对同类型投资项目进行初步分析，以此

高效聚焦风险点，有效地识别风险点，使审计人员有更多的时间进行深入的研究。

（五）加强政府投资项目审计人员风险教育，增强风险意识

一是应该采取多种形式、多种渠道定期对审计人员进行审计质量教育，让审计人员全面了解经济社会对审计的新要求，明白审计的职责日益增加，审计的风险也随之增加。持续提高自己的业务能力和职业道德，在单位内部营造审计质量教育与审计风险防范的良好工作氛围。二是必须加强公民教育，让公众了解政府投资项目的监督内容、监督方式，以及自己的监督权利，提高公众对政府投资项目审计工作的监督意识，以此为依据，提出问题，并提出建议或报告，从而促使相关部门重视审计工作的开展。

第三节 我国涉外审计的治理职能及成效分析

一、我国涉外审计的发展历程

（一）1984—1993 年：起步阶段

随着改革开放，我国企业的海外扩张需求催生了涉外审计。我国企业在境外贷款时，境外贷款机构对接受境外贷款的中国机构规定，在项目建设期间的每一会计年度末，按规定时间向其提交经审核的年度财务报表，此时涉外审计包含的业务之一——国外贷援款项目审计应运而生。国家利用外资需要专业的审计机关对其进行审查，以规避境外投资风险，因此，1984 年 5 月，审计署成立了外资运用审计司（后更名为涉外审计司），主要负责提供对国际金融组织和国外政府贷款项目的审计公证业务。

（二）1994—2003 年：探索阶段

1994 年 8 月 31 日，第八届全国人民代表大会常务委员会第九次会议通过的《中华人民共和国审计法》规定，审计机构负责对国外政府援助项目、贷款项目和项目的收支情况进行审计，并明确其职能和法律地位。相关法律的出台标志着涉外审计正式步入合规、合法的新阶段，在法律上提高了涉外审计的重视程度与地位。

在此期间，为保持我国利用外资的良好形象和良好的声誉，我国的审计机关坚持"内外有别"的方针，在重大问题和对外汇报方面采取内外两种方式，重视内部问题自我化解。在以往出现的相关利用外资问题中，部分国际机构对我国的涉外审计独立性产生怀疑，为提高审计独立性，我国涉外审计机关不断加大对相关项目的查处力度，以保障合规性与公平性。审计不仅承担着外部压力，同时也不得不关注内部风险。因此，自1998年以来，审计署颁布了一系列文件，将原来的"内、外"合并为一份报告（代审计意见书）。另外，利用大数据平台对审计工作流程进行了技术上的规范，在某种程度上降低了发生审计差错的可能性。

（三）2004年至今：完善阶段

2004年，我国审计署正式成立了境外贷款援助项目审计服务中心，并承担了对外审计部门的外部审计职能。一方面，涉外审计部门能够更加有效地履行法定职责。由于公证审计在以往的审计中是一项附加职责，涉外审计部门不得不在烦琐的对外公证业务中耗费精力，服务中心的建立很好地解决了这一窘境。另一方面，服务中心的建立有效规避了我国涉外审计的风险。以往的审计工作中，涉外审计机关直接向境外贷款机构出具公正性审计报告，在面临风险时处于最前端，设立服务中心为国家审计机关提供了一定的缓冲空间。2008年，经由国务院批准，审计署设立了境外审计司（后改为涉外审计司）。在这一时期，涉外审计经历了组织架构调整、职能分工与机构建立的流程，已经发展成较为完善的国有审计重器，涉外审计相关工作也逐渐有条不紊，对国有企业境外资产的监督不断加强，有效推进国家治理现代化进程。

二、我国涉外审计的现状

"两办新规"于2015年正式确定了全面覆盖国有资产，并在多年的发展和实践中取得了长足的进步，尤其是对中央企业境外资产的审计，更是全面覆盖。2017年，我国涉外审计司坚持新时代外交理念，积极参与国际审计并加强审计能力，中国审计在世界范围内具有越来越大的影响力和吸引力。2018年9月，大型国有企业监事会的职责也被划归审计署，涉外审计机构职责范围进一步扩大。2020年9月，国资委印发《关于深化中央企业内部审计监督工作的实施意见》，强调要切实推进境外审计全覆盖、审计常态化，培养具备较强外语水平、精通国际大环境及国际法律的综合素质人才。可以预见，随着上述实施意见的推进，对境外资产的审计、监管和监管工作将全面展开，形成一种常态化的发展态势。

三、我国涉外审计的主要内容及特点

（一）我国涉外审计的主要内容

我国涉外审计主要包括境外国有资产审计、利用外资情况审计和国外贷援款项目审计。涉外审计是国家审计的重要内容之一，也是实现国家审计治理效能的有效方式。第一，境外国有资产审计的重点是审查与国外投资和经营相关的内部控制制度是否健全、国家对外援助政策是否落实、财政收入是否合法、是否存在。开展境外国有资产审计，强化了对境外资产的监督，保障了境外国有资产的安全，保障了我国的经济安全。第二，利用外资情况审计是对各级政府部门、国有企业、金融机构和其他机构在使用外资的过程中，财务活动的真实性、合法性、效益性进行审计监督。利用外资情况审计是我国政府有效利用外资的一个必要监督手段。第三，国外贷援款项目审计，是指由国家审计机关根据国外贷援款项目的法律法规、国际审计准则以及世界银行等国外贷款援助机构的审计规定，对世界银行等国际金融组织向我国进行的贷援款项目的收支、使用的真实性、合法性与效益性进行监督审查。

（二）我国涉外审计的特点

1. 审计目标的多样性

涉外审计涵盖范围较广，其审计目标也较为多样，主要是对外资项目的财务报表进行审查，对其真实性、完整性与合法性发表审计建议，履行涉外审计法定职责，同时对外资运用的全过程进行审查，重点审查经济活动的合法性与合规性，最终提升外资运用效益。

2. 审计标准的国际性

涉外审计本身即服务于我国参与国际经济活动的企业，具有天然的国际性，在对境外国有资产等进行审计时，不仅要遵循我国的法律法规与实施规定，还要注意境外国家的经营性法律法规，避免合规风险而产生的经济损失与声誉损坏。

3. 审计工作的长期性、连续性

外资项目贷援款往往需要很长的时间，从几年到几十年不等。在整个贷款周期内，对外资项目的建设阶段进行跟踪审计，而且每年的审核质量和效果都会影响到后续的年度审计工作。

四、我国涉外审计的国家治理职能

国家审计是国家治理的"免疫系统"，其基本职能是为国家治理的推进服务的，即履行法定职责来监督经济运行与权力运用情况，积极发挥预防、揭示和抵御的作用。作为涉外审计主要业务，国外贷援款审计的审计对象均为国家重点项目，因此，涉外审计在国家治理中有着举足轻重的作用。涉外审计自运作以来，其治理职能不断加强，以适应我国对外政策的改变、重要领域的变化拓展以及政府职能的需求，通过发挥监督职能、完善制度、自我提升等作用定位参与实现国家治理目标。

涉外审计是国家审计的重要内容之一，以促进完善对外开放战略布局、保障国家利益、维护境外国有资产安全为目标，服务国家对外开放和"走出去"战略，在服务我国对外开放、提高利用外资质量、维护国家信誉、保障国家经济安全、服务国际组织等方面发挥了积极作用。

五、我国涉外审计实施的成效

2018年以来，审计署积极拓展涉外审计领域与增加实践深度，提升涉外审计质量，取得了可喜的成效。

1. 加强了对境外国有资产的审计监督力度，保障国家利益，维护境外国有资产安全

党的十八大以来，在企业、财政、预算执行等方面，审计署通过整合国内、境外审计、运用大数据等多种方式，对我国境外国有资产与外资运用情况开展审查。审计结果显示，有关部门在贯彻落实"走出去"战略以及境外经济政策、境外国有资产管理与投资、境外合规风险控制与廉政建设等方面仍存在问题。涉外审计机关对相关被审计单位提出建设性审计意见并督促整改，在加强我国国有资产监管、保护国家经济安全等方面具有重要意义。

2. 切实履行了国外贷援款项目公证审计职责，高质高效完成了贷援款项目公证审计任务

党的十八大以来，审计署组织协调我国各级审计机关开展贷援款项目审计，平均每年开展 300 个项目审计，共出具 1600 多份建设性审计报告。涉外审计机关积极履行法定监督职责并高效完成公证任务，始终保证审计报告的内外一致性与真实性，基于我国国情与国际形势开展审计工作，切实保证贷援款项目的运行。

3. 在审计模式上进行创新，推动审计全覆盖

涉外审计始终以创新、科技的理念带动审计发展，积极探寻境内外一体化审计模式，强化大数据审计的应用。利用大数据审计技术有效扩大了对境外国有资产管理情况的数据收集范围，强化了数据解析力度与精度，进而加大了对境外国有资产、境外贷款项目的审计力度，推动了审计覆盖面的拓展。

4. 完成国际组织审计任务，扩大了中国审计在国际审计领域的影响力

2013—2014 年，审计署派遣涉外审计人员 300 多人，52 个审计组对联合国开展审计，最终高效完成了 14 个项目审计工作，为持续改进治理的联合国施政做出了显著的贡献，在国际审计领域取得了良好的评价。自 2016 年 1 月起，审计署受托对科技部进行审计，审计人员积极履行职能与职责，圆满完成了审计任务。

总而言之，审计署涉外审计机关积极承担国际责任，在国际领域树立了中国审计形象，其审计成果颇丰。

第四节　新时代背景下我国涉外审计存在的不足及对策建议

一、新时代背景下对我国涉外审计的要求

在新时代背景下，随着我国的经济实力逐步增强，越来越多的企业涉足海外市场，而这些企业需要进行涉外审计，以满足海外市场的要求和我国的法律法规规定。因此，对涉外审计的要求也更加严格和全面。

随着经济全球化进程的不断推进，涉外审计在开展过程中应当始终保持全球化视野，并进一步了解全球市场、全球经济形势以及国际贸易规则等。涉外审计需要关注全球各地的经济、政治和社会情况，能够理解不同国家和地区之间的经济互动和合作。此外，涉外审计人员还需要了解国际会计准则和跨境投资、并购等方面的相关法律法规，以确保在涉外审计中遵守国际标准和规范。

在涉外审计过程中，审计人员需要面对来自不同国家、地区和文化背景的企业客户，因此需要具备跨文化交流的能力，包括良好的英语能力、跨文化沟通技巧和对不同文化间的差异有充分的理解。由于不同国家、地区和文化之间存在差异，包括法律、会计制度等方面的不同，审计人员需要了解并适应当地以及国际审计准则的要求和标准，以便在审计过程中遵循这些规定，并能够与国际审计机构进行有效的合作。

由于涉外审计涉及不同国家和地区的企业和机构，因此可能涉及敏感的国家安全和经济利益等问题。为了保护这些机密信息的安全，需要在审计过程中采取更严格的保密措施，以确保审计结果不会泄露。这可能包括加强审计数据的存储和传输安全、规范审计报告的使用范围，以及确保审计人员在审计过程中遵守机构的保密制度和相关法律法规。

综上所述，在新时代背景下，对涉外审计的要求更加严格和全面，需要审计人员具备全球化视野、跨文化交流能力、熟悉国际审计准则、当地法律法规以及具备保密意识等方面的素质和能力，以更好地适应全球化、多元化、数字化的市场环境和审计需求。

二、新时代背景下我国涉外审计仍旧存在的不足及原因分析

（一）涉外审计经验缺乏

我国的境外投资企业在国外的发展速度很快，但发展的时间并不长，与之相应，国内投资企业和国内审计尚处于摸索发展的阶段，因此，目前尚无成熟的审计模式与经验可供参考。而且，"一带一路"倡议使世界受益，牵扯到的国家很多，境外投资国家政治形态、经济水平、宗教信仰、法律法规等均不相同，这就导致了涉外审计案例之间存在着很大差异，借鉴价值较小，这对我国有关涉外审计的法律、法规以及有关审计工作的人员构成了一系列的挑战。

(二) 涉外审计的评价标准有待优化

在审计实践过程中，由于国内外政策、发展模式、法律法规等诸多因素差异性的影响，所以，无法将国内审计基准与涉外审计参照的标准简单相等。在"一带一路"沿线各国，由于地缘政治、市场反应敏感性、消费者意愿等诸多因素的影响，很多产业的成长周期可能要稍长于国内，此种情形下，如果仍然参照国内通用的标准进行分析和决策，则明显违背了科学的发展规律，也不符合国家的发展状况。所以，在审计实践过程中，如何优化指标评价体系，完善评价标准仍是当前涉外审计需要不断改进提升的领域。

(三) 涉外审计相关法律法规有待完善

我国国有企业仍处于"走出去"的探索阶段，目前，虽然有审计法等一系列的法律和法规来保证境外国有资产的审计工作，但整体来看，有关国外国有资产审计的法律、法规还不够完善，缺少具体的体制规定。此外，我国法律法规对于境外国有资产的监督管理多处于对外投资的前置阶段，即更侧重于监管项目实施或对外投资之前的核准、审批、监督，某种程度上在外资企业的后续投资中，存在着一些疏漏。同时，境外国有资产监管机构较多，如审计署、商务部、国家外汇管理局和国资委等，但在实践过程中，由于监管方式、监管对象、被监管单位性质等方面存在差异，重复监管、监管失当等问题屡见不鲜。涉外审计除了受本国法律不完善的制约外，同时，还要受到被审计单位所属国家和地区的法律和法规的约束。在涉外审计过程中，被审计单位与审计人员都需要在遵守本国法律法规的情况下遵守被审计单位所在国家（地区）的法律法规，在某种程度上，给审计工作带来了更大的困难，也给审计工作带来了更大的挑战。

(四) 涉外审计复合型人才缺口较大

随着全球经济贸易往来日益增多，经济活动日益繁杂，社会各界对审计的需求和重视程度日益提高，尤其是国家审计和内部审计的地位逐年提升，审计从业人员队伍日渐庞大，但涉外审计与传统的社会审计不同，其工作环境、业务的复杂性都超过了传统的审计。涉外审计包括对境外国有资产的安全、经营效益、资产管理体系、内部控制体系等进行鉴证、评价和监督。境外国有资产审计还不得不考虑地区安全、国际政治稳定等问题，这就给我国的涉外审计人员带来了多样化、复合性的需求。然而，目前，我国在境外审计方面存在着大量的复合型人才短缺的问题,以及与之相应的审计人员培训制度也不健全,这些都是制约我国涉外审计发展的重要原因。

(五) 相关基础设施建设过程中对资源环境的重视程度有待提升

我国企业境外投资受"一带一路"倡议的扶持与激励,发展速度持续提升,发展规模不断扩大。在进行对外投资的基础设施建设时,不可避免地会给生态环境带来严重的冲击。然而,生态问题和气候变化是当前人类所面对的一个重要的全球性问题,我国还制定了碳达峰和碳中和指标,以积极地解决这一问题。习近平总书记曾两次强调中国积极应对全球气候变化的决心与信心,向国际社会展示了中国未来的环保发展道路,同时也树立了大国责任形象,积极承担国际义务,国有企业在进行基建时,更应该承担起公司的绿色发展、可持续发展的责任,所以,对国有企业境外投资开展资源环境审计的必要性不可忽视。

三、新时代背景下完善我国涉外审计的对策建议

(一) 总结优秀经验、创新涉外审计路径

与传统的社会审计相比,我国涉外审计发展的时间相对较短,可以借鉴的审计方式也比较少见。面对其他国家复杂的政治经济环境和人文宗教信仰,一线的审计人员需要更加灵活地做出反应,从卓越的审计案例中吸取教训,从不同的审核案例中获取可参照的一致性,并有效地应用到不同的审计实践中。

涉外审计因审计范围、审计对象、审计环境等诸多因素影响,还存在着诸多的不确定性和风险。因此,对境外资产投资环境,投资风险等因素进行科学、合理的鉴定与评估,从而有效规避一定的审计风险变得非常重要。一方面,利用好国内资源,包括信息资源、物质资源等,不断完善境外机构基本信息资料,与审计情况结合,汇总审计发现和基本资料,逐步建立起比较完备的资料库;另一方面,根据之前收集到的基本资料和信息,继续开展涉外审计,进一步验证先前获取的数据和资料,通过这种方式,对数据库进行调整和优化,确保数据的及时更新,以便审计人员和利益相关者进行查询访问。此外,随着数据的不断增长,需要对数据库进行更为准确、科学的分类,从而提高数据库的数据信息的真实性和有效性。不断完善境外机构信息数据库可以为审计人员提供极大程度的便利,节约其调查了解被审计单位的时间成本,大幅提升审计效率。

(二) 完善国有企业境外资产审计法律法规

完善境外国有资产审计法律法规是推进境外国有资产审计发展的重要基础，既能推动我国的涉外审计工作，又能使我国的国有资产安全完整、保值增值。完善境外审计相关法律法规一直都在路上，2017年年初国资委发布了新修订的两个央企投资监管办法，设立对央企对境内外投资的负面清单，确定投资的底线。规定设立限制和特殊管制的投资项目，实施分级管理。相比较国内投资，央企境外投资的管制肯定也会加强。关于持续完善境外国有资产审计法律法规，首先，必须修改和改进现有的外资管理方法，以更好的方式满足当前涉外审计的需要；其次，应明确细化审计主体和客体的法律责任；最后，建立健全的责任追究机制，提高违法违规操作的违规成本。

同时，境外国有企业的法律风险管理也应成为国家涉外审计监督的重点内容，从审计监督入手，充分调研了解境外国有资产审计法律法规的灰色地带，从宏观和微观层面共同着手，共同努力，推进境外国有资产审计的法律和法规的完善。此外，关于境外国有资产审计过程中适用哪国（地区）法律法规，应在合同签署前明确责任主体和责任范围，精炼系统内部的标准，降低不必要的政治和经济争端，推动境外国有资产审计工作健康发展。

(三) 壮大涉外审计人才队伍、培养复合型涉外审计人才

随着"一带一路"倡议的持续推进，参与的沿线各国（地区）也在不断增加，国际贸易不断发展，大量的境外审计业务越来越复杂，社会各界对审计监管的要求与期待与日俱增，境外国有资产审计的关注度日益提升，审计工作者在技术和专业能力上都有很大的挑战。因此，如何进一步扩大我国的涉外审计人才队伍，培养高素质的涉外审计人才，是一个迫切需要解决的问题。为了进一步增强我国涉外审计的专业技术人员，各级审计机关要根据需要，建立专业队伍，培养一支高素质的复合型涉外审计人才队伍。

此外，还应当建立定期的境外资产审计人员的后续教育和培训机制，从而使他们的职业素质得到全方位的提升。注重在日常工作和岗位训练中加强审计人员跨文化沟通的技能，通过对被审计单位的宗教信仰、政治、社会习俗等宏观环境的分析，可以帮助他们对被审计对象的国家进行全面的认识。此外，各有关部门和会计师事务所应当鼓励审计人员提高外语能力。一方面，加强口语交际环境建设，促进审计人员的口头交流。在审计部门内建立一个多语言系统

的工作平台，适应多语种的日常工作。另一方面，提高跨文化交流的技巧。良好的国际交流技能是涉外审计人员必备的专业素质，在审计机关内部，可以举办有关涉外审计模拟竞赛的实训活动，在实践中加强理论学习的同时还可以提升跨文化沟通能力。为全面推进"一带一路"倡议，推进审计全覆盖，培养具有专业能力、外语能力、对国际法律法规有一定了解的复合型涉外审计人才。

第十二章

国家审计、内部审计与社会审计的协同治理

根据审计实施主体和审计权限来源的不同，可以将审计划分为国家审计、内部审计和社会审计。这三类审计都在加强财政财务管理、维护市场秩序、提高经济效益、促进廉政建设、保障国民经济和社会健康发展方面发挥着重要作用。

内部审计是指对本单位及其所属单位的财政财务收支、经济活动内部控制、风险管理，以及所属单位主要负责人经济责任履行情况等实施独立、客观的监督、评价和建议，以促进单位完善治理、实现目标的活动。内部审计是经济发展到一定阶段的产物。由于单位内部管理跨度加大，管理分权出现，单位最高管理层为了实现单位目标而在单位内部设置专职机构或者专职人员，对单位各类业务和控制进行独立的评价，并对分权管理者经济责任的履行情况进行监督，这就产生了内部审计。就其性质来看，内部审计是一种管理权的延伸，是一种单位内部的管理活动。

社会审计是指以经政府有关部门审核批准的注册会计师为主体，接受委托，依法独立开展业务，有偿为社会提供审计服务的职业活动。社会审计是商品经济发展到一定阶段的产物，其产生的直接原因是财产所有权与经营权的分离。在两权分离的条件下，当所有权拥有者要了解企业的经营成果和财务状况时，往往是通过阅读经营者提供的会计报告和其他资料来实现的，这就需要有一个独立于企业之外的第三者对经营者报送的有关材料进行审计，对其真实性和合法性做出判断，社会审计便应运而生。社会审计自产生以来，在社会经济活动中所发挥的作用越来越大，已经渗透到经济生活的各个领域。

第十二章 国家审计、内部审计与社会审计的协同治理

第一节 三种审计治理职能的区别与联系

一、三种审计治理职能的区别

（一）审计权限不同

内部审计是组织内部进行的审计，其权限由组织的内部规则决定，审计任务在一定程度上取决于组织的管理层。内部审计的权限主要由组织内部规章制度确定，审计权限在一定程度上受本组织管理层制约。社会审计是会计师事务所接受委托，根据委托审计业务确定审计内容，根据委托审计业务不同，审计内容也有所不同。社会审计的权限是委托人在协议中承诺或授予的，其权限不具有法定性和强制性。在会计师事务所接受了有关国家机关的某些委托后，相关审计工作人员有权查阅相关财务、会计的文件以及资料，检查相关公司有关业务的场所和基础设施，并且有权直接向相关部门以及人员发起调查和检查；在事务所接受了其他非国家机关客户的委托时，审计工作人员将依法按照与客户签订的审计合同中的相关规定行使审计权。与社会审计和内部审计相比，国家审计的权限由法律赋予，并以国家强制力保证实施，被审计单位和其他有关单位应当予以支持和配合。

（二）审计执行主体不同

根据宪法，国务院设立审计署，在国务院总理领导下，主管全国的审计工作。审计长是审计署的行政首长，是国务院组成人员。县级以上地方各级人民政府设立审计机关，分别在本级人民政府行政首长和上一级审计机关的领导下，负责本行政区域内的审计工作。地方各级审计机关对本级人民政府和上一级审计机关负责并报告工作，审计业务以上级审计机关领导为主。审计机关结合工作实际，经该级行政机关批准后，可以在其审计范围内设立有针对性的派出机构。内部审计是由于单位内部管理跨度加大，管理分权出现，单位最高管理层为了实现单位目标而在单位内部设置专职机构或者专职人员，对单位各类业务和控制进行独立的评价，并对分权管理者经济责任的履行情况进行监督，是一种管理权的延伸，是一种单位内部的管理活动。社会审计以经政府有关部门审

核批准的注册会计师为主体，接受委托，依法独立开展业务，有偿为社会提供审计服务的职业活动。

（三）审计服务对象不同

由于三类审计的权限与主体不同，三类审计服务对象也不相同。通常情况下，内部审计服务于企业的管理层或治理层，对内部受托责任进行鉴证与监督，对管理层或治理层起到咨询作用；注册会计师的审计是为委托者提供服务的，确认公开披露的财务报告的真实、合法、公允性是对投资者、债权人和公众的一种责任。国家审计的服务对象从根本上来说，根据公共受托责任，中央和地方各级审计机关负责对中央和地方各级人民政府财政收支进行审计监督，向国务院和本级人民政府提交审计结果报告，并代表政府向全国人大常委会和本级人民代表大会报告审计工作。

（四）审计依据不同

早在清朝时期，《管子》一书中便提到了"明法审数"的先进思想。审计工作的基础是法律、标准和制度。国家审计、社会审计和内部审计都具有相关法律法规对其规定和约束。但是，他们所依据的具体法律却各有不同。国家审计工作以审计法、国家审计准则、《审计法实施条例》等作为法律基础，地方审计工作同时要依据地方审计制度安排、地方审计法律规范。内部审计机构则依据《内部审计工作规定》《内部审计准则》等进行内部审计工作。我国目前的社会审计工作是以《注册会计师法》及《注册会计师执业准则》等为基础的。

（五）审计目标不同

国家审计的首要任务是对被审计单位的财政收入、财务活动是否具有合法性、真实性、效益性等方面进行监督，并确保审计"免疫系统"的功能发挥，保障国家经济的稳定。国家审计随着公共受托责任的演变而演变，我国国家审计全覆盖概念的提出，使得国家审计的使命与国家治理的使命一致，负责保障国家经济健康发展，政治和社会和谐运行等多元目标，对防范治理腐败事件、推动民主法治建设、维护国家和人民群众的利益来说起着不可替代的作用。内部审计是企业的内部治理，是从组织内部进行监督、鉴证、评价与咨询活动。内部审计致力于对管理层、职工的业绩进行监督与再确认，对企业的经济效益进行评价，提出审计建议与咨询，并监督纠正，进而提升企业的治理与管理水平，为企业的价值增值服务。社会审计的目标是合理保证被审计对象披露的财务报表的真实、合法、公允性，会计师事务所被称为投资者的"经济警察"或"守门人"。会计师事务所通常进行的是财务报表审计，目的在于：第一，考察被审计单位是否严格根据现行会计标准及有关会计制度进行会计处理；第二，检查单位财务情况、经营业绩等一切重大方面是否完整、公正地体现在财务报表中。

（六）审计独立性方面的差异

审计的独立性是保障其职能发挥的前提与基础，国家审计的主体是国家审计机关，我国的国家审计机关领导体制是双重领导制下的"行政模式"，审计机关隶属于政府，根据政府所赋予的职责和权限实施审计，业务指导上以上级审计机关领导为主。内部审计的主体是组织的内部机构，具有相对独立性，独立于被审计单位或项目，仅独立于需要审计的特定职能部门，但都属于一个组织，是三类审计中独立性较差的。社会审计是有胜任能力的独立的第三方会计师事务所接受委托进行的审计，与受托责任的双方均无直接关系，独立性最强。

（七）处理所发现问题的方式不同

国家审计机构在对有关业务进行审计时，依法对财政和财务方面的违规行为进行调查，应当出具审计意见书，并在规定的范围内做出审计决定或对有关部门进行处罚，超出管辖权限的移交司法部门。而注册会计师在审核期间，如有需要改正或披露的问题，仅仅可以由被审计单位提出更正及披露，并没有可以强制要求其改正的行政力。如果被审计机构拒绝披露或者纠正，那么，注册会计师可以根据实际情况出具有针对性的保留意见或否定意见审计报告。如果注册会计师在审计过程中，由于审计范围受到委托人、被审计单位或客观环境的严重限制，不能获取必要的审计证据，无法对会计报表整体发表审计意见时，则出具有保留意见或无法表示意见的审计报告。与国家审计、社会审计等外部审计相比，内部审计在解决问题上更具弹性，其问题处理方式均以促进企业管理绩效提升，改善组织运行效率，为组织的战略服务起到价值增值的作用。

（八）审计结果的效力不同

由于三种审计主体的权限不同，因此审计结果的效力在不同的审计中也有所不同。一般来说，外部审计要比内部审计的效力高，特别是就国家审计而言，由于审计主体具有较高的权威性，向同级人民政府、人民代表大会提交审计结果，审计报告向社会公布，因此对被审计单位的震慑力较大，受到社会各方面的广泛重视。国家审计可以依法对被审计单位就违反国家规定的财政收支、财务收支行为的事实进行定性,作处理处罚决定,并且要求被审计单位书面报告审计决定执行结果等,具有法律强制性,被审计单位应当执行。审计机关对审计发现的依法需要移送有关主管机关或者单位纠正、处理处罚或者追究有关人员责任的事项应当移送。社会审计是对上市公司的利益相关者合理保证上市公司披露的信息真实、合法、公允,使得利益相关者了解企业的财务状况和经营成果,了解企业对国家财经法律、法规和政策的执行情况,以便进行投资决策,履行社会审计监督职能。就内部审计而言,由于审计对象与审计部门均在同一决策层的领导之下,因此,审计结果的运用仅限于本单位、本部门,一般情况下对内负责,对外保密,不进行公开。

(九) 审计服务的有偿性不同

审计是一种监督行为,目的是在监督的过程中再确认受托责任的履行情况,从而完善组织管理和改善机构效率,因此审计工作实际上是一种服务。就国家审计而言,它是国家职能的执行,国家审计机关是政府部门,所需的资源和经费由国家财政预算提供。就内部审计而言,内部审计机构是组织内部部门,其所需的资源和经费由本公司预算提供,因此,国家审计与内部审计的被审计单位或项目仅仅需要配合审计工作人员执行任务,在其职能范围内提供相应的资料、配合问询等,无须额外支付审计费用。社会审计却不相同,对会计师事务所来说,承揽了审计业务,实质是服务的买卖关系,基于商业合同履行双方的权力义务,因此是有偿服务,审计费用由委托方支付,通常由双方协商确定。

(十) 被审计主体的主动性不同

内部审计是被审计单位内部采取的一种积极主动的预防、预警、威慑手段,其可以依据组织计划与实践需要,选择审计对象和安排审计项目,在一定范围内由治理层或管理层决定审计结果的运用效力与程度,因此,内部审计的审计主体与被审计对象都是组织内部部门或项目,都是为组织战略目标服务,主动配合性较强。国家审计具有一定的强制性,审计机关在法定范围内进行审计,被审计主体必须积极配合。但是由于国家审计的权威性,被审计主体往往情绪紧张,其主动性往往不是自发的。社会审计是注册会计师提供的一种有偿性服务,客户可以自由选择审计事务所,并前期进行了有效的沟通与协商,在业务执行过程中具备一定的主动性。

二、三种审计治理职能的联系

（一）共同构成国家审计监督系统

国家审计是政府审计机关进行的审计监督，社会审计是第三方审计机构进行的社会审计监督，内部审计是组织内部进行的自我监督，虽然三类审计执行主体不同，但是本质相同，工作内容也有一定的交叉重叠，从不同侧重点共同构成完整的国家审计监督系统，都是国家治理中不能分割的一部分。

（二）审计工作技术方法与流程具有一定程度的一致性

审计方法是审计人员为完成审计工作、实现审计目标的各种方式、手段和技术的总称。它包括审计检查方法、审计调查方法和审计分析方法。三种类型的审计使用的审计方法比较类似，例如，对于书面资料的审计采用审阅、核对、重新计算等，对于实物进行盘点等。审计流程是审计人员在具体的审计过程中采取的行动和步骤，三种审计流程也有很高的相似度，大致可以分为审计前的准备阶段、审计项目的实施阶段、审计项目的终结阶段、审计项目的整改检查阶段等。

（三）存在法律规定的监督与被监督关系

国家审计机关有权核查社会审计机构出具的相关审计报告，并依法公布核查结果。审计机关核查社会审计机构出具的相关审计报告时，发现社会审计机构存在违反法律法规或者执业准则等情况的，应当移送有关主管机关依法追究责任。审计机关经与有关主管机关协商，可以在向社会公布的审计、专项审计调查结果中，一并公布对社会审计机构相关审计报告核查的结果。

国家审计机关对内部审计进行监督的主要内容有：监督单位依据法规和有关规定建立健全内部审计制度；监督内部审计职责履行情况，检查内部审计业务质量；督促被审计单位认真整改内部审计发现的问题；等等。实际工作中，审计机关可以采取日常监督、结合审计项目监督、专项检查等方式，对单位内部审计制度建立健全情况、内部审计工作质量情况等进行监督检查，组织协调对社会审计机构出具的相关审计报告的核查。依法属于审计机关审计监督对象的单位，应当将内部审计工作计划、工作总结、审计报告、审计整改情况以及审计中发现的重大违纪违法问题线索等资料报送同级审计机关备案，自觉接受审计机关对其内部审计工作的监督。

国家审计机关对内部审计进行指导的主要内容有：起草有关内部审计工作的法规草案；制定有关内部审计工作的规章制度和规划；推动单位建立健全内部审计制度，理顺内部审计管理体制；推动国有和国有资本占控股地位或者主导地位的大、中型企业（含金融机构）建立总审计师制度，设置总审计师；国家机关、事业组织根据需要，经批准设置总审计师；完善审计质量控制、内部审计结果运用和责任追究、内部审计发现问题整改等制度；指导内部审计统筹安排审计计划，突出审计重点；通过经验交流、座谈研讨、现场调研等方式，总结推广开展内部审计工作的先进经验和做法；按照国家有关规定对内部审计自律组织进行政策和业务指导，推动内部审计自律组织按照法律法规和章程开展活动；通过业务培训、交流研讨等方式，加强对内部审计人员的业务指导，推动提高内部审计人员运用信息化技术查核、评价判断和分析问题的能力等。审计机关可以通过内部审计自律组织，加强对内部审计工作的业务指导。

（四）可以互相借助审计力量

第一，审计机关可以向社会审计机构购买审计服务。《国务院关于加强审计工作的意见》指出，审计机关根据审计项目实施需要，可以探索向社会购买审计服务。而审计服务的提供者，主要就是社会审计机构。根据《国务院办公厅关于政府向社会力量购买服务的指导意见》，在具体审计项目实施和管理中，遇有审计力量不足时，除查处重大违纪违法问题线索以及其他不宜由社会力量承担或参与的事项外，可以向会计师事务所等机构聘请具有会计、审计等专业技术知识和能力的人员，并统一编入审计组参与审计。社会审计机构接受审计机关委托实施审计的，应当遵循国家审计准则的规定，审计机关相关部门应当加强对聘请的社会审计人员审计工作的监督检查，督促其提高审计质量，遵守廉政、保密等纪律。需要注意的是，审计机关要对所聘请社会审计人员的审计结果承担最终责任。

第二，关于内部审计和社会审计。国务院关于内部审计工作的规定中指出，除保密事项外，可根据内部审计工作的需要向会计师事务所购买审计服务，并对接受的审计工作结果负责。内部审计"外包"，是为了满足组织的实际需求，更好地发挥内部审计的优势，整合内外部资源的体现。内部审计外包可以节约大量的成本与人类资源，外部会计师事务所通过提供内部审计服务，有效降低了组织的内部监督成本，控制管理成本，同时，外部会计师事务所更加专业，审计的专业化程度提升，胜任能力更强。

第三，国家审计在一定程度上利用内部审计结果，将其作为开展审计工作的参考。由于内部审计本身即是内部控制的一个重要组成部分，国家审计在对相关部门、单位进行审计时，对内控制度进行测评，就需了解其内部审计的设置和工作情况。一是了解内部审计关于单位内部控制制度的评审结果；二是了解内部审计机构对下属单位进行审计的结果；三是参考内部审计发现问题的线索，确定审计的重点领域。由于不同组织内部审计机构工作内容、遵循的审计规范、工作成果可信程度差异较大，国家审计对于内部审计结果的利用程度也有所差别。一般而言，审计机关在审计中涉及国家机关、事业单位和国有企业下属单位时，可以在评估被审计单位内部审计工作质量的基础上积极有效地利用内部审计成果。对内部审计已经发现并纠正的问题可以不再在审计报告中反映，对纠正不及时不到位的问题应当依法提出处理意见并督促整改。但总体上讲，审计机关主要是将内部审计结果作为自己开展审计工作的参考，而不是直接使用内部审计结果，而且，审计机关要对利用内部审计结果的情况承担最终责任。

因此，在我国的监督体系实践中，这三类审计往往是相互关联的。正是审计业务中的这种相互作用，才使得审计监督系统整体可以更好地运作。

第二节 新时代背景下三种审计协同治理的要求及必要性

一、新时代背景下对审计协同治理的要求

党的十八大以来，党中央将审计作为党和国家监督体系的重要组成部分，做出一系列重大决策部署。习近平总书记亲自谋划、部署、推动审计领域重大工作，为审计事业发展指明了前进方向、提供了根本遵循。

（一）新时代背景下对审计协同治理的要求

国家审计、内部审计和社会审计作为国家治理体系和治理能力的基石和保障，在促进国民经济发展和为社会、组织增加价值，着眼于国家和组织发展战略，推动国家和组织"十四五"时期所提出的战略目标的顺利实施方面，都起着举足轻重的作用。新时代框架下，对三种审计协同治理的具体要求如下：

第一，加强党对审计工作的全面领导。在党的领导下的国家治理体系中，中国共产党的领导的审计治理体系是其根本原则，也是其最大的优势。审计作为推进全面从严治党、开展反腐败斗争的重要力量，审计工作是党和国家事业的重要组成部分，也是中国共产党领导的主要内容之一，是国家治理体系的重要组成部分。无论是国家审计还是内部审计、社会审计，都必须以加强党的领导特别是党中央集中统一领导为根本目标，都要在党的领导下不断向前发展，从组织形式、职能定位等方面优化审计的治理能力，为统筹推进"五位一体"总体布局、协调推进"四个全面"战略布局提供有力支撑，保障中国式现代化的顺利进行。

第二，要适应我国发展进入新阶段、社会主要矛盾发生变化的时代背景，坚定不移贯彻新发展理念，主动适应新时代提出的新任务、新要求，服务保障党和国家工作大局。必须坚持人民至上，围绕社会主要矛盾的变化，把人民美好生活的追求作为审计最大的为民情怀，聚焦民生，把人民群众最关心的、影响最直接的利益问题作为审计体系的践行目标，推动审计协同的着力点和切入点，从审计体系切实推动人民群众的幸福感、获得感、安全感。

第三，围绕"四个坚持"，促进审计协同工作的高质量发展。坚持稳中求进工作总基调，坚持宏观思维、辩证思维、底线思维，坚持问题导向、目标导向、结果导向，坚持"三个区分开来"，强化全国审计"一盘棋"。不断推进研究型审计，坚持依法审计，围绕审计前准备、审计实施、审计建议等全流程深入分析，做实研究型审计，为审计监督、国家治理提供决策参考。

第四，要做到"三个对标"促进审计协同工作提升成果。对标习近平总书记对审计工作的重要指示批示和中央审计委员会会议精神，调动内部审计和社会审计力量，增强审计监督合力，促进强化风险防控；对标发挥经济体检功能，既要"查病"，更要"治已病""防未病"；对标"巩固、增强、提升、畅通"八字方针、"稳就业、稳金融、稳外贸、稳外资、稳投资、稳预期"要求和"保居民就业、保基本民生、保市场主体、保粮食能源安全、保产业链供应链稳定、保基层运转"任务，更好发挥审计合力服务事业发展和国家治理的功能作用。

第五，要做到"三个加强"，促进审计协同工作行稳致远。推进各类审计机构加强审计项目和审计组织方式"两统筹"，加强审计队伍、制度、信息化三项建设，创新审计管理模式，优化审计组织方式，强化审计之间的沟通衔接，整合审计力量与资源，加强依法审计、文明审计、廉洁审计一体化建设，更加有效发挥审计监督的职能作用，推动党中央、国务院各项决策部署和重大政策措施贯彻落实，努力提高审计工作质量和效率。

（二）审计协同治理的基础

作为共同承担着审计监督职责的三大审计，国家审计、内部审计与社会审计虽然审计主体性质不同，工作职责也各有侧重，但由于其业务性质一致性、工作方法同类性、技术手段同质性、资源利用互补性，三者在监督活动中互为补充，互相促进。因此，在构建全方位、宽领域、多维度、立体式的审计监督新体系的基础上，有形成审计协同治理的基础前提。

1. 治理机制方面

由于职能定位差异、监督侧重点不同、工作计划安排不同，三种审计的监督合力能够构建高质量的联动协调机制，充分实现高质量的多向统筹审计体系。三种审计年度计划项目趋于一致的，可以协同资源，加强监督重点与联动方式，避免审计力量浪费，各取所长，补短板，协同监督、评价、鉴证被审计主体。

2. 资源共享方面

随着数字化转型的加快，信息化进程推进了信息资源共享，可以形成"信息收集—分办—运用—反馈"的闭环管理模式。对于各类信息资源，三种审计已经形成一定程度的信息资源共享，审计署建立了国家审计数据中心、国家审计研究数据库等项目，开始逐步采集各部门和行业数据，希望通过数据规划、数据集中指导未来的审计工作。对于地方政府数据平台共享，可以开展业务数据与财务数据、单位数据与行业数据以及跨行业、跨领域数据的综合比对和关联分析。

3. 制度建设方面

我国已经基本形成了审计监督全面覆盖的工作格局，统筹了各级审计力量，拓展了审计监督的广度和深度，消除了监督盲区，形成了多层次、全方位的审计监督体系，实现了审计全覆盖纵向与横向相统一、有形与有效相统一、数量与质量相统一。国家审计监督指导社会审计与内部审计，社会审计与内部审计力量在一定程度又支持国家审计，国企作为社会审计、内部审计、国家审计的共同业务领域，均具有公司治理功能，能够降低国企代理成本和信息不对称程度，促进国企价值最大化。自 2014 年以来，我国发布了一系列文件，不断促进审计工作的协同发展。相关政策列示如表 12-1：

表 12-1 国家层面关于审计全覆盖推进政策

时间	会议或文件名称	主要内容
2014 年 10 月 27 日	《关于加强审计工作的意见》	目的是使审计监督作用得以充分发挥，并在工作中全面贯彻落实国家的重大决策及政治措施，不断推动改革发展，做好当地的经济秩序维持及廉政工作
2015 年 12 月 8 日	《关于实行审计全覆盖的实施意见》	可以划分为实现审计全覆盖的最终目标及要求、达成公共资金的审计全覆盖、达成国有资产的审计全覆盖、达成国有资源的审计全覆盖、达成领导干部经济责任履行情况的审计全覆盖、统筹规划整合审计资源、对审计技术方法进行创新发展七方面
2018 年 5 月 23 日	中央审计委员会第一次会议	在工作中以其部署落实审计工作，做好全国范围内审计的统筹规划，使审计资源达到最优配置，在审计工作时尽可能做到尽善尽美，严格审计追究责任，构建起全面覆盖、严肃统一、高效高质的审计监督体系
2019 年 3 月 4 日	《关于做好审计项目、审计组织方式"两统筹"有关工作的通知》	各审计机关需要统筹规划审计项目及组织方法，努力做到"一审多项""一审多果""一果多用"，使审计资源达到最优配置，落实审计监督的基本职能，利用创新型的审计监督管理模式，使审计服务发展得更加高效
2022 年 1 月 1 日	中华人民共和国审计法（2021）	进一步拓展和完善了审计职责范围，明确对财政财务收支、国有资源、国有资产、重大公共工程项目、贯彻落实国家重大经济社会政策措施情况进行审计监督，不仅有传统意义上的财政资金审计，还明确了政策措施落实情况审计和领导干部自然资产离任（任中）审计的法律地位，是顺应新时代发展的必然要求

数据来源：根据中华人民共和国中央人民政府网站搜索 2014—2022 年审计全覆盖相关的政策文件汇总、整理。

二、新时代背景下审计协同治理的必要性

(一) 完善构建审计监督体系的必然要求

审计监督体系在国家治理中是不可或缺的，国家审计、内部审计、社会审计三者目标一致，侧重点互补，要充分调动三者的优势，形成强大的的审计监督合力，构建集中统一、全面覆盖、权威高效的审计监督体系。三者的协同治理可以提升资源利用效率，实现优势互补的良性发展，达到 1+1>2 的协同效应，实现审计监督体系整体的增值。这是创新审计理念、深化审计制度改革的重要一步，协同治理可以形成高效权威、全面完善、集中统一的审计监督体系。弥补国家审计在人力、财力、物力不足的情况下进行审计全覆盖，补足内部审计相对独立性不足，改善社会审计较为被动的工作局面，组织内外的审计进行沟通协作，进一步整合分类不同的审计资源，达成有效合作，提升工作效率。国家审计机关积极响应党中央全面覆盖审计监督的审计要求，解决长期人少事多的审计管理问题。社会审计作为社会企业的"免疫系统"，必须主动发挥其功效，内部审计在监督、咨询的基础上与国家审计联动机制体制，契合党的十八大以来新的使命要求，更是构建全国审计监督体系"一盘棋"。

(二) 实现审计全覆盖的现实选择

构建国家审计、内部审计、社会审计协同治理是新时代背景下审计全覆盖实现的重要途径之一。随着国家审计向纵深发展，国家审计的规模增大，审计对象的复杂性和审计质量要求提高，审计的职责拓宽，项目数量迅速增长。但是，由于我国审计队伍的薄弱，审计人员的专业能力、审计技术水平、审计资金投入等方面都有一定的缺陷，亟须与内部审计、社会审计资源进行整合，形成一个目标一致，完整且具有专业性的审计联动机制，可以有效缓解审计全覆盖的瓶颈。以国家审计为主导，协同内部审计、社会审计参与审计全覆盖中，提高审计效率，灵活统筹三者的优势，布局审计治理的各个方面，杜绝审计盲点，保障审计治理的全面性与高质量，完成"应审尽审"。

(三) 实现各审计主体多元互补的最终趋向

国家审计的主要任务是监督和审计党中央主要政策和措施的执行情况，以及财务财政的真实、合法、效益性情况，识别经济和社会活动中的各种风险和威胁，从而为深化全面改革、规范权力运行、打击腐败和促进廉政做出贡献。

内部审计是监督、评估和建议职能的结合，重点是识别和处理内部控制和风险，改善公司管理系统和提高公司价值。而社会审计则是通过对被审计企业的财务报告进行审计，监督不遵守法律的行为，以保证公司的信息披露的真实性、合法性和完整性。但是，三者的工作都是围绕我国治理的总体目标，协作效应一致，同时也各有侧重，形成互补。国家审计是在宏观层面的制约与监督，社会审计是微观层面的鉴证与评价，内部审计是组织内部的确认与咨询，为社会各个层面搭建起维护国家经济和社会秩序稳定的"免疫系统"。三者协同不仅是审计治理的高效与资源的整合，更是共建共治共享的审计治理理念，是完善国家治理系统的要求，符合新时代对于具体审计工作转变的要求。

第三节 新时代背景下国家审计主导的协同治理体系优化

协同治理理念下的国家审计模式是指对被审计对象所涉及的公共资金流动以及公共权力行为进行考察的、协调内外资源配置与整合使用的审计模式，目的在于充分发挥协同效应，提升审计效率与质量。

一、我国三种审计协同治理存在的不足

（一）体制机制不完善

以国家审计为主导，协同内部审计与社会审计发展国家审计治理，自提出以来，发展不足的主要原因之一就是协同的主导机制不明确，体制不完善，没有一个明确的协同机制来进行管理，探索不足，对于资源整合的主体、对象、流程、关键环节、风险管理均没有系统完整的体制机制。

（二）审计资源共享不畅

在审计监督工作过程中，需要收集大量的财政、财务资料与信息，政府信息化建设已步入高速发展阶段，但在项目陆续竣工以后，资源共享成为信息化建设发展的最大瓶颈。信息系统相互之间无法实现信息共享，系统设计与集成方式无法兼容，数据资源无法流通，形成"孤岛式"信息系统情况较为严重。信息资源的互通共享，将助力发挥信息化建设的实际作用。在具体审计中，重点关注信息化项目设计与各部门及村镇等现有系统互通、共享情况，及时关注

信息系统涉及的多个职能部门,是否因信息壁垒较为严重,出现工作合力未能有效发挥、主导力量和工作合力不够等问题。

(三) 风险管理意识不足

三种审计的协作过程中,社会审计人员、内部审计人员并不是政府审计人员,由于其身份往往属于临时借调人员,对于审计风险防范不足,不对国家审计机关负责。在这种人事管理制度下,对于外部参与国家审计的人员没有完善的绩效考核制度与薪酬制度,审计质量无法控制,审计风险也较大,人员的管理成为检查风险的主要来源之一。

(四) 审计质量较难衡量

内部审计人员专业能力与职业道德水平差异显著,即便资深审计师也难以准确甄别;对社会审计机构的资质、架构及管理水平进行全面审查需投入大量时间与成本。当国家审计协同两类机构开展监督时,常因人员实际能力与岗位需求不匹配、职业道德标准不统一,加之机构综合实力与业务要求存在差距,审计流程效率低下、成果质量缺陷频发,多方协作效能受到制约。

二、我国三种审计协同治理优化的目标

以国家审计为主导,协同内部审计、社会审计共同构建国家审计治理体系,提升审计效率,形成优势互补,优化资源配置,围绕高质量审计理念的审计全覆盖实施路径之一,进一步推动审计现代化,国家治理现代化与中国式现代化战略。国家审计、内部审计、社会审计的有效协同融合,在整合资源的基础上,提高信息使用效率,形成互相促进,互相协助进行审计监督,构建宏观、中观、微观三个层面的全覆盖,推动政府、企业、居民多元监督主体全覆盖,实现国家安全、经济安全、社会安全、生态安全、人民美好生活审计目标的全覆盖,起到"免疫系统"全覆盖的作用。

三、我国三种审计协同治理的优化路径

(一) 强化国家审计与内部审计的协同

1. 强化管理体制机制协同

第一,加强制度层面的设计。体制机制设计是发挥协同作用的平台与保证,健全的管理体系能起到事半功倍的作用。与其简单地把调查范围扩大到各个城

市，还不如制定一个包含协调机制的纲领性管理措施、实施意见，以及地方政府在实施过程中必须遵循的操作指南在内的系统性管理框架，以引导协同机制良性发展。依据属地原则，将某地区中的直属事业单位、高校、国企、公立医院等各个单位的内部审计工作进行协同管理。上级审计机构应当定期对下属的审计机构及其派出机构、国有企业、高校、医院和其他机构的内部审计机构进行审查，以便全面、及时地进行监督。

第二，增强工作方式的协同。由于不同地区、不同单位的内部审计发展状况不同，基础条件存在很大差异，有些单位还未构建独立的内部审计部门，还有些并没有配齐足够的内部审计人员，有些内审人员本身不具备较高的审计专业知识技能，只能借助社会审计机构进行审计。此外，不同的单位内部审计工作的开展状况也不同，审计范围也不尽相同。因此，内部审计师的素质参差不齐，这使得内部审计与国家审计的协同变得困难。因此，为提升与国家审计机关协作的效率，就必须通过审计业务管理、调查研究和联合交流培训等形式，提高内部审计人员的工作能力，让其掌握必要的审计技术、审计软件技能，并培养其合作意愿和良好的工作习惯以及思维方式。

第三，强化人才协同机制。国家审计和内部审计的审计方法基本一致、审计业务类型涵盖范围大致相当、审计报告编制上的相似程度也较高，这为它们二者之间的优势互补，相互支持创造了有利条件。通过加强各层级之间的交流、区域审计资源之间的流动、国家和内部审计人力资源的整合，以及构建审计人员信息数据库，可以拓宽审计视野，构建起一个动态审计管理体系。打通各审计的用人渠道，是解决审计项目数量不断增加而审计人员较少、审计力量不足问题的重要途径，有利于推动整个审计体系这个"大池子"中"活水"的形成，实现审计队伍"大集合"，加强审计团队建设。同时，对审计人员来说，审计协同有利于拓宽他们的发展空间，提升他们的工作价值，激发他们的工作热情。各单位可以依据审计人员特征，设立一个专门的审计培训机构，以便有计划地、有针对性地分配国家审计项目，让每个人都能尽可能处于适合自己的位置上，发挥出自身优势，在提升协同效率的同时也利于审计人员专业能力的全面培养。

2. 建立业务统筹机制

要想达到审计工作"一盘棋"模式，不能急于求成，需要采取各种有效形式稳步推进统筹工作。例如，由于内部审计工作人员对领导干部等进行经济责任审计、涉及特定资金经费的专项审计较为了解，因此在协同的过程中，应具体问题具体分析，可以采用由政府审计和企业内部审计各自独立开展的方式，也可以采用两者相结合的方式进行。在行业特点突出时，也可以让内部审计部门之间采取交互审计的方式。对于政府基金项目如扶贫项目，或对主要的政府政策进行后续审核，内审人员通常处于较浅层的了解程度上，并且很少经过专业培训，实践经验相对不足，这时采取内部审计辅助于国家审计的联合审计方式是比较合理的选择。此外在年初，国家审计机关就应编制一套完整的审计方案，避免内外审计项目的交叉，造成审计资源的浪费。

3. 建立审计信息成果共享平台

审计工作的一个关键环节是要构建审计信息成果共享平台，从而提高绩效、扩大审计结果的影响力。随着时代的发展，大数据成为各领域信息沟通的有效路径，在审计领域中，也可以通过大数据及时准确地按照各种类别整合审计结果，比如能有效整理不同单位部门的、不同发生时间的、各种问题描述的、涉及金额数量多少的，还有种种案件的处理惩罚措施及后续跟踪情况等，通过建设一个这样的汇总数据库，可以发现社会中存在的共性问题，通过进一步分析可以防范相关风险，达到社会治理的目的。此外，大数据还能够对国家审计和内部审计成果进行公开共享，更大程度上发挥出审计工作的深层次价值。总之，审计信息成果共享有利于找出体制和制度上的漏洞，帮助审计师明确审计焦点、聚焦问题的核心区域、有效地缓解一边审计一边设计调整审计计划存在的不足、平衡信息不对称的风险；同时，也可以充当单位自身的自我检测表，对实体存在的问题与不足进行及时处理，具有警示功能；也有助于新入组的审计员了解审计技巧，并增强他们在早期发现问题的能力。需要注意的是，应尽可能汇总不同单位的共性问题，对其进行深入研究分析，提出整改建议落实到位。

（二）强化国家审计、内部审计与社会审计的协同

1. 完善审计采购服务机制

当前国家审计、社会审计和内部审计的协作模式主要是国家审计和内部审计为具体审计项目寻找与社会审计机构的合作，基本属于"一次性合同"，这样的模式存在一定的不足。一方面，尽管社会审计机构也是经政府严格筛选出的优质单位，但由于合作是短期的，并且社会审计与其他两种审计的工作方式方

法存在比较大的差异，因此在单一的审计项目中，审计质量和合作效果也不能得到完全保证。另一方面，一般来说，按照就近原则是当地的社会审计机构为国家审计机关提供服务，有的中小城市发展程度不够，社会审计力量和能力可能不足，会影响到审计合作效果。因此，建议采取以下措施来解决上述现实问题。

首先，增强对审计服务采购的管理。对采购内容来说，尽量避免仅仅对单一审计项目采购的情况，为增强合作的持续性，可以选择按年采购社会审计服务。建立国家审计、社会审计、内部审计一体化的人力资源库，为统一编制审计工作提供便利，提升审计效率。在年初的时候对国企、机构的专项经费进行审核时，可以更多地依靠社会审计；当对政府机关的财政报告进行审核时，就可以将社会审计置于辅助位置上。此外，规模范围比较小的内部审计机关不能单独完成审计工作时，也可以通过与社会审计机构签订合同来寻求帮助，便于社会审计人员随时提供审计及咨询服务。

其次，加强对审计人才的管理。社会审计人员的数量比较庞大，有关资料显示，目前全国注册会计师约为250000人，其在公司工作中提升了实践能力，具备较强的专业素质。另外，中注协率先开展了人才培养工作，从2005年实施人才培养计划以来，其每年都要定期对核心人才进行培训及选拔，尤其注重对培育具有一定影响力的高级审计人员，能够有效地解决一些关键行业中高级审计人员的实际问题。所以把社会审计人员引进国内和国内的审计工作中来，能够充实审计队伍力量，满足审计范围拓宽的现实需要。需要注意的是，社会审计人员可以被纳入国家审计与社会审计的人才库中，但是国家审计人员和某些领域（如国企、行政单位）的内部审计人员禁止有偿为社会审计机构提供服务。图12-1为审计人才动态管理图。

2. 建立审计机构信息公开查询平台

为了促进三个审计系统之间的统筹与合作，国家审计机关需要搭建审计沟通平台，掌握及时的动态的审计信息。为尽可能收集较多的数据，可以与中国注协信息查询平台进行合作，在获得中国注册会计师协会已掌握的信息之后，还要对关键信息进行补充完善，包括对国家审计机关和内部审计单位的设置情况、审计项目类型（以及社会审计单位参加合作的项目类型）、项目的数量（以及社会审计机构参与合作的项目数量）、发现问题数量（以及社会审计机构参与

<<< 第十二章 国家审计、内部审计与社会审计的协同治理

```
            ┌─────────┐
            │ 国家审计 │
            └─────────┘
           ↗           ↖
    ┌─────────┐    ┌─────────┐
    │ 内部审计 │←───│ 社会审计 │
    └─────────┘    └─────────┘
```

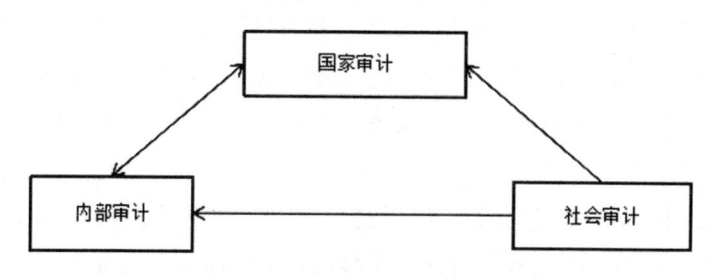

图 12-1　审计人才动态管理图

数据来源：根据现有的审计主体分类以及本节内容需要整理。

合作而发现问题的数量）以及审计工作人员（包括参与合作的社会审计人员）的信息（如担任职务情况、学历情况、专业资格获取情况以及入职年限）等进行综合采集。这些初步资料被确定后，每年都必须进行更新和维护，以便国家审计机关统筹人员安排、分配审计工作。

3. 制定国家审计、内部审计、社会审计协同审计管理办法

2010 年，中国审计学会发布了《审计署聘请外部人员参与审计工作管理办法》《内部审计外包管理》有关指导方针，一些省级和市级审计机构针对地方政府采购的情况，也制定了相应的审计管理办法。这些都是对审计购买行为的规范和制约，它们都各有侧重，但是仍然无法满足国家审计、社会审计和内部审计三方面协同的实际需要，需要在此基础上进一步完善，构成以国家审计为主要内容的新型协同审计管理方法。首先必须清楚哪些是可以进行协作审核的，对可以由内部审计师参与的特定的审核事项进行整理，并列出可以由社会审计师参与的特定的审核事项，以及对参加的方式进行清楚的定义。其次，务必对参与的机构进行对审计人员的业务水平、合同的授予、人员费用的支付准则以及团队的管理制度等各方面进行明确的规范。同时也要对审计工作的品质进行评估，其中包括明确各个参加单位和工作人员的职责，审计结果的质量评估和绩效评估、评价标准、奖惩等。需要注意的是，所建立的协同审计管理方法应当是内容明确、可操作性强的。

（三）建立审计风险防控机制

三个审计系统要协调合作，就需要对审计风险进行有效的防范与控制，降低审计风险里人为因素带来的影响。首先，要有一个风险控制的列表。根据国家审计和内部审计对社会审计采购的实际情况，并结合国家审计与内部审计合

作的实践经验，对审计工作的整个流程（包含制订审计计划和制定审计方案、实施审计方案、编制审计报告三个阶段）进行监控，对三个审计体系协作中存在的潜在审计风险进行梳理，将各风险点归类，并形成一个统一的风险管理清单。其次，分析审计风险。运用FMEA模型对被审计单位进行风险评价，将风险系数按影响程度和概率的大小进行划分，以此来明确重点风险以及风险控制的先后次序。风险分析模式中包含四个维度：固有风险严重度、现有控制下发生频率、检查难度、风险综合重要度。第一个维度是分析风险的出现对实现既定目标有多大的影响，既要从后果的严重程度上来定性，又要从所造成的危害的大小上定量。第二个维度是指在现有的系统、执行安排和程序下，风险发生的可能性。第三个维度是指如果风险已经发生，是否可以通过岗位之间的监督或通过审计团队的内部或外部监测及时发现。第四个维度是指对于每个具体风险点进行评价得分，将三项指标的得分相乘，得到整体的风险程度。最后，依据所建立的风险控制表，逐项制定风险防范措施和相应的应对方案。根据对风险分析结果的审查，重点对高风险点做集中处理，包括对于审计人员的业务技能培训，调整人员配置，及时对审计工作进行有效监督和实时复查等。同时，要建立突发事件处理机制，应对可能产生的各种风险，来保证协同审计工作任务的顺利推进，从而进一步地为审计工作的质量提供有效的保障，发挥审计治理功能。

总之，国家审计是国家安全、制约权力与腐败、促进改革与发展的重要保障。新时代，我国三大审计机关要适应各种发展环境，健全彼此之间的交流与联络机制，三者协同建立动态的监督与审计机制，使其发现与披露、监督与报告、预防与反馈的功能得到充分发挥，更好地服务于国家治理，为建设社会主义现代化强国做出贡献。

四、保障措施

（一）审计准备阶段

在以治理为导向的协同审计模式中，前期的工作主要是对审计的前期调研和预先的评估。就特定的审计项目而言，审计主体应该从自身的治理功能作用和职责出发，考察被审计对象权力运作的合理性，对协同效应进行事先分析和评估。就审计准备阶段来说，分析协同效应是指充分考察分析协同的条件、协同的方式方法、协同的主体、协同的资源（包括信息、人力、技术资源等）。在确定好协同审计主体之后，政府审计就要与协同对象进行沟通交流，在审计准备阶段就是指在项目内就项目目标、合作机会、合作内容等具体方面进行沟通和确定，并让审计团队成员清楚地了解政府审计协同的重要性，了解其在协同审计工作中的作用和职责，提升审计质量。评估协同效应是指为在宏观调控、中观管理和微观管理等层面上发现问题或风险，而对各方审计共享信息资源的协同程度，以及协同治理效应进行的预评估。需要注意的是，识别合作机遇即寻找可进行资源共享的可能性是一个动态的过程，将贯穿于整个审核流程中，这为减少审计费用，增强审计证据效力，增强审计人员的专业判断的准确性、科学性和可信度，以及发挥审计成果最大化水平创造了有利条件。

（二）审计实施阶段

在以治理为导向的协同审计模式中，国家审计的核心工作是基于审计目标和审计对象的特征，进行审计研究和审计专业判断、收集审计证据、编制审计意见。协同治理审计模式有别于传统的审计模式，它是审计执行过程中资源与信息协同的组织与管理。在审计准备阶段对被审计单位的治理功能定位、审计职能定位、潜在协同效应分析的基础上，审计人员对被审计单位的潜在风险可以做出初步的评价。审计实施阶段就要应用关键的审计程序，在过程中不断探索协同效应的内容和方式促成协同治理作用的发挥。例如，在针对体制机制等问题进行审计时，应该理顺审计的整体思路，对协同审计的目标、范围和具体细节等进行严密的论证。在进行项目审计协同时，主要就是检查是否存在违法违规的现象，基于这种目标就需要审计人员对所采用的法律和法规基础、所需要的证据和获取证据的方法做出裁决。在协同审计治理模式中，存在着若干类型的合作，包括项目合作或参与式合作等，这些合作方式的目的、范围和程序各不相同。

（三）审计报告阶段

按照"协同"的思路，政府审计报告阶段是指在一段时期内对被审计单位的经营活动进行全面监管的结束标志，也意味着新一轮的审计监督与检查即将启动。在审计报告阶段，审计师需要通过实施合理适当的实质性程序得到审计证据，出具审计意见，并依据审核结果对整个协同过程进行回顾、评价与反思，看其是否对资源进行了有效的整合，达到了预期的效果。国家审计机关应基于包括审计报告的编制、审定和提交以及结果的使用等多个方面实现协同效应。为了协同利用审计治理的结果，需要制定审计结果的分类使用和发展方法，共享政府审计结果的方法应涉及共享审计结果的指导原则、关于审计结果使用的建议格式、各职能单位的责任和任务范围、各单位共享结果的方式，以及适当的保障措施和报告机制等。在这一阶段，为了实现审计成果的共享，各国审计机构应当注意以下三点：第一，全面、持续地向社会公开审计结果，运用社会舆论作用对资源进行监督，促使信息共享、资源整合落到实处，帮助被审计单位及时发现问题；第二，主动将审计的结果汇报给主管部门或者将问题线索提供给权力机构，如行政机关、司法机关、纪检部门、监察部门等，扩大审计结果的影响力；第三，强化对审计事务的后续监管，借助和协调各方的力量，推动专业互补和联合调查评价，跟踪被审计单位整改效果，使被审计单位的有关审计问题得到及时、有效的改善。

# 第十三章

总　结

在国家治理能力现代化不断发展的新时代背景下，本研究以国家审计的受托经济责任理论、权力监督制衡理论，以及国家审计治理的经济、政治、法律理论基础为指导，通过"国家审计治理职能概述—新时代视域下国家审计的治理现代化构想—国家审计的法律规范对于审计职能作用的影响分析—财政审计、金融审计、国有企业审计、资源环境审计、经济责任审计、政策落实跟踪审计、政府投资项目审计、涉外审计的国家治理效能分析—国家审计、内部审计与社会审计的协同治理"这条逻辑主线，对新时代背景下国家审计治理职能进行深入研究。在充分了解各类审计的发展历程及现状、审计内容及特点、治理职能及成效的基础上，明确新时代背景下对各类审计治理职能的要求，进而发掘各类审计目前无法适配现代化发展的不足与缺陷，并以"新要求"为基准，提出相关改进对策及建议。

一、主要研究内容

国家审计作为国家治理体系的重要组成部分，随着国家治理能力现代化的不断推进，国家审计职能也面临着新的机遇和挑战。本研究围绕"新时代背景下国家审计如何发挥其治理的职能作用，进而更好地服务于国家治理现代化的需要"这一重要问题进行了深入研究。具体研究内容如下：

第一部分（第一章、第二章）：国家审计治理职能初探。

该部分首先通过对我国国家审计的发展历程进行梳理，准确定位国家审计的治理职能，进而分析国家审计职能的具体特点。其次，通过了解相关领域的研究现况以及指导理论，系统地明确了行使国家审计治理职能所遵循的理论依据。

第二部分（第三章、第四章）：新时代背景下国家审计治理职能构想及法律层面的约束机制。

该部分以新时代视域下国家审计治理职能的要求为研究基础，明确了国家审计治理职能提升的目标，并构建了相关理论框架，进而明晰了国家审计职能的提升对国家治理现代化的影响。除此之外，该部分还细致分析了国家审计法律规范对审计职能作用的影响，深入剖析了目前国家审计法律规范体系在促进审计治理职能上的不足，进而提出改进对策及建议。

第三部分（第五章至第十一章）：八类国家审计的国家治理效能分析。

该部分分别对财政审计、金融审计、国有企业审计、资源环境审计、经济责任审计、政策落实跟踪审计、政府投资项目审计、涉外审计的国家治理效能进行了细致分析。通过资料收集梳理这八类国家审计的发展历程及现状、内容及特点，深度辨析各类型国家审计的具体治理效能，进而在了解新时代背景下对各类审计要求的基础上，明晰其所面临的现实困境，并就如何提升该审计类型治理效能提出可行性建议及对策。

第四部分（第十二章）：国家审计、内部审计与社会审计的协同治理。

该部分着眼于新时代审计协同发展新趋势，通过分析社会审计、内部审计、国家审计的区别与联系，明晰新时代背景下三种审计协同治理的要求及必要性，进一步优化三种审计协同治理新体系，探寻协同治理新路径。

二、研究方法

（一）文献研究法

本研究采用文献研究法对国家审计治理等的书籍和政策制度等进行梳理和分析，并在充分分析大量文献的基础上明晰新时代形势及对国家审计职能的要求，总结以往研究的进展和不足，借鉴已有研究的思想和方法，进而全面研究新时代背景下国家审计的职能。

（二）文本分析法

本研究采用的文本分析法是指使用Python计算机语言编写设计自动化程序，将文本内容转换为一系列词语，根据研究需要对其中具有一定特征的词语进行识别、抓取和清洗，从而将定性的文本内容转化为定量的语调数据的过程。本研究在研究国家审计开展现状及相关问题时，以审计署发布的审计结果公告及其他政府网站为研究对象，采用文本分析法来全面分析国家审计开展情况、重点工作领域及治理效果。

（三）规范研究法

本研究采用规范研究法通过对国家审计中的财政审计、金融审计、国企审计、资源环境审计、经济责任审计、国家重大政策措施落实情况跟踪审计、政府投资项目审计以及涉外审计的规则、规范、标准等进行系统性、深入的分析和研究，从而深化对于新时代背景下国家审计治理职能的理解和认识。

（四）历史研究方法

本研究采用历史研究方法对国家审计理论演进过程、国家审计机构发展过程以及财政审计、金融审计、国企审计、资源环境审计、经济责任审计、国家重大政策措施落实情况跟踪审计、政府投资项目审计和涉外审计的发展历程进行深入分析和研究，深化对国家审计职能发展历程的了解，进而提出对国家审计未来发展趋势的展望。

三、研究的创新点与不足

（一）研究的创新点

新时代背景下，随着经济、社会和政治形势的变化，国家治理对于国家审计职能提出了新要求，当前国家审计面临新的挑战和机遇，因此，对国家审计的职能、制度等方面进行重新审视和进一步研究是十分必要的。在研究视角方面，本研究重点突出时代背景；在研究内容方面，由于对国家审计的职能和作用需要根据新的政治、经济和社会形势作出相应的调整和变革，因而本研究对于各项具体审计其职能进行了优化设计，特别是对于审计协同发挥治理职能进行了研究，具有一定的创新性和前瞻性。

（二）研究的不足

一是实证研究仍有不足。本研究对于国家审计治理职能研究主要关注理论层面，虽有具体数据支撑，但缺乏一定的实证研究。

二是国际比较研究不够充分。本研究主要从国内视角对国家审计治理职能展开研究，从国际视角出发的比较研究较少。

综上所述，本研究对于新时代背景下国家审计治理职能的研究仍然存在一些不足之处，需要进一步加强相关研究，以更好地服务新时代背景下国家审计和国家治理发展的需要。

参考文献

[1] 安锦，徐跃，陈文川，等．新时代背景下国家审计的职能定位与实现途径研究［J］．财会通讯，2020（1）．

[2] 鲍圣婴．国家审计、注册会计师审计与内部审计的定位与协作［J］．审计与经济研究，2016，31（6）．

[3] 毕秀玲，郭骏超．我国国家审计与内部审计互动关系研究［J］．中国内部审计，2015（1）．

[4] 蔡春，蔡利．国家审计理论研究的新发展：基于国家治理视角的初步思考［J］．审计与经济研究，2012，27（2）．

[5] 陈婷，张洪伟．新时代资源环境审计回顾与展望［J］．审计研究，2022（6）．

[6] 陈学安，于月华，陈豪雅，等．国有企业内部审计职能转型升级的目标与实现路径［J］．财务与会计，2021（5）．

[7] 程光．国家重大政策措施贯彻落实情况跟踪审计创新与发展研究［J］．审计研究，2018（4）．

[8] 程瑶．强化财政审计在完善党和国家监督体系中的职能作用［J］．审计与经济研究，2020，35（1）．

[9] 初春虹，叶陈刚，夏春芳．我国涉外审计可持续发展探讨：基于2010年—2013年审计署绩效报告［J］．现代管理科学，2016（10）．

[10] 付忠伟，陆小平，黄翠竹．重大政策跟踪审计应着眼地方与国家战略的精准对接［J］．审计研究，2015（6）．

[11] 郭檬楠，郭金花，杜亚光．国家审计治理、数字经济赋能与绿色全要

素生产率增长 [J]. 当代财经, 2022 (5).

[12] 高文强. 我国国家审计服务国家治理的角色分析 [J]. 审计研究, 2020 (4).

[13] 高晓霞. 国家治理体系中审计监督的民主政治逻辑研究 [J]. 江海学刊, 2020 (6).

[14] 和秀星, 潘虹, 赵青. 国家审计对内部审计资源的利用和风险防范: 基于国际视野的经验数据 [J]. 审计与经济研究, 2015, 30 (5).

[15] 贾云洁, 王会金, 胡苏. 经济责任审计能力提升研究: 基于一个三维分析框架 [J]. 审计研究, 2022 (2).

[16] 蒋秋菊, 徐茜. 资源环境审计影响地区经济增长的实证分析: 以长江经济带11省市为例 [J]. 重庆工商大学学报 (社会科学版), 2024, 41 (1).

[17] 蒋楠. 论大数据时代国家审计变革与发展 [J]. 财会月刊, 2022 (7).

[18] 靳思昌. 治理导向下国家审计功能的实现机制研究 [J]. 会计之友, 2022 (24).

[19] 靳思昌. 全流程国家审计腐败治理的机理与路径 [J]. 财会月刊, 2020 (24).

[20] 靳思昌. 审计信息公共服务促进公众参与国家治理研究 [J]. 会计之友, 2021 (11).

[21] 靳思昌. 反腐败政策执行跟踪审计提升国家治理能力研究 [J]. 财会通讯, 2022 (3).

[22] 靳思昌. 国家治理现代化中的国家审计公告研究 [J]. 宏观经济研究, 2020 (12).

[23] 姬霖, 汪少英. 国家审计对央企治理功能研究 [J]. 财会通讯, 2018 (10).

[24] 黄贤环, 倪筱楠. 法系、国家审计体制与国家审计治理能力 [J]. 财会通讯, 2016 (3).

[25] 贺宝成, 熊永超. 国家审计如何影响政府治理效率?: 基于 Tobit-SDM 模型的空间计量分析 [J]. 审计与经济研究, 2021, 36 (6).

[26] 寇理. 新时代财政审计发展研究：基于党的十八大以来中央预算执行和其他财政收支的审计工作报告的分析 [J]. 审计研究, 2022 (6).

[27] 厉国威, 葛鹏辉. 新时代国家审计与中央审计委员会的功能融合 [J]. 会计之友, 2020 (17).

[28] 雷俊生. 预算监督中的审计与财政协同机制研究 [J]. 社会科学, 2021 (8).

[29] 李厚喜. 新形势下国家审计促进财政可持续发展的思考 [J]. 地方财政研究, 2022 (9).

[30] 李明辉. 高质量发展背景下国家审计绩效的内涵及其提升路径研究 [J]. 北京工商大学学报（社会科学版）, 2022, 37 (5).

[31] 李晓冬, 张希望. 国家审计对促进经济高质量发展的治理效应研究 [J]. 财会通讯, 2021 (11).

[32] 李晓鹏. 金融审计发展回顾与经验启示 [J]. 审计研究, 2022 (6).

[33] 李兆东, 李振覃. 国家审计促进生态环境治理现代化的制度保障与实现路径 [J]. 财会月刊, 2022 (14).

[34] 李兆东, 李雪颖. 环境治理、信任危机与资源环境审计 [J]. 财会月刊, 2021 (10).

[35] 刘家义. 国家审计与国家治理 [J]. 中国审计, 2011 (16).

[36] 刘雷, 王心煜, 倪秦怡. "双碳"目标下经济责任审计功能创新思考 [J]. 财会通讯, 2023 (5).

[37] 刘玉波, 桑海林. 国家审计与社会审计资源整合的几点思考 [J]. 审计与理财, 2010 (8).

[38] 刘国常, 陈金鹏. 国家审计与内部审计协同治理问题研究 [J]. 财会通讯, 2022 (13).

[39] 刘更新, 刘晓林. 国家审计服务国家治理：功能体系和实现路径 [J]. 财经科学, 2014 (6).

[40] 罗朝芳. 审计业务全过程廉政风险防控机制研究 [J]. 审计研究, 2015 (2).

[41] 戚振东, 姜德波, 施平. 国家治理现代化建设中的国家审计发展创

新:"国家审计与国家治理体系和治理能力现代化"论坛综述[J].经济研究,2015,50(1).

[42]上官泽明,吴秋生.不同视野下国家审计治理能力评价与比较[J].中南财经政法大学学报,2017(1).

[43]审计署太原特派办理论研究会课题组.金融审计助力构建新发展格局[J].审计研究,2022(3).

[44]宋常,黄文炳.基于国家治理新动向的国家审计若干思考[J].审计研究,2015(2).

[45]孙宝厚.关于新时代中国特色社会主义国家审计若干问题的思考[J].审计研究,2018(4).

[46]孙宝厚.关于新时代中国特色社会主义国家审计模式的思考[J].审计与经济研究,2021,36(1).

[47]吴玉宇.国家治理视角下金融审计问题研究[J].河南社会科学,2017,25(9).

[48]王海兵,王慧秋.实现国家审计全覆盖的挑战与对策研究[J].财会通讯,2017(31).

[49]王巍,郑石桥.论突发公共事件审计主体[J].财会月刊,2020(12).

[50]王伟,朱俊卿,张庆考.企业涉外税务审计问题探讨[J].财会通讯,2021(5).

[51]王永海,王嘉鑫.国家审计可以有效提升国家治理能力吗[J].当代财经,2017(9).

[52]王艺,冯均科,白钰.论国家审计参与生态环境风险治理[J].财会月刊,2022(12).

[53]王永海.再论国家治理与国家审计:基于系统论和过程理论的结构功能分析[J].财会月刊,2021(20).

[54]王叶.国家机构改革背景下的金融审计问题研究[J].财会通讯,2019(10).

[55]王彪华.新形势下国家审计职能定位研究[J].中国软科学,2020(11).

[56] 汪德华, 侯思捷, 张彬斌. 中国共产党领导的国家审计: 百年历程与发展启示 [J]. 财贸经济, 2021, 42 (7).

[57] 吴勋, 刘新琪. 国家治理现代化进程的审计移送处理研究 [J]. 财会月刊, 2023, 44 (3).

[58] 魏明, 乔泷楠. 国家治理导向的金融审计信息生态系统研究 [J]. 会计之友, 2017, 572 (20).

[59] 魏强, 剧杰, 孙亚男, 等. 政策措施落实情况跟踪审计深化路径研究 [J]. 审计研究, 2022 (2).

[60] 徐玉德. 健全审计监督体系 助力建设平安中国 [J]. 中国注册会计师, 2021 (5).

[61] 许瑜, 冯均科. 国家审计有助于提升国家治理指数吗?: 基于时间进程的思考 [J]. 财会通讯, 2021 (11).

[62] 余应敏, 孙钰鹏, 黄静, 等. 国家治理现代化视角下政策措施落实情况跟踪审计研究 [J]. 审计研究, 2022 (2).

[63] 叶陈云, 张健, 叶陈刚. 金融审计促进金融风险防控与经济稳健发展的研究现状及趋向 [J]. 财会通讯, 2021 (17).

[64] 张军, 龙菲, 吴作凤. 国家审计功能与国家治理能力协同发展机制构建: 理论逻辑与实践路径 [J]. 经济体制改革, 2021 (1).

[65] 张丽艳, 樊挚敏. 国家、社会与内部三种审计合力探索及在卫生健康系统中的应用 [J]. 中国卫生经济, 2020, 39 (4).

[66] 张文慧. 浅谈内部审计、注册会计师审计及政府审计的关系与协作 [J]. 财会研究, 2010 (21).

[67] 张筱, 张哲, 王乾坤. 金融审计监督功能的比较优势理论分析: 基于国家审计制度优势转化为监督效能的视角 [J]. 财会通讯, 2022 (1).

[68] 赵荣秀. 基于大数据的财政审计系统构建 [J]. 财会通讯, 2022 (9).

[69] 赵兴楣, 田金美. 审计监督的机制优化和协同治理探究 [J]. 财会月刊, 2021 (13).

[70] 郑石桥. 论金融审计与审计环境的关系 [J]. 财会月刊, 2019 (9).

[71] 郑石桥，胡欣怡. 审计与中国式现代化 [J]. 会计之友，2023 (2).

[72] 朱锦余，童琳，李玥莹，等. 国有企业审计高风险领域分析及建议：基于政府《审计工作报告》[J]. 财会月刊，2023，44 (10).

[73] 邹焕聪，董玉荣. 政府投资项目审计监督的法律问题研究：基于地方立法文本的规范分析 [J]. 河北法学，2017，35 (10).

2